圖說

烙印歷史的頂尖人物

彩色圖解版

忽必烈汗

Kublai Khan

耿相新——著

目錄 CONTENTS

中統元寶交鈔
壹貫文省

前言

任何人都無法阻止歷史上的偉人曾經做過的征服夢。對忽必烈也不能苛求，在我們弔唁歷史的時候應抱寬容觀。

歷史歸歷史，現實歸現實。我們只能將現實視爲歷史的延伸，而不可將現代的情感疊合歷史的騷動。釐清這一點很重要。因爲它昭示了一條公理：戰爭歸戰爭，和平歸和平。切不可因糾纏於歷史而駐足不前。

作者只有一個小小的祈求：請不要因也許是筆者的莽撞——儘管作者的每一段行文都建築在史料記載的基礎上——而滑入民族感情的誤區。筆者所以展示了叢雜的民族間的戰爭，是因爲它是眞實的歷史，曾經登上先人活動的舞臺。其用意在於以熱烈跳動的對人類生命的愛，去反照歷史，讓世人更珍愛人類的生命、和平。透過晨霧，面迎朝陽。

我深感慶幸招惹了歷史，像置身其間的民族一般，背負著沉重的歷史感歎，搖步於現代生活。接古通今，使我常常莫名地生出飄浮空中的感覺，歷史彷彿蒼穹，現實恍如大地。蕩漾雲間，俯瞰塵世，一再爲後世芸芸眾生的蠅營狗苟不停的歎息；身居鬧市喧客，仰觀古人曾經據有的天空，又往往生出追跡先人放曠、飄逸、雄風四襲的想法；同時又暗幸自己暫時躲過了中國歷史上一再粉墨登場的最黑暗年代。只有懸浮其間時，我才會生出快意，因爲一顆活蹦亂跳的心，既不屬歷史，也不隸現實。就是在這種心境裡，我經營了《忽必烈汗》。

生活中瀰漫的矛盾與困惑，誘出許多平凡人的偉人夢。而青春本身就是多夢的季節，如同人類無法扼殺時間，人類也無法扼殺自己的夢幻。夢有大小，忽必烈在瘋狂的十三世紀做了一個偉人夢，而我則在二十世紀末潤滑生活時做了一個關於忽必烈的夢。但願我的夢能拋磚引玉，企與讀者共鳴、共識、共釋，假如您是位偉人，不妨做做平凡夢；如果您和筆者一樣是個平凡人，不妨做做偉人夢。也許這在調劑生活時可以放大苦海餘生的自欣自慰。

在這裡，我虔誠的將本書獻給人類最可珍愛的偉大情感——友誼和人類最應深愛的自身延續——後代，擬書於扉頁，但我卻不敢自戀，躊躇的緣由是：

這本夢囈的歷史記錄從始至終傾注著我的朋友兼同事范炯先生的心血，從入夢到出夢，從總體構想到流於筆端的文字，他都給予了我許許多多的幫助和啓諭。朋友漫溢的誼愛，淹沒了我心中泛起的所有激謝文字。如果沒有范炯先生的援助，這個夢將不會誕世。卻也擔心，我的文思未達朋友的關愛之情。

另一個猶豫來自我那還沒有面世的孩子。不知道腹子能否原諒父親因做夢而耽誤了本應付出更多的愛。我懷著即將做父親的激動和即將做母親般的不安，內疚地面對妻子——李愛梅女士，一掬謝意。在風雨飄搖時節，她給了我鼓勵；在挑燈讀寫時，她包攬了所有瑣碎但不可或缺的家事；在我塗鴉的文稿、清樣上灑下了她異於尋常的汗水。我彷徨地希望給生活留下一味治癒時間惶惑的中藥，永遠永遠。

同時，感謝臺灣知書房出版社諸先生的鍾愛。如果沒有諸先生的佑助，同樣，我也無力扯下十三世紀的歷頁，捧給讀者。

耿相新

一九九一年十月二十三日

於鄭州

第一章 草原腥風

在我面前顫抖吧！因爲我是代表上帝來懲罰你們的。

——成吉思汗

時間倒流至十三世紀二〇年代末。

蒙古草原的帳幕裡。

一位大鬍子老人在侃述歷史故事。

驚恐的眼神從一張稚氣的臉上瀉出，那孩子十二歲。

時間隧道再度開啓。

陰雲四合。

朔風砭骨。

昏慘慘的太陽垂下陰鬱的日光，無力地揉撫著遍野的屍體。

一群兀鷲毫無顧忌地撕開一個個因失血而慘白的面龐。

無數條紅色的小溪，從中興城踉蹌地奔出，嗚嗚咽咽地湧向血淚之河——黃河。

時光因淤血過多而凝固。

寂靜——令人可怖。

數千名蒙古士兵，猶如被血雨淋了，提著滴血的劍，默默地瞥了一眼已成廢墟的中興城，轉身，上馬，向六盤山方向疾去。

三天後，從清水行營，一輛用十二頭牛駕引的雙輪大車緩緩駛出。

車上安放著一個用一整顆橡木雕成、內鑲黃金的棺柩。

面色凝重、悲淒的蒙古騎兵，護衛著這輛大車，或張弓搭箭，或手執剛剛嘗過中興城居民肉軀的利劍，冷峻地盯視著前方、左右。凡他們目光所及的人和野獸，無一倖免於難，無辜的靈魂紛紛墜入死亡的深淵。

因爲車上棺柩裡躺著的成吉思汗不想讓他（牠）們獲悉蒙古帝國的不幸。

這條長長的隊伍就以這種不可理喻的野蠻方式在草原、戈壁上滾動著。

大車的雙輪隨著日月翻轉了一個月，終於嘎然而止在怯綠連河源頭。

直到將靈柩安置在金帳中，成吉思汗的三兒子窩闊台、幼子拖雷才發布了大汗逝世的訃告

這一天是寶慶三年（西元一二二七年）八月二十八日。

訃告猶如一聲炸雷，將忙於蹂躪西域、欽察草原和北中國的蒙古將領諸王從征服之夢中驚醒，他們從四面八方向不兒罕山疾馳。

成吉思汗畫像，內蒙古呼倫貝爾新巴爾虎右旗巴爾虎博物館。

成吉思汗的仙去，使蒙古陷入「多頭蛇」的寓言中。這個寓言像惡魔一樣附在黃金家族乃至蒙古帝國身上，從而驚擾了帝國的歡宴之夢。

寶慶二年（一二二六年）四月，六十五歲的馬背大汗成吉思汗在睡夢中驚醒，他夢見一座座被屠城的景象，千千萬萬個斷頭穿胸的屍體向自己撲來，慘號索命。

對於以連根鏟除敵人和看敵人的妻子以淚洗面爲人生最大快事的成吉思汗，這無疑是一種惡兆。老人的預感極具準確性。

醒來，他急忙召見離自己最近的兒子窩闊台和拖雷。成吉思汗以極其冷靜的語調對兒子說：「我身後的孩子們啊！我已預感到死日已近。在長生天的祐助下，我爲你們征服和開創了一個遼闊廣大的國家，從這個國家的中央向任何一個方向走去，都需要一年的時間，這就是我的遺產。需要你們去保衛國威和帝位。但假如我的兒子個個都想成爲汗，而又互不謙讓，豈非又像一頭蛇和多頭蛇的故事？」

「一個夜晚，天氣酷寒，一條多頭蛇的幾個頭都想爬進洞裡，去躲避嚴寒。但一個頭過去了，別的頭就反對它，爲此，爭吵了很長時間，結果，它們都凍死了。另外有一條只有一個頭和一條長尾巴的蛇，它輕易地就爬進了洞裡，給尾巴和肢體找好安頓之地，從而抗住了嚴寒。」

「如果你們想過安樂和幸福的

生活，享受權力和富貴的果實，就必須齊心協力抵禦敵人、尊崇朋友。那麼，我的意見是：窩闊台繼我登位，因爲他雄才大略，足智多謀，我想把帝國的權柄交給他的勇略和才智。」

「朮赤快不需要我操心了，察合台不在這裡，如果我死後他違背我的話，那可眞不得了！」

「拖雷你守著我的兀魯思（封地）。現在你們去吧！我不願死在家裡，我要爲了聲名和榮譽走出去。」

說完，這位在馬背上叱吒風雲，橫掃歐亞大陸的大汗如釋重負地閉上了眼睛。

十二世紀的最後十年，在蒙古草原，戰爭猶如一場場孩子的遊戲，樂此不疲，毫不間歇地在戈壁、草叢中繁衍。

戰爭是人性突變的怪胎。

一旦它莫明其妙地誕生，似乎自有它瘋狂報復的邏輯。更可悲的是，人類竟愚蠢地屈就在這豺狼邏輯的爪下，原諒它、祈求它，甚或熱血沸騰般地去慫恿它。

也許，人性的本身就值得懷疑，因爲在此怪胎面前，人類所展示的往往是：人性不過是獸性的延伸。

當我們揭開被塵封幾個世紀的歷史，環視一下草原各部的野蠻行徑。也許，受感染的應是你自己，你會覺得以牙還牙，以眼還眼的野蠻報復是人類遊戲中多麼自然的一環！

人類的天性中積澱著報復。

當仇人將劍直刺你的胸膛，難道你不應該拿起武器嗎？

當仇人蹂躪了你的妻子，難道你不想去玷污敵人妻子的清白嗎？

當仇人擄掠，蕩平了你心愛的家園與寧靜，難道你還想向敵人求得施捨，再一點一滴去積攢自己的財富嗎？

沒有反抗的是懦夫，付出行動，以更殘暴、更冷酷、更無情的手段迫使敵人血流滿面的是英雄。

可笑的人類難道不是一次次，用創造出來的最美妙悅耳的言詞，蕩懷欽羨、仰慕與激情去盛讚那些殺人的英雄嗎？

人們從來都是將鮮花獻與殺人的魔鬼，卻沒有一次將玫瑰掛於懦夫的脖頸。即使對死者一掬同情的淚花，難道不可以視之爲是人類天性中久蟄的頑皮的嘲笑與幸災樂禍嗎？

這就是世界征服者、復仇驕子、戰爭狂人、堅不可摧的成吉思汗的邏輯。

一個精緻完美的理論。

有堆積如山的理由去證明成吉思汗是眞理的象徵，是正確的燈塔。

風拂過。

揭開記憶的傷疤，或者復仇、殺人、戰爭的記憶。

訶額倫母初爲人妻的路上，也速該以力量，以男人的強悍征服了她。

當鐵木眞手攥母親的血塊擠出母體，他第一眼看到的便是父親也速該沾滿塔塔兒人鮮血的龐大身軀。也速該激動地，用沾滿血跡的巨手抱起了他。他親吻著兒子，將身上流滴不息的復仇欲望傳染給了襁褓中的兒子。

九歲那年，當鐵木眞還怕狗咬，剛剛寄居於弘吉剌部德薛禪岳父家，還沒充分享受未婚妻孛兒帖的溫柔時，父親也速該便魂喪世仇塔塔兒部復仇的藥酒下。九歲，天眞爛漫的年齡，便不得不去收拾父親的遺體。

猶如一顆燦目明珠，陡然掉入可憎的人類自殘的泥沼。當再將它撿起時，它都沾染了些什麼？

而更令人不解、心酸的是，親情的背叛徹底折磨、無情地蹂躪了這顆幼小的心靈。當家族的親人以及奴僕看到「大河已涸，堅石已碎」，他們毫不留情地離開了孤兒寡母。訶額倫母親帶著七個幼兒、九匹馬，從此過起「影外無友，尾外無鞭」的漂泊不定的流浪生活，在淒涼的三河之源，不兒罕山孤兒寡母們採摘野果、釣小魚、捕土撥鼠……

從父祖霸業榮耀中陷入困頓，在莽蒼無垠的大草原毫無立身歇腳之地，教會鐵木眞的只能是求生、冷酷、復仇。

因爲一條小金魚的糾紛，鐵木眞夥同其弟拙赤合撒爾用仇恨之箭射死了同父異母弟別克帖兒。當暴怒的訶額倫母親用「殺人魔鬼」、猛虎、怒獅、莽魔、自衝其影的海青、自食羔種的雄駝等激辭訓斥鐵木眞的時候；當母親淚流滿面地用五支箭的故事規戒兒子們的時候；跪著的鐵本眞心中湧

成吉思汗母親訶額倫與夫人孛兒帖雕像，內蒙古呼倫貝爾市海拉爾東山機場。

起的是復仇、以強抗暴勝利的快慰，是渴望獲得權力的野心以及團結、協力殺敵的無窮魅力。

野蠻的氣質源於野蠻的生活。

之後，泰亦赤兀惕部綁架了鐵木眞，鐵木眞果敢地用暴力砸死看守，摧毀了敵人斷草除根的夢想。逃離死亡魔窟的鐵木眞又用暴力追回被盜的家產八匹馬並贏得第一位伴當（伙伴、親信）——博爾朮，他即後來的四駿之一。

暴力驅散了鐵木眞復仇的迷霧。向敵人渲洩殘暴以致冷酷地獲得權力的認可成爲鐵木眞生存原則的座右銘。

偉大帳幕中還有另外一種超人魅力附著在鐵木眞身上，這就是他何以能折服一切接近他的人的原因。這種具有磁性的堅強品性，以及天賦的統率能力，對效勞者知恩必報的草原本色，使他的聲名開始遠揚於草原各部。鐵木眞開始目睹一連串寶貴的友情以及舊情走進自己的白帳篷。

九歲時訂婚的孛兒帖，這時已出落成美麗的少女，她的父親沒有食言，將這份最可珍視的溫柔交給了鐵木眞。打鐵老人兀良哈部的札兒赤兀歹老人帶著年輕的兒子者勒篾——成吉思汗最忠誠的夥伴之一，後來成爲他的四狗之一——來到鐵木眞的身旁。之後，還有四駿中的木華黎及赤老溫，此外還有四狗中的忽必來、速不台，等等。鐵木眞父親也速該的安答（結盟兄弟）克烈部王罕及鐵木眞少年時的安答謀略家扎木合也伸出了援助之手。

儘管如此，爲復仇而產生的災難仍追逐著鐵木眞。

父債子還可能是草原顛撲不破的眞理。

篾兒乞人爲報也速該搶去訶額倫的舊仇，時隔二十年像龍捲風般地向羽翼未豐的鐵木眞撲來，並如願以償地擄去鐵木眞美麗的新娘——孛兒帖。

妻子的被玷辱首先是丈夫的失職。這時的鐵木眞還沒有堅強到清除對死亡心有餘悸的程度。自

博爾朮

博爾朮在13歲時，曾協助鐵木真奪回被要兒斤部盜取的牧馬，兩人並分兵奇襲夾擊。盜賊拋下牧馬，雙方戰於大赤兀里，兩軍相接，鐵木真下令作出殊死戰鬥，一步不能退後。博爾朮將馬繩繫於腰上，在原地寸步不離。鐵木真相當讚賞他的膽色，以此契機結成好友，並加入鐵木真麾下。此後以那可兒(伴當)身分，追隨鐵木真，兩人「共履艱危，義均同氣，征伐四出，無往弗從」。

私與愛惜生命促使鐵木眞帶走了唯一可救孛兒帖的那匹從馬，帶給孛兒帖的只能是九個月的恥辱與不幸。

但九個月後，鐵木眞洗刷了自己內心的不安與同樣的恥辱。在王罕、扎木合的巨手援助下，鐵木眞發動了第一次復仇的戰爭。鐵木眞勝利地踐踏了蔑兒乞人的營地，奪回了妻，但在回家的路上，妻子孛兒帖卻生下一子——朮赤。這個兒子的血統使鐵木眞苦惱，迷惑了一輩子。長子朮赤像羞辱的幽靈一直晃蕩在鐵木眞難以自解的矛盾裡。

不過，歷來絕少寬容的鐵木眞卻奇蹟般的寬恕了孛兒帖及朮赤。孛兒帖這位偉大的蒙古女性以後爲鐵木眞生下了察合台、窩闊台、拖雷三個兒子和五個女兒。他的四個兒子，猶如未來蒙古帝國的四匹馬駒，其生龍活虎的神跡爲黃金家族，乃至整個歐亞大陸的歷史都增添了驚人的光輝。

這位年輕的母親，完全有資格和實力，與黃金家族始母訶額倫相提並論和媲美。她極富遠見與卓識，同時，她還是無限溫柔的擁有者。

女人與戰爭是鐵木眞崛起的強大動力。鐵木眞贏得女人與戰爭的同時也贏得權力與地位。鐵木眞在孛兒帖的啓示下背離扎木合不久，就被推舉爲黃金家族——乞顏部的汗。鐵木眞最重要的謀士木華黎預言：在長生天的垂青下，在蒙古人中間，將要崛起一個英雄，這個英雄將變成一個可怖的汗，替蒙古人雪恨。

現在，這個預言與現實重疊在一起。

歷史就是一個個預言變成現實的過程。一旦預言演變成現實，

元朝開國功臣木華黎雕像，內蒙古呼和浩特府興廣場。木華黎（1170～1223年），蒙古汗國名將，輔佐成吉思汗統一蒙古諸部。

那麼，下一個預言就要受孕。

對鐵木眞來說，下一個預言要在扎木合安答率十三部聯軍突襲，他失敗猶榮後，接納四方效忠者的盛大宴會上宣布。

從這一年，鐵木眞的名字開始在蒙古草原飛揚。在通向權力的巔峰這是必不可少的一級臺階。鐵木眞騎在驃悍的戰馬上開始將眼睛轉向四周凶險的部落，他已擺脫復仇的窠臼，而重新審視長生天交給自己的使命，用征服、用暴力去參與國際事務。他的下一個預言已膨脹到連他自己也爲之顫慄的程度。

鐵木眞開始狂躁地在草原上奔馳起來。其劍鋒所指依次是：以愛亮刀子著名、粗野無知、天性中充滿仇恨、憤怒和嫉妒的塔塔兒人；有一支龐大而又精良的軍隊，受人尊敬而又強大，驕縱傲世的乃蠻人；人口眾多、殘忍、以殺人爲快事、喜歡背信棄義的泰亦赤兀惕人；靠近長城、對女眞金人十分忠誠的鷹犬、有四千車帳的汪古惕人；一直爲鐵木眞忠實盟友、強有力的後盾與支持者的克烈人等等。

在鐵木眞的率領下，蒙古乞顏部的鐵蹄所踏之處，無不以血流荒野、廬帳傾覆、族人易主而告終。

在將車輪高的異族人，像割青草般統統殘殺的瘋狂命令下；在鐵木眞玩瘋了的戰爭遊戲中；在四處爲殺人、征服，猶如餓狼追逐腥風，尋找戰爭藉口的狂熱裡；在像有條不紊地圍獵野獸，縱入獸群，左衝右突的廝殺中，有誰敢去逆獸性大發的戰爭狂傑的龍鱗？又有誰敢以血肉之軀去磨鈍利箭鋒刃？還有誰敢再頑強的不接受命運和擺布？

十二、十三世紀之交，鐵木眞像拾馬糞般將蒙古草原星散的部落一一拾到自己的帳篷。

九斿白纛是蒙古族權利的象徵，最初由成吉思汗所創立。白纛意為白旗，九斿白纛由9支白纛組成。作為權利的象徵，部落酋長一般會設立專門的守護衛隊，並於外出時隨行協帶。

蒙古草原的竈主毫不掩飾自己的狂妄與喜悅，於開禧二年（一二〇六年），在斡難河上游，親手升起九旄的白尾纛，再次爲自己加上汗的稱號，莊嚴宣布下一個預言。

蒙古帝國的旗幟從此迎風獵獵，狂傲般地飄揚在人類征服歷史之巔。

每一個成功者都需要一個嶄新的稱號來標示自己的亙古蓋世。實際上已成爲眾汗之汗的鐵木眞，於是改稱成爲成吉思汗。

成吉思汗得意地宣布：「因爲長生天的幫助和護佑，我戰勝了敵人，並躋身於最尊貴的地位！」

在成吉思汗的暴力、復仇、殺人、征服史上，一個新紀元的號角吹響。

論功行賞，讓部下去瓜分勝利和喜悅幾乎是每一個成功者的鐵律。

成吉思汗將全體蒙古牧民畫分爲九十五個千戶，千戶下設百戶、十戶，千戶那顏由其將領中最優秀的跟隨自己浴血奮戰的將領擔任。成吉思汗十分動情地敘說四駿——木華黎、博爾朮、博爾忽、赤老溫——和「四條猛狗」——忽必來、者勒蔑、者別、速不台——的偉大功績。同時，在慘殺之中，就像在枯寂草原上開出的幾朵鮮花，被他撿取，交由母親訶額倫撫養的四個拾得的孩子——失吉忽圖忽、孛羅兀勒、曲出、闊闊出，他特別富於情感地對他們說：「你們對我所盡的忠心已經報答了我母親對你們的撫育之恩。在風雨之中和戰場上，你們常常做我艱難時節的伴侶。」

同樣，對所有的功臣，成吉思汗都一掬感激之情，他意味深長地說：「這樣勇敢的人民歸附我，共安樂、同患難，在一切危險中，忠誠不渝，我願意將他們提攜到大地上的一切人民之上」。

當成吉思汗從分裂的泥潭中拔足，並從家族團結對外復仇中品嚐甘甜時，他將自己的成功分賞給黃金家族的成員。成吉思汗將蒙古人民做了如下分封：弟弟拙赤哈撒爾四千人、哈赤溫三千人、帖木格斡赤斤五千人，組成左手諸王；兒子朮赤、察合台、窩闊台各四千人，小兒子拖雷一萬一千人，組成右手諸王。

像一切分封制一樣，從充滿歡快的宴會始而以尾大不掉的分裂自殘終，成吉思汗也吞咽了這枚顯示超人權力的苦果，一品這具有嘲諷意味的歷史澀果。

而更令人回味的是成吉思汗臨終竟以更大的分地來處置自己的失誤，儘管他已預感到歷史的無情，並感歎道：「只有長生天知道，未來是個什麼樣子，朮赤、察合台已經去建立自己的國家了。」

成吉思汗帶著不可遏止的喜悅再次品味「有星的天，旋轉著。眾百姓反了，不進自己的臥內，互相搶掠財物。有草皮的地，翻轉著。全部百姓反了，不臥自己的被兒裡，互相攻打。」

蒙古各部及突厥等部，互相殘殺了幾個世紀，現在都心平氣和地聚集在從戰爭中闖蕩出來的巨人成吉思汗舉行的宴席上，成吉思汗環視這個激動人心的盛宴，發覺在東起呼倫貝爾草原，西至阿爾泰山的遼闊地域內的大小部落的首領都已到齊，所差的只有西部的畏吾兒亦都護、西遼的耶律大石和南部夏及金國的皇帝了。

酷愛暴力的成吉思汗作了短暫的休整，編制好嚴密的千戶制，制訂出穩定秩序的札撒（法律條文）、檢選完精銳的護衛軍，他那鷹一般明亮的眼睛再次露出攫取的目光，開始盯視蒙古鄰居的富庶了。

以成吉思汗爲首的黃金家族及大蒙古國的家長們，戰爭與掠奪財富是他們畢生最光榮的職業與事業。有一天，成吉思汗問他最親密的伴當博爾朮：「對男子漢來說，什麼是最大的快樂？」

博爾朮說：「男子漢帶著羽毛初豐的灰鷹，騎著養肥的勁馬，穿著鮮麗的衣服，在初春時出去獵取灰頭鳥，這就是最大的樂趣。」

成吉思汗搖搖頭，轉身問孛羅兀勒：「你說呢？」

孛羅兀勒答道：「放出鷹鶻，看它們從空中用爪子擊落灰鶴、抓走，這是男子漢的最大快樂！」

成吉思汗又搖搖頭，問四狗之一忽必來的兒子們，他們仍沒有擺脫打獵、放鷹的想法。

最後，成吉思汗向他的夥伴，向全人類一展其偉大的志向：「你們說得都不好，鎮壓叛亂者，戰勝敵人，將他們連根鏟除，奪取他們所有的一切；使他們的已婚女人號哭、流淚，騎乘他們後背平滑的駿馬，將他們美貌后妃的腹部當作睡衣和墊子，注視她們玫瑰色的面頰親吻著，吮她們乳頭色的甜蜜的嘴唇，這才是男子漢的最大樂趣！」

文明與野蠻，儒弱與強悍的區別正在於此。當文明傾聽到這豪言壯語，難道會不爲之顫抖與色變嗎？當文明世界正在吟詩酬唱，突然闖進一群身披鎧甲、手執利刃、面露殺氣、仇目圓瞪，以攫取爲目的的強盜，其結果不難想像會是如何的慘況。文明唯一的希望只能是死亡。

生存需要勇氣，尤其是睡在巨人身旁。

渾身溢滿著一往無前、不惜一

切代價克敵制勝的蒙古鐵騎，在成吉思汗壯志的鞭策下，不久，就衝入鄰居富庶的家園。

首先是西夏，其次是金國，再次是西遼。

理由十分簡單，因為它們富裕，有綠色的家園、有珠寶、有可供游牧的廣大牧場。此外，他們都不聽話。

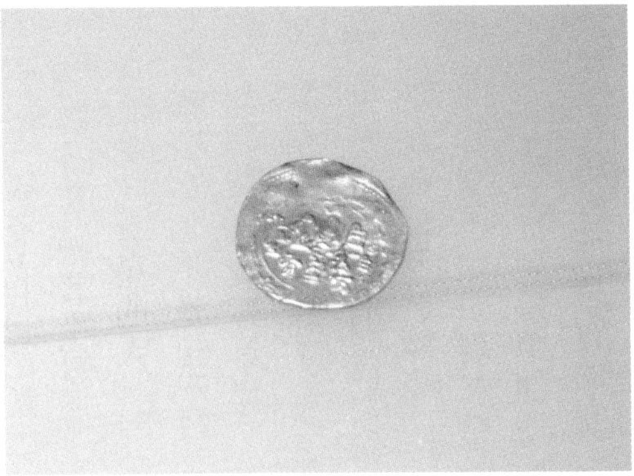

鄰近的吉利吉思、畏吾兒、哈剌魯等部比較乖巧些，它們主動向征服者獻上了美女、珠寶、土地、權力。

花剌子模汗國金幣，1200～1220年，絲路拾貝——大唐西市文物展，廣州博物館鎮海樓專題展覽廳。

一旦成吉思汗走出血腥的草原，走出荒涼的戈壁與沙漠，他原有的質樸般的復仇、野蠻人單純的天真便發生了轉向。當他瞥見金國中都雄偉、富麗的高大宮殿，他不禁為之驚懼，甚至不敢仰視。自卑地在這座城市，在堅固的城牆下沉默、逡巡了達幾年之久。他驚奇地發現世上還有如此高度發達的文明。儘管他鄙夷這巨牆內的虛偽、奸詐與道德淪喪。

視野的開闊改變了成吉思汗，他以復仇開始的戰爭，使他意外地探測到一個財富取之不盡的天堂。他本能般的貪慾與滿足，從野蠻中逸出的破壞慾、占有慾、新奇慾，迫使他去挖掘更加富有的寶藏。擴張成為裂土封地、共享富貴的先決條件。

當成吉思汗殲破了金國的河北、山東、秦晉以及西遼、西夏，並據有畏吾兒後，他驚異地發現自己已與一個陌生世界接壤。他小心翼翼地刺探這個物產豐富、美麗富饒、文化悠久、地域遼闊的花剌子模帝國，並向這個據有今俄羅斯部分（蘇聯中亞西亞部分）、伊朗、阿富汗大部的花剌子模帝國伸出他一生中少有的謙和之手。

但令成吉思汗極度震驚與憤怒的是，花剌子模人竟以文明人的高傲和野蠻屠殺了他派出的和平商團與心中尚存的畏縮。於是，尚未熄滅的復仇之火再度熊熊燃燒。

不過，復仇之火這次卻將復仇本身焚燃殆盡。

嘉定十二年（一二一九年）秋，成吉思汗率二十萬精銳的鐵騎，風馳電掣般侵入花剌子模帝國。從訴諸戰爭一開始，成吉思汗就越過了復仇的籬笆，他採用了大規模屠殺、夷平城市等殘酷手段來渲瀉自己的憤怒與對文明人野蠻行徑的仇恨，用從肉體上徹底乾淨地消滅對方的震懾手段，去迫使生者的跪降。

像羔羊一樣被屠宰的花剌子模人這樣嗚嗚咽咽、聲淚俱下的向世人控訴：

「災難降臨了全人類，……（蒙古人）毫不憐惜任何人；他們殘殺婦女、男子及嬰兒；剖孕婦之腹，戕其胎兒。」

「壕塹填塞著死人活人，堆積著丁壯和不花剌人」，「比鞭稍高的幼童男子，一個都沒有剩下。」

昔日美女如雲的花剌子模，「現在則變成豺狼的邸宅，梟鳶出沒之處。」

「他們把十個二十個城市的人帶走，投進血河，就這樣屠殺了十萬人。」

「他們割下死者的頭，堆積如山，又把男人的頭和婦女、兒童的頭分開來，蒼蠅和豺狼以塞德爾的胸脯爲餐，山鷹享用嬌女的肉，兀鷲飽食美婦的頭。」

蒙古軍每經一地，攻克一城，都照例進行屠殺與掠奪，將能整帶的東西全部擄走，剩下的全部燒掉，撕毀，直到人煙滅絕爲止。

成吉思汗帶著他的四個兒子就以這種慘絕人寰、喪失人性的屠殺方式，蹂躪和征服了整個中亞西亞，以及欽察草原。

嘉定十七年（一二二四年），成吉思汗留下兒子朮赤、察合台和大將速不台、者別等繼續蹂躪未知的富饒國土，然後帶著窩闊台、拖雷啓程返回他離開六年的故鄉。

成吉思汗以蒙古式的狩獵宴會休息了一個春夏，接著去踐行西征前問罪西夏的諾言，因爲七年前西夏人曾傲慢地說過一句：「你氣力既不能，不必做皇帝。」

但這次出兵，不祥的徵兆卻降臨在蒙古英雄頭上。冬天，在馬背安度過六十多個春秋的馬上大汗，卻因坐騎驚蹶，而翻墜於地。但狂傲的成吉思汗繼續祈求蒙古人的最高神祇——長生天的庇佑與證明，他發誓：「雖死也要報復這些話的仇恨。」

寶慶二年（一二二六年）四月，他向兒子們預先立下遺囑。

同年五月，肅州被屠，倖存者僅一百零六戶。

六月，西夏獻宗德旺憂而死，侄眈繼位。

十一月，靈州。西夏的十萬大軍，全軍覆沒。屍體堆積如山。

次年六月，被包圍的西夏都城中興城，糧絕，地震。面露菜色的眈獻女、遣使、請降，以一個月爲期。

七月，蒙古人的巨星殞落。

溘然長逝的成吉思汗唯一的遺

憾是沒能親眼觀賞到中興城的被屠。他的子孫，黃金家族的下一代征服者，懷著失去親人的巨大悲痛，用屠刀殺戮了中興城中每一個還能呼吸的生靈。

成吉思汗終於閉上了眼睛。

故事說到這裡，老人輕輕地歎了一口氣。欲言又止。

那位老人，就是耶律楚材。

十二歲的孩子就是忽必烈。

忽必烈還沒有從老人的故事中品味出對人類的愛，對黃金家族宵衣旰食的忠誠與擔憂。

但他那驚恐的眼神，已洩露出早慧的迷茫：要成為偉人就必須殺人？假如不塗炭生靈，就能征服敵人，是否也可以成為偉人呢？

他，的確，茫然了！

耶律楚材

耶律楚材，金章宗明昌元年六月二十日（一一九〇年七月二十四日）生於燕京，為遼太祖耶律阿保機長子東丹國國王耶律倍的八世孫。博學能文，青年時代任金朝開州同知。一二一八年夏天，成吉思汗於漠北草原怯綠連河（今克魯倫河）畔的大斡耳朵召見楚材，甚為贊賞。由於楚材蓄有一把長鬚，成吉思汗便以據稱其為「吾圖撒合理」（長鬍子）。

成吉思汗對耶律楚材日益重視，令當時一位善於造弓的西夏工匠常八斤不滿，便向成吉思汗提出質疑：「現在重要的是打仗，要耶律楚材這種讀書人有什麼幫助呢？」耶律楚材反問：「造弓都還需要造弓匠，治理天下難道就不需要『治天下匠』？」成吉思汗覺得很有道理，就更加倚重他。

蒙古軍隊曾以嗜殺著稱，「舊制，凡攻城邑，敵以矢石相加者，即為拒命，既克，必殺之。」金朝汴京破城時，大將速不臺主張屠盡全城居民，耶律楚材諫止說，國家興兵打仗，就是為了得到土地和人民，得地無民，又有何用！窩闊臺猶豫不決。耶律楚材說，奇工巧匠、富厚之家皆薈萃於此城中，若悉數屠戮，我軍入城將一無所獲。窩闊臺這才下令，除完顏氏一族外，餘皆赦免，汴京一百四十七萬生靈始得保全性命。金朝覆亡後，秦（今甘肅天水）、鞏（今甘肅隴西）等二十餘州軍民因害怕屠城，皆抗命不降，又是耶律楚材居中調停，窩闊台下詔不殺，於是秦、隴等處皆稽首歸附。其後蒙古軍攻取淮、漢諸城，也照此辦理，遂成定例。

楚材生前曾要求葬在瓮山泊畔，忽必烈即位後，於中統二年（一二六一年）遵耶律楚材的遺願，將他的遺骸移葬於故鄉玉泉以東的瓮山，即今北京頤和園的萬壽山。

第二章 黃金家族

帝國時代，每當帝國的締造者逝世，緊跟著的歲月，或早或晚會呈現初入青春期般的騷亂。

懵懵懂懂的忽必烈，好奇地看著用三道金箍釘繞的靈柩，停放在大斡耳朵（帳幕）裡面。從遙遠的地方奔馳而來的諸王，來不及拴下自己汗如雨下的疲馬，就急急忙忙地跪伏在靈柩前，放聲大哭。父親和伯父察合台、窩闊台也淚流滿面地整日陪伴著祖父的棺柩。

他還清楚地記得前年，祖父風塵僕僕從撒馬爾罕歸來的情景。

當忽必烈在三河之源，得知自己久慕久仰的祖父成吉思汗就要東返時，他激動得咽不下馬奶與膻酪。於是，約弟弟旭烈兀，乞纏著母親唆魯禾帖尼，要求去迎接祖父。他要先睹祖父容顏的願望太強烈了，直到現在他得知祖父偉大過去的事情都來自耶律楚材等人。因爲成吉思汗離開故鄉已經六年了，那時忽必烈才四歲。

西去的途中，一天，在愛蠻一豁亦，希列河岸邊，少年忽必烈騎在馬上與弟弟旭烈兀展開打獵競賽。蒙古人的孩子，甚至可以說是在馬背上學會走路的。忽必烈射殺了一隻兔子，旭烈兀射了一隻黃羊。

當忽必烈還沉醉在狩獵的喜悅中時，成吉思汗的大隊人馬來到了。依照蒙古人的風俗，小孩子第一次出去打獵時，要在大拇指上拭油，藉以祝願未來的成功和致富。成吉思汗親自主持了這一儀式，忽必烈輕輕地抓住祖父的大拇指，而旭烈兀卻緊緊地抓住祖父的大拇指。成吉思汗露出慈愛的歡欣，說：「這個壞蛋要將我的手指掐斷了！」

忽必烈對這句話十分留意，但他玩味了許久許久也不得其意。

祖父去世了，他又反芻起這句話，當他有點煩躁時，他又跑到了靈柩前。

但他卻意外地聽到了大人們的爭吵聲。

成吉思汗的遺囑言猶在耳，黃金家族便被多頭蛇故事附身。但孵化多頭蛇的卻正是成吉思汗自己。

成吉思汗的去世，給他的繼承者們帶來了許多嚴重問題。因爲先知還沒來得及解決游牧與定居這個困擾人類文明幾千年的問題時，成吉思汗就遽然而逝了。

對於征服了定居文明以後，未來的統治術，這就要成吉思汗的繼承者們仔細去品味了。

這些獵取人頭的蒙古人，攜帶著他們的車輪和可以拆卸的帳幕，趕著他們的畜群，這時已經不是在農耕定居文明的邊緣流浪了，大汗將農耕地區畫給了他們。

成吉思汗踐行了與弟弟們商定的：「取天下了呵，各分地土，共享富貴。」的諾言。當廣袤的國土落入蒙古的鐵蹄後，請看成吉思汗是如何履行諾言的。

嘉定七年（一二一四年）之前成吉思汗諸弟的兀魯思（封地）是這樣安排在地圖上的：

拙赤合撒爾的兀魯思在蒙古東北部也裡古納河、闊連海子和海剌兒河之境。

合赤溫，分封時已死，由其子按赤帶接叉，他的兀魯思在蒙古東部，金邊牆之外的兀魯灰河和合蘭真沙陀之境；南至胡盧忽兒河（今內蒙西烏珠穆沁旗）與弘吉剌部地爲鄰，東至合剌溫山（大興安嶺）。

帖木格斡赤斤的兀魯思在蒙古東北最遠處，包括今呼倫貝爾盟大興安嶺東西之地，後來其東境拓展至嫩江、松花江一帶；東北地區的近一半是小弟弟斡赤斤放牧的地方。

異母弟別里古台在斡難河、怯綠連河中游之地、西近成吉思汗大斡耳朵，南與按赤帶分地爲鄰。

黃金家族中這四家的分封地都在成吉思汗大斡耳朵、蒙古大兀魯思的東面，合稱爲東道諸王。成吉思汗准授合撒爾、按赤帶、斡赤斤、別里古台四人的子孫中一人繼承他們的封地，四個兄弟的四個兀魯思各允有自己的最高統治者——汗。這已經儼然是蒙古大帝國中的國中之國了。

元代陶騎士俑，西安市長安區韋曲耶律世昌墓出土。

對黃金家族中的四根臺柱——孛兒帖所生的四個兒子——成吉思汗施捨了最大的慷慨，正如他慫恿的一般：「你們不必並行，天下地面盡闊，叫你們各守封國」。

寶慶三年（一二二七年），四個兒子的兀魯思已大致有了邊界：

長子朮赤的領地距大兀魯思最遠，在從海押立（今塔爾迪庫爾干東）和花剌子模地區，延至撒克辛和不里阿耳極遠的地方，即蒙古馬蹄在這一方向（向西）所至之地。

次子察合台的駐地在阿力麻里附近的虎牙思，他可以在從畏吾兒國伸延到撒馬爾罕和不花剌，即畏吾兒與河中地區的原西遼故地間發號施令。

從葉密立迄北，包括今喀拉額爾濟斯河和阿爾泰山一部分的原乃蠻部地，是三子窩闊台的牧場。

依照蒙古的家產繼承法，成吉思汗的營盤、帳幕、財產、國庫、百姓、那顏（官吏、貴族）、那可兒（伴當）、護衛和麾下軍隊都列在了幼子拖雷的名下，他爲成吉思汗守衛著竈火，從怯綠連河至按臺山的「根本之地」以及吉利吉思、謙謙州都是拖雷的份子。這個地區是「帝國之中心，恰如圓圈的中心點一樣。」不僅如此，蒙古帝國最精銳的鐵騎，成吉思汗親自率領的絕大多數蒙古軍隊都成了拖雷的麾下部隊。

除了拖雷的怯綠連河、斡難河和土拉河河源的故土，其他三支宗族因在大兀魯思之西，被稱爲西道諸王。

此外，受封的還有蒙古帝國的姻族——弘吉剌、亦乞列思、汪古惕、斡亦剌惕等部貴族和勳臣；除此，幫助成吉思汗打天下的最親信的那可兒，即四駿（木華黎、博爾朮、博爾忽、赤老溫）、四狗（忽必來、者勒篾、者別、速不台）及畏答兒、朮赤台十投下也擁有大汗賞賜的民戶和牧地，他們半獨立地在成吉思汗直轄的區域放牧著自己的畜群，任免著自己的千戶。

這些具有獨立性的兀魯思的建立，使每一個黃金家族中的藩王都有了一片草原足以放牧他的畜群和供養他所分得的一群營帳，這八位可以稱汗的兀魯思將大蒙古帝國分割成八大塊，蒙古帝國

景德鎮窯青花蕉葉紋觚，北京西城元大都遺址出土，此花觚仿商周時期青銅酒器觚的造型。

猶如一頂龐大的帳篷，有八家同時在這頂帳篷中生火做飯，但這並不妨礙眾汗之汗的成吉思汗支配帝國公共財產的權力。因爲帝國的公共財產，由不同文明創造出來的文化和財富及遼闊的國土，將源源不絕地納入成吉思汗分配財產的清單上。

蒙古帝國就是由小兀魯思拼湊而成的一個大兀魯思。現在停放在大兀魯思上的大斡耳朵裡面的成吉思汗的陰魂，正憂心忡忡地傾聽著黃金家族成員的爭論：是踐行父汗的遺囑，還是由守竈火的拖雷來檢點父皇的財產清單？

十二歲的忽必烈還品味不出守竈火的重要意義，但他聰慧的早熟已經意識到黃金家族兀魯思汗們爭論的嚴重性了。

其實，由誰來繼承家業的清單，早在嘉定十二年（一二一九年），成吉思汗就傷感地作了一次安排了。

在出征花剌子模這個陌生的國度之前，成吉思汗的寵妃，美麗的也遂不安地問：「大汗您涉歷山川，遠去征戰。一旦不諱，四子內命誰爲主，可令眾人先知」。

成吉思汗內心也充滿了不測和不安，對提及自己的後事毫無怒意，嚴肅地說：「也遂說的是，這等言語，兄弟兒子，並博爾朮等，皆不曾提說，我也忘了」。

依照蒙古慣例，長子有優先說話的權利，於是成吉思汗問朮赤的意見。性情粗暴的察合台沒等朮赤發言，毫無顧忌的說道：「父親問朮赤，莫不是要委付他。他是篾兒乞種帶來的，俺如何教他管」？

朮赤氣憤地跳起來揪住察合台的衣領說：「父親不曾計較，你敢如此說。你除剛硬，再有何技能？我與你賽射遠，你若勝我時，便將我大拇指剁去。我與你賽相搏，你若勝我，倒了再不起來」。

弟兄倆開始互毆，木華黎、博爾朮試將他們分開，出乎意料，內心激盪的成吉思汗卻一直保持沉默。這時老部下闊闊搠思說：「察合台，你爲什麼這樣說？當你未生時，天下擾攘，互相攻劫，人不安生，所以你賢明的母親，不幸被擄。若你如此說，豈不傷著你母親的人？你父初立國時，與你母一同辛苦，將你們養大，望你成人。你的母如日般明、海般深，這等賢明，你如何可這般說」？

成吉思汗最後打破沉默：「你怎麼這樣說朮赤，我子中他最長，今後不可如此說」。

鎮靜下來的察合台重新發言：「朮赤的氣力技能，也不用爭。諸子中我與朮赤都是長子，願與父親並出氣力，窩闊台敦厚，可奉教訓」。

對自己出身感到不安的朮赤，在成吉思汗再次徵求他的意見時，他同意察合台關於令窩闊台繼承汗位的提議。

意識到諸子相仇，身後將有可能引起可怕糾紛危險的成吉思汗明智地決斷道：「你二人不必並行，天下地面盡闊，教你們各守封國。你二人說的言語各要依行，休令恥笑」。

接著成吉思汗追溯蒙古前汗室後裔阿勒壇和忽察兒家族，因不和而喪失了汗位的前車之鑑，並徵求窩闊台的意見。窩闊台表示自己願「盡力謹慎行將去。只恐後世子孫不才，不能承繼」。

最後輪到拖雷發言，他表態：「父親指名說的，兄忘了的事提說，睡著時喚醒，差去征戰時，即行」。

在成吉思汗作總結性結論時，成吉思汗預見了後事，並告誡道：「我言語不差，不許違了，若窩闊台的子孫每都不才呵，我的子孫，豈都不生一個好的」。

成吉思汗從西域返回後，他再次強調了立窩闊台的理由，並與窩闊台和拖雷進行了一次時間很長的密談。

成吉思汗仙逝後，幼子拖雷主持了大約為期三個月的喪儀，並由他監國，準備召開忽里臺大

朮赤

鐵木真與孛兒帖結婚時，三姓蔑兒乞部的首領脫黑脫阿，為報其弟赤列都的未婚妻訶額倫當年被鐵木真的父親也速該所搶之仇，突襲了鐵木真的營帳。在混戰中，鐵木真雖逃走了，但孛兒帖卻成了脫黑脫阿的俘虜。等救回時孛兒帖已有身孕，朮赤可能是蔑兒乞人的孩子，而「朮赤」二字即是「客人」的意思。因此，從他出生開始就不斷有人懷疑朮赤的血統，尤其是二弟察合台常因此與其衝突。

朮赤多次隨他父親或奉他父親的命令出征，一二一一年和一二一三年兩次攻金，一二一七年伐吉利吉思，一二一九年征訛答剌和花剌子模，戰果豐碩。惟中途進攻玉龍傑赤時，因故與察合台有糾紛，影響到攻城的進度，引起成吉思汗的憤怒。爾後因西征有功，成吉思汗將他封為欽察汗（欽察位於今日俄羅斯鹹海和裏海之北）。

一二二三年成吉思汗召他覲見，朮赤因病未能遠行，有人誣陷說他並沒有生病，而且還能打獵，成吉思汗聞訊大怒，懷疑朮赤不遵從他的號令，決定西征，卻在出征前獲知朮赤因病辭世的消息。

會，正式推舉新汗。

但準備諸王大會的時間卻長達兩年（一二二七年夏～一二二九年秋），汗位虛懸，無法不使人猜疑與不安，這兩度春秋間監國的拖雷都作了些什麼？掌握著三河之源祖產和大多數軍隊的拖雷會不會在暗中布置，並試圖一逞雄心呢？我們不得而知。

世界征服者史

《世界征服者史》是有關成吉思汗及其子孫遠征國外的歷史著作。撰者為十三世紀波斯史學家志費尼（Ala-al-Dn，Aa-Malik Juwain，一二二六～一二三八年）。志費尼先世仕於花刺子模王朝。花刺子模亡，其父歸降蒙古，被任為呼羅珊等州財政官。志費尼本人長期擔任蒙古國阿母河行省長官阿兒渾的書記，曾數次隨從阿兒渾赴蒙古朝見大汗。該書是志費尼於一二五二～一二五三年在蒙古國都城哈刺和林（即和林）期間開始撰寫的，他時斷時續地寫了八、九年，六〇年代初擱筆。因擔任伊兒汗王朝巴格達諸地長官，公務繁忙，未能寫完。伊朗學者卡茲維尼將該書分為三卷，第一、二卷為原書上卷。

本書所記述的史實，大部分是志費尼親見親聞的，因此它是最原始的，也可以說是最有價值的史料。

本書所敘述的年代，起自成吉思汗，止於旭烈兀平阿殺辛人的阿刺模忒諸堡。該書第一卷共四十一章，主要記述成吉思汗及其子孫窩闊台、貴由、朮赤、拔都、察合台等的事蹟。其中第五至七章則為畏兀兒史，第八至十章為哈刺契丹末期史。第二卷共二十二章，第一至二十五章為花刺子模王朝史(其中第十章為哈刺契丹史），第二十六至三十一章記一二二九～一二五六年初統治波斯地區的蒙古長官（成帖木兒、闊里吉思、阿兒渾等）歷史。第三卷共十六章。前七章為拖雷、蒙哥、旭烈兀史，後九章記亦思馬因派王朝史。

不過，當紹定二年（一二二九年）秋，拖雷召集東西道諸王及貴戚勳臣在怯綠連河上游的曲雕阿蘭（成吉思汗的大斡耳朵）舉行的大會上，窩闊台卻一再避讓：

「成吉思汗的旨意雖則屬我，但尚有我的兄長和叔伯，他們比我更能勝任此職；再者，據蒙古的風俗，長室中的幼子應成爲其父的繼承人，而兀魯黑那顏人（拖雷）是長斡耳朵的幼子，他一直日夜晨昏地侍候成吉思汗，目睹耳聞和領會他的所有札撒、法令。今彼尚在，我豈可便即汗位」？

窩闊台的擔心不是沒有道理。假如我相信《史集》的作者拉施特的話，手中掌握著絕大部分軍隊的拖雷，大多數將領都歸心於他。

大札撒

這是蒙古建立元朝之前，蒙古遊牧社會的立法代表作。札撒在蒙古語裡的意思是「號令」、「軍法」，即古代蒙古部落首領對眾人發布的命令。原來的這些都不是成文法，因為還沒有文字。

蒙古國建立後，鐵木真即成吉思汗召集會議，將歷來的訓令、札撒和習慣都加以匯總，而且用文字進行了記載。在一二二五年，他下令頒布了札撒和訓令，史稱為《札撒大全》或《大札撒》。

同時，成吉思汗還要各個宗王將一部《大札撒》收藏在金盒子裡保存。在新皇帝即位或者大規模出征前，都要將《大札撒》搬出來宣讀，然後照其規定處理事務。

到元朝正式建立後，雖然它的效力被其他法律代替，但是在大規模集會時大家一起誦讀《大札撒》還是作為一種王朝的儀式保留了下來。

現在，《大札撒》的原文已經失傳，但在其他的典籍裡還能找到相關的內容記載。內容主要是保護游牧經濟和社會秩序；如禁止燒草地，否則處死全家；禁止擊打馬的頭面；禁止在水中小便等。《大札撒》的特點是刑罰殘酷，死刑很多，此外就它的原始性而言，保留著很多的原始習慣。

曾在拖雷長子蒙哥汗宮中效忠的波斯人志費尼在其《世界征服者史》也洩露了窩闊台的猶豫，他說道：「那一整天，直至晚上，他們快樂、友愛地共同議論。同樣，一連四十天，他們每天都換上不同顏色的新裝，邊痛飲、邊商討國事。而每一天，窩闊台都用不同的方法，以既巧妙又得體的話，表達這同樣的心情」。

有成吉思汗遺命在先的問題，還議猶未決了四十天，除了讓人們懷疑拖雷的覬覦汗位，與窩闊台因擔心己權旁落而精細耐心的力圖鞏固地位外，還會讓人作何猜測呢？

到第四十一日，爲避免不幸的分裂，在成吉思汗的契丹人顧問耶律楚材說服勸諫下，察合台與拖雷才宣布了成吉思汗以窩闊台繼登大位的臨終遺命。

窩闊台不再堅持，按蒙古舊俗，諸王及與會者脫掉帽子，把皮帶扔向肩後，察合台引著他的右手，斡赤斤引者他的左手，將他引向汗位。拖雷獻上酒盞，行九跪之禮，奉上合罕（汗）的稱號。

黃金家族的第一次汗位紛爭以戲劇性的歡宴結束。

參加這次大會的黃金家族諸王，志費尼向人們提供了一個名單，他們是：從欽察各地來的朮赤（長子朮赤已早成吉思汗六個月去世）的兒子們斡魯朵、拔都、昔班、唐古忒、別兒哥、別兒哥察耳、脫哈帖木兒；來自忽牙思的察合台；來自葉密立，霍博的窩闊台；從東來的四大兒子的叔父們斡赤斤、別勒古台和合赤溫的兒子按赤帶，合撒爾的兒子也苦、也生哥。

開完大會，依照新汗窩闊台的命令，他們又都去忙於征討世界各地了。

窩闊台登位伊始，就重申成吉思汗札撒的神聖性，並告誡黃金家族成員及大小長官：「我登基之前，任何人嘴裡散播的流言蜚語，我們予以原諒和勾消。但是，自今以後，誰要觸犯新舊法令和札撒，那就按其罪行輕重給以懲處。」

蒙古人將創造歷史的權力交給窩闊台後，窩闊台迎面碰到的問題首先是如何管理征服地區；其次是蒙古草原從混戰到統一後應向何處去；再次是遠征討伐、征服世界的方向選擇；最後，也最重要的是游牧文化碰撞到農耕文化，再加上長生天的原始信仰親吻到五花八門的宗教後，蒙古人的生活方式如何選擇的問題。

在窩闊台一再聲明父親札撒神聖性的同時，他私下卻在偷偷篡改父親的神聖。

一旦游牧的野蠻人明白了竭澤而漁式的掠擄阻礙了他們更大欲望的獲得，他們便開始笨拙地修整掠奪方式。征服地文化的叛返者、捍衛者充任了修整的主角。因此，窩闊台時期，耶律楚材開始受到重用。

對蒙古草原以及帝國的各兀魯思，窩闊台重新界定了牧地，並大規模地推廣驛站制。作爲世界征服者的繼承者，窩闊台還必須承繼先父征服世界的狂熱，在他做汗時期大致有五大戰事寫進了世界歷史。首先是波斯方向，紹定三年（一二三〇年）綽兒馬罕率三萬鐵騎向波斯方向奔去。其次是中國的北方，他與弟弟拖雷共同完成了徹底毀滅金國社稷的偉業。第三是對歐洲的殘破，端平二年（一二三五年）窩闊台決定征討欽察、斡羅思等未歸順諸國，命各支宗室的長子組成蒙古長子軍向歐洲挺進，東歐諸國如保加利亞、波蘭、匈牙利及南羅斯草原、羅斯本土由此落入恐怖的蒙古鐵蹄下。第四是滅亡金國後對南宋的侵襲，主持戰事的是皇子闊端與闊出。第五是唐古高麗的征服。

假如成吉思汗地下有靈的話，他對窩闊台的四處出擊會感到歡欣鼓舞。窩闊台將蒙古帝國的威望推向高峰，蒙古鐵騎猶如飆風從三河之源向東、南、西三個方向瘋狂地捲去。

在對待民族文化衝突上，揮霍無度的窩闊台在滿足蒙古貴族欲望的同時，極力去表露自己的寬宏大量。他對儒家的權力等級原則表示了濃厚的興趣，對皇權至高無上的仰羨，使他像個忙碌的巨人，拆拆卸卸他自己的國家機器。即位不久，窩闊台就創立了朝儀，制定了黃金家族諸王覲見大汗的跪拜禮節。一二三四年，滅金後，窩闊台又進一步申明條令，對參加大會、宮禁出入、行軍紀律及有關竊盜等都附加了新的內容。他已將自己抬高到黃金家族超級家長的地位。

同時，窩闊台還是蒙古汗中第一位羨慕農耕文化的合罕。他以貪杯嗜酒、揮霍無度、縱情享樂而著名於世，爲豪奢的需要，他在漠北建造了第一座城市——和林及第一座宮殿萬安宮，其富麗堂皇與雄偉令西方的使節爲之目眩神迷，以致到咋舌的程度。不過，他喜歡鑿井的品性卻使他贏得了許多史家的拍手稱賞，這多多少少彌補了一些對他的指責。

然而，在年輕的忽必烈眼裡，窩闊台永遠是魔鬼的化身。從情感上他無法饒恕窩闊台對拖雷宗族的居心不良，儘管窩闊台對拖雷之妻忽必烈之母唆魯禾帖尼表露了他嫉妒般的尊敬。

在窩闊台在位的十四年間，有幾件事使忽必烈久久不能平復他心靈的創傷。

忽必烈的父親拖雷，是成吉

1229年，窩闊台即位成為大蒙古國第二位君主，稱合罕可汗。

思汗生前最得力的助手，他一直跟隨著成吉思汗南征北戰。成吉思汗總是就各種重大事情和他商議，甚至暱稱兒子爲那可兒（伴當）。在成吉思汗征服金國及西域時，其他兒子單獨作戰，而拖雷一直追隨在成吉思汗身旁，對拖雷的勇敢與多智，成吉思汗一直視爲黃金家族的自豪與驕傲。在留下來的史籍中，我們找不到一處成吉思汗對拖雷的責備，看到的只是讚美與稱賞。

對拖雷，以殺人爲樂的成吉思汗傾瀉了泛濫般的父愛。在拖雷還很年幼時，成吉思汗攻破克烈王罕的營盤後，就爲他聘娶了王罕弟札阿紺孛的女兒，這個出身高貴、聰明能幹的少女就是唆魯禾帖尼。

成吉思汗死後，紹定四年（一二三一年）拖雷與窩闊台分道伐金，拖雷率師出鳳翔、寶雞，入大散關，假道南宋沿漢水而下，經興元（今陝西漢中）、洋州，仕鈞州（今湖北均縣西北）、興化一帶，用皮囊渡過河水，北上進入金境。次年初，拖雷乘大雪大敗金兵於三峰山，盡殲金軍精銳，隨後與從白坡渡河南下的汗兄窩闊台會合。

同年，拖雷與窩闊台北返蒙古。途中，窩闊台身染重病。

《蒙古祕史》告訴我們，這是金國的山川鬼神對窩闊台的報復。依照蒙古的習俗，薩滿們集合起來，施行巫術，跳舞狂咒後，要用唸過咒的水洗病。這時，拖雷正好跨進汗兄的帳篷，他極其誠摯地說：

「長生天！如果你對罪惡發怒，那麼，我的罪惡比他更多，我在戰爭中殺的人更多，我擄走他們的妻子兒女，迫使他們的父母灑淚。如果你是爲了面貌美麗、體態優雅，爲了經驗和技能，想把自己的奴隸帶到自己的住所去，那麼，我也更相稱，更爲合適，把我代替窩闊台合罕取走吧，讓他病癒，把他的病加於我吧！長生天！」

說完，他喝了那杯招災致難的神水。

幾天以後，窩闊台病癒而拖雷走向了墳墓。

拖雷之死，而且很可能是暴死，像一個巨大的謎團將其家族籠罩。當唆魯禾帖尼翹首企待著久別的丈夫凱旋而歸，十八歲的忽必烈熱切巴望英雄父親重返溫暖的斡耳朵時，他們迎來的不是團聚的快樂，而是猝失親人的悲痛。

悲痛欲絕的拖雷之妻及其兒子們，清檢一下那蚊聚般的疑點，直覺告訴他們那杯神水中有毒，但他們分辨不清也不可能去分辨清那杯神水中的毒是長生天放的，還是人放的。儘管還有人證實，生前的拖雷是一個毫無節制狂飲杯中物的酒徒，但他們不相信長生天及酒會如此歹毒，一定要索取拖雷生命而後快。

現在他們唯一可做的是將眼淚擦乾，去默默地埋葬拖雷的遺體。然後，再忍氣吞聲地回到窩闊台的庇護傘下。

蒙古大汗帳幕中的拖雷與唆魯禾帖尼。

時間恩賜給寡婦的常常是災難。

拖雷死後不久，窩闊台未與任何宗親諸王商議，擅自將屬於拖雷汗及其兒子們的速勒都思部的三千戶授與自己的兒子闊端。速勒都思部是拖雷的私有財產。對這種欺負孤寡的不義之舉，忠實於拖雷兒子的失吉忽圖忽、速敦那顏、忙哥撒兒等大臣、將領十分憤怒，向唆魯禾帖尼、蒙哥、忽必烈等哭訴道：「這三千速勒都思人軍隊，按照成吉思汗的詔敕是屬於我們的，而合罕把他們給了闊端，我們怎能允許此事並違背成吉思汗的詔令呢？」

和忠心將臣們的大動肝火相比，聰明的唆魯禾帖尼十分冷靜，她含淚答道：「你們的話是公正的，但是，我們並無不足，什麼也不缺；軍隊和我們自己，同樣都是屬於合罕的，他知道他在做什麼，我們要服從命令。」

對失去丈夫的寡婦，除了息事寧人、忍氣吞聲她還能做什麼呢？她唯一的希望就是兒子們。

拖雷有許多妻妾，唆魯禾帖尼是正妻。拉施特滿懷敬意稱賞她：「極其能幹，十分通情達理和善於預見事情的結果。」志費尼也說她：「具有最充分的堅定、謙虛、羞恥心和貞潔。」拖雷死後，她分賜部下禮物，向族人和同部落人表示女人溫柔般的關懷，以恩惠和手腕將戰士的心征服。

拖雷給唆魯禾帖尼留下十個兒子，年齡最大的蒙哥二十四歲。

其他依次是撒魯黑可敦所生的次子朮里客，領昆可敦所生的三子忽睹都，唆魯禾帖尼所生的四子忽必烈、五子旭烈兀、六子阿里不哥，其他妻子所生的第七子拔綽、第八子末哥、第九子歲哥都、第十子雪別台。次子早夭，忽必烈這年十八歲，其他的兒子都還是些孩子。

唆魯禾帖尼像婆婆訶額倫一樣，用自己堅強的雙肩獨自承擔起撫育幼子、料理家務、統帥軍隊的重任。她教育孩子們要懂得德行和禮貌，要互相團結；她協調拖雷的其他妻妾彼此相慕，和睦共處；還精心守護拖雷遺留下來的眾多戰士、軍隊。她的精明謹慎贏得了宗族的尊敬與愛戴，甚至連窩闊台也不得不折服在她的石榴裙下。

從金國返回蒙古之後，窩闊台經常歎息，一喝醉酒，就大哭著說：「與兄弟永別使我很痛苦，因此我寧願喝醉，希望把憂思之苦暫時忘卻。」

從這裡我們一窺了窩闊台的悔恨之淚，但他對弟弟的遺孀實際上都幹了些什麼呢？

有一次，唆魯禾帖尼請求將窩闊台的一個商人恩賜給自己，而一向以令人咋舌的恩賞而著名於世的窩闊台，卻表現了令人不可理解的吝嗇，斷然拒絕。

異常委屈的唆魯禾帖尼再也抑壓不住內心的巨大創痛，哭著說道：「我心愛的為誰做了犧牲？他為誰死了？」

自省後的窩闊台滿面羞愧，懺悔般地呢喃道：「唆魯禾帖尼是有權利的，她像無辜的少女，像新娘一樣無可責難。」

良知被喚醒的窩闊台，直到提起他兄弟的名字，他才表示請求原諒，並決定以後凡唆魯禾帖尼所下達的命令，旁人都不許更改。

而實際上，窩闊台並未踐行自己的諾言，並沒有給唆魯禾帖尼及蒙哥、忽必烈以最起碼的尊敬，他從未去認真體味一下一個寡婦內心的苦衷與複雜的感情感受。

拖雷死後，窩闊台竟擅做主張，霸道般甚至可說是厚顏無恥

四帝之母

唆魯禾帖尼是拖雷的正妻，蒙哥、忽必烈、旭烈兀、阿里不哥的生母。元憲宗蒙哥和元世祖忽必烈都做過大元（大蒙古國）的帝王，旭烈兀在西亞開創了伊兒汗國，阿里不哥一二六〇年在蒙古本土被部分宗王貴族推舉即位，並和忽必烈爭位達四年之久。由於她的這四個傑出的兒子都做過帝王，所以她被後世史學家稱為「四帝之母」。

地要求唆魯禾帖尼改嫁給自己的兒子貴由，儘管他有兄終弟繼、父死子受兄父遺孀的蒙古陋俗的撐腰支持。

當窩闊台的使者向唆魯禾帖尼呈遞上合罕的詔書，面色蒼白的唆魯禾帖尼無奈、婉轉、堅決地回答道：「怎麼能違背詔命呢！但我有一個願望：要撫養這些孩子，把他們帶到成年和自立之時，竭力使他們受到良好的教養，彼此不分開，相互不離棄，從他們的同心同德中得到安慰」。

這場不愉快的鬧劇以「貴由未曾堅持」而落幕。

但假如貴由態度積極，唆魯禾帖尼的命運該是怎樣呢？

到那時，蒙羞的不僅僅是唆魯禾帖尼，還有拖雷、蒙哥、忽必烈、旭烈兀和阿里不哥。

此中，我們還可以略窺窩闊台的良苦用心，不禁一問，他眞正覬覦拖雷遺孀的是什麼呢？

淳祐元年（一二四一年）十一月，窩闊台在睡夢中，因爲豪飲與世長辭。他對自己作了一個非常精彩的評價，他說：「自坐我父親大位之後，添了四件勾當：一件平了金國；一件立了站赤；一件無水處鑿穿了井；一件各城內立探馬赤鎮守了。差了四件：一件既嗣大位，沈湎於酒，一件聽信婦人言語，娶斡赤斤叔叔百姓的女子；一件將有忠義的朵豁忽因私恨陰害了；一件將天生的野獸，恐走入兄弟之國，築牆寨圍攔住，致有怨言」。

這一年忽必烈二十六歲。自父親去世後，八年間的磨難已將忽必烈鍾煉成熟了。端平二年（一二三五年）長子西征時拖雷家族中長子蒙哥與七子拔綽被徵調率軍從征，忽必烈與三兄忽睹都留在兀魯思協助母親管理家務與軍隊，替心力交瘁的母親分憂解難。

忽必烈這時已作了父親。在他還是個兒童時，他的祖父成吉思汗就爲他娶了妻子禿魯海眞，成婚那年禿魯海眞十三歲，她是兀都亦兀惕篾兒乞人，父親是這個部落的君長脫黑塔別乞的兄弟忽都。但忽必烈的第一個妻子禿魯海眞卻不爲丈夫所愛，以致她在中國浩繁的史籍中默默無聞，甚至連名字也沒有留下，和賢淑美麗、聲名顯赫的察必哈吞、忽必烈大斡耳朵的主人相比，禿魯海眞簡直渺小得微不足道。但假如她長壽或者生命沒有意外的話，在唆魯禾帖尼成爲寡婦後，她一定是婆婆的一個好幫手。

或許，秉承了母親聰明的忽必烈對家庭的瑣碎並不眞正感興趣。他那蓄滿智慧與謀略的眼睛正聚精會神地關注著蒙古帝國的命運呢！

關於窩闊台的評價

◎元朝重臣郝經在中統元年（一二六〇年）農曆八月給元世祖忽必烈的上書《立政議》中對元太宗窩闊台的評價是：「當太宗皇帝臨御之時，耶律楚材為相，定稅賦，立造作，榷宣課，分郡縣，籍户口，理獄訟，別軍民，設科舉，推恩肆赦，方有志於天下，而一二不逞之人，投隙抵罅，相與排擯，百計攻訐，乘宮闈違豫之際，恣為矯誣，卒使楚材憤悒以死」。（說明：元太宗窩闊台在世之時，耶律楚材還是深受重用的，一二四一年元太宗去世，帝位空缺，皇后乃馬真后開始臨朝稱制，朝政比較混亂，中書令耶律楚材力爭而無效果，他於一二四四年憂憤而死）

◎明朝官修正史《元史》宋濂等的評價是：「帝有寬弘之量，忠恕之心，量時度力，舉無過事，華夏富庶，羊馬成群，旅不齎糧，時稱治平」。

◎清朝史學家邵遠平《元史類編》的評價是：「冊曰：嗣業恢基，纘緒立制：五載滅金，十路命使；定賦崇儒，用昌厥世；仁厚恭儉，時稱賓士」。

◎清朝史學家魏源《元史新編》的評價是：「帝有寬宏之量，淳樸之質，乘開國之運，師武臣力，繼志述事，席捲西域，奄有中原。惟知諸子不材，又知憲宗之克荷，而儲位不早定，致身後政擅宮闈，大業幾淪，有餘憾焉」。

◎民國官修正史《新元史》柯劭忞的評價是：「太宗寬平仁恕，有人君之量，常謂即位之後，有四功、四過：滅金，立站赤，設諸路探馬赤，無水處使百姓鑿井，朕之四功；飲酒，括叔父斡赤斤部女子，築圍牆妨兄弟之射獵，以私憾殺功臣朵忽勒，朕之四過也。然信任奧都拉合蠻，始終不悟其奸，尤為帝知人之累云」。

專制，可惡的專制時代的最可惡之處就在於它將國家民族命運完全繫於一個人的身體健康上。一旦最高統治者皇帝或者汗的生命出現危機，接踵而至的便是瘟疫蔓延般的政治恐慌，這幾乎已成專制歷史的定式。

一如成吉思汗的去世，窩闊台衣缽的承襲問題馬上搖身為蒙古帝國最巨大的困難。如狂沓般的征服戰爭頓時顯得黯然失色。

偉人對於繼承人的猶豫不決，無數次地驚擾了歷史的進程，但它在獨裁專制史上卻頑皮地一再粉墨登場，屢禁不止。

窩闊台有七個兒子，正妻禿刺哈納生貴由、闊端、闊出、乙刺察兒、合失，次妻生有合丹和滅里。窩闊台優柔寡斷了很長時間，決定尊重自己的感情，意欲立他最鍾愛的第三子闊出。天不假年，闊出在端平三年

元太宗孛兒只斤・窩闊台（1186～1241年），元太祖成吉思汗第三子，大蒙古國第二位君主。因酗酒而暴卒。

（一二三六年）卻死於征服南宋的戰爭中，窩闊台遂又陷入痛苦的選擇中。最後他愛屋及烏般地選擇了闊出年幼的兒子失烈門。但這個少年人還沒有成熟到統治這個龐大帝國的年齡，對於忙於征服世界的黃金家族來說這無疑是一個失措的選擇。

一二四〇年，貴由、蒙哥奉詔從西征軍中返回故鄉，但還沒有到達蒙古，窩闊台就意外地撒手塵寰，極富魄力的遺孀禿刺乙納於是將自己自薦到攝政的位置，她對丈夫選擇孫子失烈門頗不以爲然。

但她卻是一個急於報復私人嫌隙、狡黠多權術的無恥女流，並且貪財好利，她屁股還沒坐熱墊子就罷免了她丈夫的最好侍臣、窩闊台的幾個「文明教師」：中國通耶律楚材，熟稔西域事務的馬思兀牙刺洼赤，還有丞相鎮海。她以濫行賞賜的手法去堵塞宗親和大臣們的嘰嘰喳喳的嘴，以換取他們對自己的支持。

禿刺乙納屬意自己的長子貴由，但她更愛自己和權力。她一口氣竟攝政了五年，汗位的長年累月虛懸，以致引起了黃金家族中許多人的垂涎欲滴。

成吉思汗的幼弟斡赤斤按捺不下權力的欲望，竟率大軍直趨汗庭，大驚失色的禿刺乙納馬上遣使，卑詞謙恭地詢問斡赤斤起兵的原因，並做下西遷避鋒的準備。支支唔唔的斡赤斤沒有勇氣直披心跡，對自己的冒冒失失滿面羞愧，又聽說長子貴由已到達葉密立封地，遂引兵回到自己的營盤。

經過一場虛驚，禿刺哈納決定向各地遣使，召開忽里臺大會，推舉新汗。

波斯史家志費尼用他那華麗的辭藻向我們形容這次大會：「人類被他們的行裝搞得眼花撩亂，他們之間的團結一致攪亂了敵人的快樂源泉。」

而成熟到圓熟程度、心懷大志並將其付諸行動的忽必烈卻不如此觀，他鷹般敏銳的眼睛看到的卻是黃金家族的隱憂與混亂不堪。

淳祐六年（一二四六年），東西道諸王朮赤系的斡魯朵，昔班、別兒哥、別兒哥察耳、脫哈帖木兒；察合台系的合剌、也速、不里、拜答兒、也孫脫花等；窩闊台系的闊端及其諸子；拖雷系的唆魯禾帖尼、蒙哥、忽必烈等其他兒子；斡赤斤及諸子按赤帶等，齊聚於和林附近的夏營地達蘭達葩，召開忽里臺大會。

諸王一致同意將帝國的權柄交給窩闊台的一子。會議上，闊端表現了前所未有的熱情，因為他還耿耿緬念祖父成吉思汗對他的讚譽。但許多人卻覺得窩闊台合罕的遺囑——以孫子失烈門為嗣——事隔五年仍具有新鮮的魅力。不過，窩闊台遺孀禿刺乞納卻列舉了不容置喙的理由：闊端病體奄奄，失烈門還是個尿褥的孩子，只有長子貴由才是最合適的人選，因為他以英武、嚴峻、剛毅而知名，處理危難最富實踐，而且對禍福最有經驗。

經過幾十天的熱烈討論，最後，貴由登上了帝國的寶座。

在一二四六年的諸王大會上，請注意兩個容易滑過人們視線的現象。

13世紀，蒙古帝國在帳篷內舉行選舉儀式，貴由被推舉為蒙古大汗。這個巨型帳篷能容納二千人，外面圍繞著彩色的柵欄。出自17世紀版本的義大利天主教主教約翰・普蘭諾・加賓尼（John of Plano Carpini，1180～約1252年）著作版畫插圖。

第一，拖雷系的態度。

唆魯禾帖尼一接到開會的通知，她馬上率其子蒙哥、忽必烈等動身，帶著「目未曾睹耳未曾聞」的乘輿和服飾，首先抵達夏營地達蘭達葩。

唆魯禾帖尼及其兒子在會上十分活躍，並與禿刺乞納意見一致，投了貴由的贊成票。

即位後的貴由命令打開新舊庫藏的大門，準備大肆賞賜與會者，貴由給了唆魯禾帖尼最高的榮耀，由她來主持這次賞賜。

當貴由重申札撒、法令，並追究違紀行爲時，只有「唆魯禾帖和他的兒子們昂著他們的頭，因爲沒有人能夠拿到他們違背札撒的任何東西。」貴由一再以他們爲榜樣，稱讚、誇獎他們。

這一切，似乎都在向人們昭示窩闊台與拖雷兩系已握手言和。

果眞如此嗎？

三十一歲的忽必烈有他獨到的高見。他像一隻潛伏的猛獅，正注視著蒙古帝國的盛筵。

第二，拔都的缺席。

除了東道諸王，斡赤斤叔叔碩果僅存外，在成吉思汗的第三代繼承者中，拔都幾乎年齡最長了。但當貴由母親的開會詔令送抵拔都的斡耳朵時，拔都卻冷淡地說：「我腳筋骨痛，不能赴會。」

因拔都的缺席，富於遠見的忽必烈已預見到黃金家族的一場風暴即將來臨。

如往昔一樣，忽必烈決定：拭目以待。

中國的帝國時代，有一個十分有趣的現象，每當帝國的締造者逝世，緊跟著的時代，或早或晚會呈現初入青春期般的騷亂。假如帝國在此危險期安然無恙，接踵而至會是騷動後的盛世；但如果它沒能理智地控制帝國的狂亂情緒，那麼，帝國往往以短命的夭折而載入史冊。也許這種律動還可以放諸其它帝國文明中去檢驗，不過，無疑，蒙古帝國的危險期已經到來。

寡言少語的貴由一登上汗位就表露了他性格中的獨斷專行。曾親睹貴由容顏的義大利人柏朗嘉賓告訴人們，他從沒有看見貴由笑過。更嚴重的是貴由要求黃金家族中的所有兀魯思的主人對他要絕對服從，他首先這樣要求自己的仇敵欽察汗拔都。

貴由與拔都的宿怨始結於長子西征期間。當時參加出征的有朮赤子拔都、斡魯答、別兒哥、昔班罕；察合台子拜答兒、孫不里；窩闊台子貴由、合丹，孫海都；拖雷子蒙哥、拔綽以及成吉

拔都（1208～1255年），元世祖成吉思汗長子朮赤的次子，欽察汗國的創建者。

思汗庶子闊列堅等諸王，窩闊台命拔都爲統帥，四狗之一的速不台主持軍事。這是黃金家族中的精英，但正因爲群星璀燦，所以才造成了互輕的怪異氣氛。

一天晚上，身爲統帥的拔都在宴會上先飲了一兩杯酒，不里和貴由騦生尤怨，他們認爲這是將他們看做下一等人，隨之便是破口大罵。不里說：「拔都和我一樣，如何他比我先飲？他是有鬍子的女人！」趁勢用腳後跟將拔都踢翻在地。

初出家門的貴由說話更損：「他是個帶弓箭的婆娘，用杖打他的胸！」

大將野里知吉帶的兒子，貴由的親黨合兒合孫也仗勢附和，自誇給拔都屁股後頭「接與他個木尾子。」

三個人說完，轉身上馬，怒氣沖沖地離開了宴席，筵會自然不歡而散。

身受侮辱的拔都毫不示弱，迅速向叔父窩闊台告了貴由等擅離軍隊和辱罵自己的罪狀。窩闊台接到這棘手的通報，除了將貴由怒斥一番，揚言：「捨了你，如棄一鳥卵」之外，命貴由親自向拔都公開道歉。儘管如此，拔都永遠也沒有對蒙羞遭辱釋懷。朮赤後裔與窩闊台後裔的裂痕，永遠地刻在了黃金家族史上，並由此而使蒙古帝國的歷史發生了逆轉。

具有領袖才能的貴由，登基後修正了母親的政令，給鎮海平反昭雪，處死罪惡多端的奧都剌合蠻，並著手建立帝國的新秩序。

一如其乃父乃祖，貴由懷著建功立業的抱負，也許更多地是秉承了其母的立即兌現報復的天性，他任命野里知吉帶爲征西軍統帥，指揮鎮戍波斯的綽兒馬罕全軍。命諸王各於所屬軍隊中每十人簽發二人，交付野里知吉帶，統轄全蒙古軍及各征服國。此外，還特別委付野里知吉帶以經略魯迷、谷兒只、河勒頗等地的全權，任何人不得干預。

將如此重權交付異姓將領，除木華黎外，自蒙古建國以來，還是第一次。這種異常的舉動，不得不使人懷疑野里知吉帶肩負了特殊的使命，據說是貴由密令他去逮捕拔都派駐在高加索地區的將領。

精心布置完畢外圍的軍事，淳祐八年（一二四八年）初，貴由假口葉密立的空氣與水土對他的病弱身體更適宜，便親率大軍浩浩蕩蕩地離開和林，向西挺進。

一場自殘的戰爭已陰雲密佈。

同其它動物相比，人類是同類相殘中的佼佼者。

蒙古帝國裡的四隻猛虎，現在不是撲向敵人，而是自己的弟兒。不過，精明的唆魯禾帖尼或者蒙哥、忽必烈等後王，依稀看到了鷸蚌相爭的曙光。她暗中向拔都派遣了一個使者，對拔都討好說：「請你做好準備，貴由汗已率領大軍向你們那邊推進。」

於是拔都嚴飭邊備，整軍率部東進。

驚愕的貴由，行至撒馬爾罕境內的橫相乙兒（今烏倫古河上游河曲處）停下軍隊駐營。三月，竟莫明其妙地突然死去。

貴由生來質虛體弱，成年後他又染上了縱情酒色的惡習，酒色猶如兩把利斧，終於將他這棵大樹砍倒。

但據盧布魯克向我們提供的消息，有兩種傳聞卻糾纏著人們的好奇心：一說貴由被拔都的奸細下藥毒死，一說貴由與拔都之弟昔班在酒醉後爭鬥，互相把對方打死。但無論那一種，拔都都是重要的嫌疑犯。

因貴由的暴死十分蹊蹺，一切道路被封鎖，並有旨令任何人都停留在諭旨下達的地方，不管此地是如何的荒涼。隨後，遺孀斡兀立海迷失扶柩回到了貴由在葉密立的斡耳朵。

歷史也許是八面玲瓏者的天堂。

卑陋的左右逢源是卑陋者的成功祕訣。儘管它總是蒙著溫情脈脈的面紗。

拖雷系的女宗主唆魯禾帖尼，爲了兒子，按照習俗向海迷失送去了勸告的話、衣服和弔慰。同樣，拔都也慷慨地送去了自己的惻隱之情與類似謙卑的命令，他敬請海迷失攝政，並可笑地強調自己的年老、體弱與腳病。

窩闊台系的命運可悲地繫在了女人海迷失的身上。她一如婆婆禿剌乞納的貪婪，但卻沒有婆婆的手腕和魄力。她的大部分光陰消磨在練習薩滿的巫術中，並沉溺於薩滿的胡言亂語中。剩下的時間追求預先提取稅收以供揮霍。貴由和海迷失的兩個年輕兒子忽察和腦忽，缺乏政治頭腦地建立了自己的宮帳，以對抗母

烏倫古河今貌。

親。這樣在葉密立同時出現了三個互不服氣的自命不凡的統治者。蒙古帝國的政治進一步陷入紊亂的泥坑。

其他各系諸王遂像窩闊台去世後一樣，突然誕生一種強權突失後的解放感，各自擅自簽發文書、頒降令旨、搜刮財富。即使拖雷宗室成員中，一意孤行的年少氣盛者，也將唆魯禾帖尼的話拋至雲霄，幹出了一些頭腦不清的蠢事。就連一向高歌猛頌的波斯史家志費尼也評及道：「在（窩闊台）合罕去世後，這世上的庶事逸出了正軌，交易和買賣的駕馭也脫離了公平的大道。專制的黑暗，也就是重重的黑暗，堆積起來，災異的海濤相互沖擊。百姓遭到權貴的踐踏和蹂躪，又因壓榨頻繁而錢財兩空，世界這隻杯子斟滿罪惡的鴆酒。」「額勒赤如雨點般灑向各地，稅史若脫弦之矢去徵收非法賦稅。」「旋轉蒼穹的殘酷已達到無以復加的程度。」

景德鎮窯青白釉饕餮紋雙耳三足爐，北京東城元大都遺址出土，此爐仿青銅器造型，腹部刻銅器上常見的饕餮紋。饕餮是傳說中一種貪吃的獸。

拔都在黃金家族的騷亂期，推波助瀾。貴由一死，他以兄長的身分一面弔慰，一面向各地遣派急使，召集各支宗王、那顏，到他的新駐地阿剌脫忽刺兀開會，商議推舉新汗。

窩闊台、察合台及貴由的後王拒絕邀請說：「成吉思汗的根本禹兒惕和京都是斡難河和怯綠連河，我們不必到欽察草原去」。

富於洞察力的唆魯禾帖尼得知後，卻對蒙哥說：「既然諸王們不聽長兄的話，不到他那裡去，你就帶著兄弟們去探望一下他這個病人吧！」按照母親的吩咐，蒙哥、忽必烈等拖雷系後王到了拔都的營帳，這無疑是對拔都的最大寬慰。

與其說是唆魯禾帖尼對拔都的聲援，不如說是她爲兒子無量前途精心編織的圈套。因爲她已對形勢仔細觀察了一番：黃金家族中的五大勢力，即東道諸王、朮赤、察合台、窩闊台、拖雷後王，已可以排除東道諸王和察合台後王；朮赤後王，包括最年長的拔都在內因父親的血緣關係也基本上可以排除，最有資格逐鹿的窩闊台後王卻呈現分崩離析的局面，形成以貴由和海迷失的兒子忽察、腦忽與禾忽爲一方，曾由窩闊台指定爲繼承人和失烈門爲一方，窩闊台其它兒子或亡或犯了錯誤，剩下的合丹卻和拔都眉來眼去，而競爭選手不是少不更事的年輕人，就是貪婪無能婦女，其聲望與軍事實力均遠遜於拔都和蒙哥。

這時，龐大的帝國在中國、波斯及俄羅斯等處的戰事還在繼續中，需要一個名符其實的領袖。勇敢、卓有戰功、年富力強的四十三歲的蒙哥便成爲競爭力最強的選手。

正基於這種考慮，唆魯禾帖尼才使他的兒子們去向拔都獻上眞切的尊敬。而且，蒙哥爲了拔都的利益，曾活躍地參加了對欽察的征服，拔都與蒙哥也友誼深篤。拔都親眼目睹了蒙哥的能幹和成熟，擁立蒙哥，使自己漁獵到更多的獨立與自由，也符合拔都自己的利益。

由拔都召集的忽里臺，儘管受到抵制，但這絲毫沒有阻止拔都擁立蒙哥的決心。失烈門派拒絕參加，遣異密塔海那顏作爲代表，貴由的兒子等派帖木兒那顏作爲代表，此外與會者還有窩闊台子合答罕斡兀立，察合台後王合剌旭烈兀和莫希，除此外便是拖雷系和朮赤系的後王了。

會上，拔都唆使大將忙哥撒兒提議推戴蒙哥，爲維護窩闊台系利益的代表八剌，提出抗議，他將貴由兒子拋至一旁，提醒大家回憶一下窩闊台曾指定失烈門嗣位的話。

蒙哥之弟忽必烈等馬上強詞奪理道：「如果是這樣，你們自己先違背了窩闊台合罕的遺命，沒立失烈門而立了貴由。窩闊台合罕也曾說過蒙哥可以做大汗的話」。

在中外的史籍中，在重大事務上，忽必烈第一次表現了他的才智。拖雷諸子，在唆魯禾帖尼的教育下，均以智謀家而揚名青史。在這次會議上，忽必烈不遺餘力，充分展示了他的智慧與謀略。

最後，拔都強行通過了自己的初倡，推舉蒙哥爲大汗。

接著，拔都命令自己的弟弟別兒哥和不花帖木兒率領一支精銳龐大的軍隊，護擁著蒙哥向成吉思汗的大斡耳朵，現在屬於拖雷宗族的兀魯思開去。決定用這支威懾力量，摧毀窩闊台系後王在成吉思汗根本地推汗的藉口，召開第二次忽里臺大會，以追認上次大會的決議。

度過十數年艱難歲月的唆魯禾帖尼在自己的領土上熱情洋溢地殷勤接待了這支大軍，並多次向窩闊台、察合台後王發出恩威並施的邀請，企妄徵得他們的同意，將他們從傲慢的夢中驚醒，但兩系的代表忽察、腦忽、失烈門、也速蒙哥、不里拒絕出席。在爭吵中黃金家族度過了淳祐九年（一二四九年）和一二五〇年。

在一二五一年即將過去一半的時候，在窩闊台、察合台系後王缺席的情況下，在曲雕阿蘭大斡耳朵重新推舉蒙哥爲大汗。

蒙古帝國史上長達二十五年的兩系汗位之爭終於劇終，汗位終於從窩闊台轉移到拖雷系。

這場黃金家族的最大事變，拖雷系之所以勝利，一方面得力於拖雷系擁有最大多數的軍隊，而另一方面得力於被譽爲超過訶額倫的賢母唆魯禾帖尼，她潛心積慮，忍辱負重地培育了諸子勢力，並巧妙地利用了家族內方方面面的矛盾，在最後的廝殺階段，輕易地擊敗對方。

但這場事變造成的惡果卻也無可挽回地銘刻在蒙古史上，它最重要的惡果便是促使成吉思汗「黃金家族」的裂痕無可彌縫地擴大，將大蒙古兀魯思推向分裂的邊緣。

此後，蒙古軍隊征服世界的潮流悄悄轉向，由傾力合作滾滾推進一改而成各系獨自發展了。

隨著蒙哥的升起，忽必烈這顆新星，也冉冉上升到黃金家族的高空。

以致令人迷惑不解，這顆神祕的新星以前都幹了些什麼平凡的事？

三十六歲的忽必烈在這場事變中做了出色的上乘表演。在議會場上，主持會議的別兒哥將約束諸王發言不致令選汗的主題發生偏差的大權交給了忽必烈。忽必烈成功地使會議沿著預定的軌道進行，因爲與會者沒有人再吐出質疑一類的莽撞話

13世紀，蒙古大汗蒙哥的宮殿。17世紀版本的盧布魯克（William of Rubruck，約1220～1293年）遊記版畫插圖。版畫類似於中國的藝術風格，盧布魯克認為這座宮殿遜於聖鄧尼斯的修道院。孛兒只斤．蒙哥（1208～1259年，1251～1259年在位），元憲宗，蒙古族。成吉思汗孫，拖雷長子。

第三章 頭角崢嶸

野蠻的征服者自己總是被那些他們征服的民族的較高文明所征服。

——馬克思

假如人們能原諒我們對忽必烈出生神話爲時尚晚的記述，那麼，現在人們將可以聽到已去世多年成吉思汗的聲音。

有關忽必烈的誕生，因沒有經過後世神化運動的修飾，它更多地保留了人間的平凡情感。忽必烈是唆魯禾帖尼的次子，當他出生後，其祖父成吉思汗注視著他，高興地說：「我們的孩子都是火紅色的，這個孩兒卻生得黑黝黝的，顯然像他的舅父們。告訴唆魯禾帖尼，要把他交給一個好乳母去餵養。」

唆魯禾帖尼是突厥克烈部人，顯然，在忽必烈的血液裡有一半流著的是突厥人的血。

因爲成吉思汗如此說，忽必烈剛出生就被交給了乃蠻族人末哥的母親育養，她是拖雷的另一個地位稍低的妻子，這時她已懷有身孕。兩個月後末哥出生，爲了精心、專注地照料忽必烈，她將自己的兒子交給了別人撫養，而她則甘願用自己的乳汁餵養忽必烈，直到忽必烈長大爲止。

末哥的母親盡心竭力地看護他。對乳母的撫育之恩，忽必烈傾注了許許多多的尊敬與感激。許多史籍都告訴我們，忽必烈在乳母去世後，經常懷念她。同時，忽必烈還是個孝子，這其中肯定也包括對乳母深厚的愛。

孩提時代，忽必烈非常討人喜愛。這一點可從成吉思汗爲其娶妻爲證。最起碼可以說，成吉思汗很愛這個穎慧的孩子。以致四個半世紀以後，蒙古史學家薩囊御辰做了一個十分大膽的預言：成吉思汗在臨終前曾說：「留心

蒙古帝國的輝煌年代

第一次西征，大蒙古國成吉思汗十四至十九年(1218～1223年)，成吉思汗率蒙軍與花剌子模王國、高加索諸國、欽察人和俄羅斯諸國的戰爭。 建立了察合台汗國。

第二次西征，大蒙古國窩闊台汗八至十四年(1235～1241年)，窩闊台汗遣拔都等諸王率軍征服伏爾加河以西諸國的戰爭。 建立了欽察汗國。

第三次西征，大蒙古國蒙哥汗六至十年(1252年～1260年)，蒙哥汗派其弟旭烈兀率領十萬大軍攻滅木剌夷國、阿拔斯王朝、敘利亞阿尤布王朝的戰爭。建立了伊兒汗國。

聽少年忽必烈所說的話，他有一天要繼承我，你們對他要和對我生前一樣！」

暫且拋開這些令人汗顏的歷史預言，有一點可以確證，那就是從嘉定八年（一二一五年）至淳祐二年（一二四二年）間，忽必烈在母親與乳母身邊，在拖雷汗的兀魯思裡，過著極為平淡的生活，以致令眾多的蒙古編年史家十分難堪地採擷不出一件勉強可以載入史冊的事跡。而這段時間，正是蒙古帝國最輝煌燦爛的英雄輩出時代。

明代繪製的忽必烈像，中國國家博物館。

但有一點更無疑，這位被人頌為「智者」，他自己也毫不膽怯自稱智者的年青人，正是在這漫長的二十多年中積聚了自己的大多數智慧與權謀，培植了自己十分發達的政治頭腦。

其生活的特殊環境，與在怯綠連河自己兀魯思裡優裕的王公生活，使得他可以有許多的空暇去洞悉思考蒙古帝國的弊病，憂慮征服者的命運，以思考個人在歷史中的位置。

蒙古風捲殘雲般的

兩次西征均以成吉思汗和窩闊台的逝世而停息，或者暫時擱淺。但隨著帝國的急劇膨脹，征伐的間歇時期，當這些隨著季節流浪尋找水草的游牧人，發覺自己闖入一片耕地，置身於一個陌生的農業世界時，他們漸漸意識到最適合他們放牧的牲畜，乃是征服地的農民。於是，他們悄悄地盡力設法使自己變成一個放牧人群的牧人。但如何改變舊的生活方式來適應新生活，建立一套牧人的新秩序，以更有效地牧人，這正是忽必烈所思考多年的問題之一。

三次汗位的虛懸，三次黃金家族的內訌般爭論，已將成吉思汗含辛茹苦、浴血奮戰而來的家族團結及帝國一統，推向分裂的邊緣。並嘲諷般地將成吉思汗所造就的秩序再次拉向重新排列組合後的混亂。親身目睹經歷這三次事變的忽必烈已清晰地預見到，如不再出現強權，去維繫這龐大的、然而也是脆弱的帝國；那麼分裂便不可避免。但強權的巨人在哪裡呢？蒙哥無疑是一位強人，但窩闊台、察合台兩系後王正在抗命，著力經營自己的兀魯思，離心的傾向已十分明顯。這個無奈般的問題，是忽必烈苦惱、憂慮的另一源泉。

直到忽必烈而立之前，他還沒有統率過軍隊去經歷父祖們習以爲常而且極少失敗的征服戰爭。對蒙古本土的西部，他是陌生的，即如其他的征服地如朝鮮半島、波斯、河中等地他也不熟悉。在俘虜中、人質中，他唯有一些印象的是金國的僧人、醫師和占卜星相家，還有一些受漢化較深的西夏人、畏吾兒人。好奇而又極易接受新生事物的忽必烈與這些家族僕人的閒聊，使他已隱約感到那片神祕富饒的國土，有他的事業所在，因爲他不滿足於僅做個蒙古草原的藩王，守著自己分封的一小片兀魯思，度過一生。他心裡同樣澎湃著征服者強勁的熱血，渴望建立像祖、父、兄們的征服偉業，渲洩自己內心的野蠻性情。但是，大致的封地方向已經確定，如何確立自己的方向，這是忽必烈思考的問題之三。

天下是蒙古人的狩獵物。一個不甘寂寞、平凡，胸懷凌雲之志的後王，在帝國長長的狩獵單上尋找著自己的獵物。

他的眼睛已開始盯向南方，因爲這是黃金家族成員中的一個空檔。

蒙古貴族，包括忽必烈，最初接觸漢文化是從俘虜那裡開始的。蒙古軍進入中原之初，實行殘暴的屠城政策，但對他們可以

蒙哥

蒙哥（1209年1月10日～1259年8月11日），蒙古帝國大汗。元太祖成吉思汗幼子拖雷的長子、元太宗窩闊台的養子，由元太宗昂灰皇后撫養長大，是蒙古帝國第四位大汗，也是蒙古帝國分裂前最後一個受普遍承認的大汗。1251年7月1日～1259年8月11日在位，在位8年零2個月。蒙哥去世前雖未能滅南宋統一天下，但是他的去世，對當時的世界格局，有極大的影響，蒙哥去世導致了旭烈兀統帥的第三次蒙古西征被迫中止，而且，蒙哥去世以後即爆發了其弟忽必烈與阿里不哥繼位之爭，最終導致大蒙古國（蒙古帝國）的分裂。

直接服務的各類工匠、占卜星相家、宗教神職人員、醫生及懂蒙語的通譯等具有特殊技能的人員則採取擄之爲用的政策。每當他們征服一城一池，蒙古人往往將這些具有特殊技能的人員檢出，擄往蒙古本土，或爲他們營造城池；或爲他們製造弓矢武器；或爲他們醫病救人；或爲他們占卜禱命、敬天祝壽。爲適應統治不同民族的需要，蒙古統治者對各種宗教也採取兼容並蓄、一律保護的政策。這些人，如道家的丘處機、佛家的海雲、儒家的耶律楚材，最初都是因爲身懷絕技而受寵遇的。丘處機是因成吉思汗意欲長生不老而被召的；耶律楚材在成吉思汗身邊一直是以占星家的身分獲寵的；而成吉思汗稱海雲爲「告天的人」，是「小長老」。但正是這些有幸能接觸到蒙古上層貴族以至大汗的人才，給這些野蠻人帶去了漢文化的精神和思想。

忽必烈同其叔伯兄弟相比，是最有思想的年青藩王。他最初接觸漢人也是通過這條途徑。不過，他的另一條途徑也應引起注意。窩闊台時期，端平三年（一二三六年）依「各分地土，共享富貴」原則，將金國各府路的土地與人民分封給黃金家族成員及動臣貴戚，拖雷系的受封地是眞定路。做爲拖雷後王，這年二十一歲的忽必烈就和漢地有了直接的聯繫。在他最初的幾位漢人幕僚中，幾乎都是來自這塊采邑地。

忽必烈的第一位漢文化啓蒙老師是燕京著名的禪學大師海雲和尚。

海雲俗姓宋，名印簡。山西嵐谷寧遠（今山西五寨北）人，八歲出家，曾被金宣宗賜號通元廣慧大師。早在嘉定七年（一二一四年），他就在寧遠蒙成吉思汗召見。一二一九年木華黎攻陷嵐谷寧遠，他和師父被俘。成吉思汗聞訊後，特遣使對木華黎說：「你使人來說底老長老、小長老，實是告天的人，好與衣糧養活著，教做頭兒，多收拾那般人，在意告天。不揀阿誰休欺負，交達里罕里行者。」從此他被稱爲小長老，木華黎上曙號寂照英悟大師。次年，木華黎將其安排在燕京慶壽寺。端平二年（一二三五年）窩闊台差官選試天下僧道，命海雲爲慶壽寺主持。同一年蒙古登記中原戶口，官府「欲印識人臂」，海雲向燕系斷事官忽圖忽進言勸阻，忽圖忽尊重地放棄了這種以人做馬的野蠻想法。這個天下禪宗之首的佛僧海雲，因受蒙古大汗的禮遇與蒙古貴族的尊重，其地位更加顯赫。

胸懷大志，慕賢思齊的忽必烈正是在海雲聲名遠揚的時候邀請海雲去爲自己講解佛法的。從此事中，我們也可以臆度到忽必烈的好學與心計。海雲在北上漠北忽必烈的兀魯思途中，經過雲中，聽說南堂寺僧子聰博學多才，遂邀請子聰同行去謁見忽必烈。連忽必烈也沒有想到，這一偶然的巧合，竟改變了他們兩人，甚至蒙古帝國的命運。

淳祐二年（一二四二年），海雲及子聰到達忽必烈幕帳。忽必烈問海雲「佛法的最高精神是什麼？」海雲答道：「宜稽古審得失，舉賢錯枉，以尊主庇民爲務，佛法之要，孰大於此。」忽必烈大感興趣，馬上追問：「怎麼樣才能做到？」海雲回說：「這要求助於儒，敬請大王您廣求天下大賢碩儒，去請教古今治亂興亡之事，這不是老僧所能解決的問題了。」隨

劉子聰（1216～1274年），元初著名的學者、政治家。出自《歷代名臣像解》。

之海雲將子聰薦上。

子聰是忽必烈眞正的漢文化老師。在忽必烈的思想換代期中起了關鍵性作用。二人一經交談，便一拍即合。

子聰是釋名，他原名侃，俗姓劉，邢州人。生而風骨秀異，志氣英爽不羈，十七歲即被拜爲邢臺節度使府令史。但他不甘身居末流的刀筆吏，於是棄官，隱居山中，後皈依佛門爲僧。不過，這個動機不純的沙彌，六根不淨，爲僧也不是他的志向所在。認眞說起來，他屬於中國標準的雜家文人。子聰知識的淵博令人達到咋舌的程度，尤其是令忽必烈咋舌。於書無所不談，尤其精於《易》及由《易》而蛻變的算命書《皇極經世書》，對中國傳統文化如天文、地理、律曆、三式六壬、奇門遁甲等都達到精通的程度。而對中國歷代興衰及天

劉子聰

劉子聰（一二一六年～一二四七年），金國瑞州（今遼寧省綏中縣前衛鎮）人，原名侃，敕賜名秉忠，法名子聰，字仲晦，號藏春散人。元朝忽必烈可汗宰相。

劉侃出身華北，十七歲時曾仕金朝，蒙古滅金後，曾擔任邢台節度府令史。

時逢亂世，劉侃感慨「大丈夫懷才不遇，應當隱居起來尋找機會」，於是放棄官職上了武安山。後被武安山天寧寺虛照禪師招至該寺內為僧，授以名子聰。後被海雲禪師推薦給尚未即位的忽必烈，成為其重要謀臣。

劉侃出仕後，他與姚樞等人，制定「廣招天下英俊，講論治道」的用人方針，大舉招賢納士。如當時的大儒許衡、王恂、張易等人入仕，為當時仍為藩王的忽必烈出謀畫策。

蒙哥可汗死，忽必烈聽從張易計策，搶在其弟阿里不哥行動之前，帶著劉侃、姚樞等重要謀士，日夜兼程，輕騎奔回北方稱帝。後被任命為光祿大夫，位太保、中書令，敕賜名「秉忠」。

秉忠根據《易經》中「大哉乾元」，將政權名為「大元」，同時他亦向忽必烈進言「治亂之道，系乎天而由乎人」、「以馬上取天下，不可以馬上治」，主張參照漢人法律，改善法度、革除弊政。

在他擔任中書令期間，他先後參與位處舊金朝首都燕京的都城，其後名為上都、以及興建國都大都兩座城市的工程，並與同鄉郭守敬一同訂定授時曆。而在他任太子太保期間，更在他出家的地方修建了「紫山書院」，同時在此收徒講學，不但傳授儒家經典，也教授自然科學，使紫山書院成為學習研究科學技術的基地。

至元十一年八月，在南屏山別墅無疾而終，時年五十九。

下政局的演變，《元史》的作者對我們說，子聰猶如了解自己手指和巴掌一樣的清晰。這不禁使我們想到諸葛亮的故事。

漢文化知識貧乏，而又渴望從漢文化中汲取統治權術的忽必烈意外地碰到這位博士，其興奮自然無法用文字表述。海雲南歸後，子聰被留下。

他們二人朝夕切磋的問題，在正統的蒙古貴族看來簡直是離經叛道。子聰這位高級顧問整日向忽必烈填鴨式灌輸的是「以馬上取天下，不可以馬上治天下」的大道理。並向忽必烈斗膽揭開蒙古帝國的各項弊端。在這一點上忽必烈和子聰是有同感的。

同年，忽必烈的第三位漢文化老師也到達和林的帳篷。趙璧是中國的大儒，同時還精通蒙古語，他首先是作爲翻譯而被忽必烈特邀的。急於了解漢人傳統經驗的忽必烈需要翻譯這根拐杖。忽必烈對趙璧這根拐杖的倚重達到了令後世爲臣者嫉妒的程度。忽必烈從不直呼其名，而尊稱趙璧爲秀才。賞賜給他三個書僮，對他的每句話都發給薪水，甚至讓妻子察必親自給趙璧做衣服，並一改再改直到合身爲止。這已不僅是寵幸，簡直可以說是在溺愛趙璧。

但忽必烈從趙璧處學到的絕不少於他的付出。趙璧常常用深入淺出的言詞，在馬背上邊走邊爲忽必烈講解《大學衍義》等修身齊家治國平天下的儒家精華。忽必烈極富遠見，選擇十名蒙古子弟，讓他們跟隨趙璧學習儒經四書，積極從理論上培植自己的政治勢力。

此外，博通經史，尤精醫術的絳州人許國楨也隨侍於忽必烈的左右，他曾爲唆魯禾帖尼治病。

子聰、趙璧等不僅自己爲忽必烈說法，在勾起忽必烈的興趣之後，這兩位導師還馳驛四方，爲忽必烈尋覓南州奇材異能的人物。

淳祐四年（一二四四年），趙璧推薦的金朝狀元東明人王鄂踏入忽必烈的生活。王鄂是金國的高級知識分子，金亡後，他投於漢人軍閥萬戶張柔的幕下。到達漢北後，他爲忽必烈講解《孝經》、《尚書》、《易經》等儒家平天下之道，以致於兩人常常忘記時間，直到星墜曦露。忽必烈除慷慨解囊外，還命近侍闊闊、廉希憲、柴楨等五人和他一起領會儒家的治平之道，並感情複雜地說：「我雖不能馬上依先生所說的去做，但誰知道將來不會實施它呢？」這自然是洩露天機的話。

求賢若渴的忽必烈淳祐七年（一二四七年）還徵聘了子聰的

同學邢州人張文謙；醫學家、理學家竇默；張德輝等。

忽必烈與張德輝的談話最為引人入勝。經過與子聰等人的朝夕相處，這時，忽必烈已能從容提問了，他問張德輝：「孔子早就死了，難道他的品性還在？」

張德輝以談禪式的口吻答道：「聖人與天地同始終，無往而不在。王如能行聖人之道，就是聖人。品性也便在此帳幕中。」這種「立地成佛」式的語言當然樂為忽必烈所聞。

忽必烈又問：「有人說，遼因釋廢，金以儒亡，果真是這樣嗎？」

「遼去今已遠，臣不能周知」張德輝效仿孔子說，「至於金，則是臣所親見目睹。金的宰相中，雖有一二儒者。但其餘的都是武夫世冑子弟。軍國大事，往往不商於儒臣，怎能說是儒臣的

張德輝

張德輝，字耀卿，冀寧交城人。少力學，數舉於鄉。歲丁未，世祖在潛邸，召見，問曰：「孔子歿已久，今其性安在？」對曰：「聖人與天地終始，無往不在。殿下能行聖人之道，性即在是矣。」又問：「或云，遼以釋廢，金以儒亡，有諸？」對曰：「遼事臣未周知，金季乃所親睹。宰執中雖用一二儒臣，余皆武弁世爵，及論軍國大事，又不使預聞，大抵以儒進者三十之一，國之存亡，自有任其責者，儒何咎焉！」世祖然之。因問德輝曰：「祖宗法度具在，而未盡設施者甚多，將如之何？」德輝指銀盤，喻曰：「創業之主，如制此器，精選白金良匠，規而成之，畀付後人，傳之無窮。當求謹厚者司掌，乃永為寶用。否則不惟缺壞，亦恐有竊而去之者矣。」世祖良久曰：「此正吾心所不忘也。」又訪中國人才，德輝舉魏璠、元裕、李冶等二十餘人。又問：「農家作勞，何衣食之不贍？」德輝對曰：「農桑天下之本，衣食之所從出者也。男耕女織，終歲勤苦，擇其精者輸之官，餘粗惡者將以仰事俯育。而親民之吏複橫斂以盡之，則民鮮有不凍餒者矣。」歲戊申春，釋奠，致胙于世祖，世祖曰：「孔子廟食之禮何如？」對曰：「孔子為萬代王者師，有國者尊之，則嚴其廟貌，修其時祀，其崇與否，于聖人無所損益，但以此見時君崇儒重道之意何如耳。」世祖曰：「今而後，此禮勿廢。」世祖又問：「典兵與宰民者，為害孰甚？」對曰：「軍無紀律，縱使殘暴，害固非輕；若宰民者，頭會箕斂以毒天下，使祖宗之民如蹈水火，為害尤甚。」世祖默然，曰：「然則奈何？」對曰：「莫若更遣族人之賢如口溫不花者，使掌兵權，勳舊則如忽都虎者，使主民政，若此，則天下均受賜矣」。

罪責呢？」

忽必烈點點頭，索性端出心底壓了多年的疑問：「祖宗舊有的法度俱在，但其中又有許多設置不周的地方，怎麼辦才好呢？」

這是一個實質性的敏感問題，因爲札撒的神聖性與不可更改性是蒙古鐵的法律，任何一個人，只要違背札撒，大汗甚至諸王便有權力將此人處死。

張德輝指著眼前的銀盤，圓滑地答道：「創業的君主，如同製作此盤。應該精選良工、規劃鑄範，以畀子孫。但還需要謹厚的人掌管，才可永世寶用。否則不惟有缺壞之虞，還恐遭受竊失」。

忽必烈聽後，沉思良久，長歎一聲：「這正是我多年憂慮的事啊」！

對農耕文明與游牧文明的理解，忽必烈還存在著一些糊塗認識，他接著詢問張德輝：「農家辛苦勞作，爲什麼到頭來還是食不飽、衣不暖」？

爲農耕文明唱頌歌的張德輝說道：「農桑是天下之本，衣食之所出。男耕女織，終歲勤作的收穫，選擇精品交給官府，剩下粗糲的用來奉養父母，養活妻、子，但貪暴的官吏卻橫加苛索，半點也不想給農夫們留下，如此，百姓便不免凍餒飢餓」。

對竇默的延聘頗具戲劇性。當忽必烈的信使到達理學大師竇默府上時，對蒙古人還心有餘悸的竇默拒不應徵，還改名自晦，東躲西藏。使者頗有耐心地跟蹤竇默的朋友，化裝後隨其友人才見到了這位清高的漢族文人。

竇默經過激烈的情感鬥爭，決定入世，獨闖自己的蹊徑。他爲忽必烈講解的是三綱五常，正心誠意，忽必烈一見傾心，並恭敬地延請他爲兒子眞金的經學教師。

竇默（1196～1280年），字自聲，早年名傑，字漢卿，廣平肥鄉（今河北）人，元代醫學家、理學家，擅長針灸。

而竇默的最大功勳是向忽必烈舉薦了北方理學巨擘姚樞。正當蒙古帝國爲蒙哥即位爭吵得不可開交時，淳祐十年（一二五〇年）姚樞到達和林，成爲忽必烈的貼身顧問。

姚樞將張德輝的治術理論加以系統化與具體化。他侃侃首陳二帝三王之道後，接著分舉治國平天下的八項要點：修身、力學、尊賢、親親、畏天、愛民、好善、遠佞。隨之，又不厭其煩地排比了三十條挽救時弊的具體主張：立省部、辟才行、舉遺逸、愼銓選、汰職員、班俸祿、定法律、審刑獄、設監司、明黜陟、停征斂、簡驛傳、修學校、崇經術、旌節孝、重農桑、寬賦稅、省傜役、禁遊情、肅軍政、周匱乏、恤鰥寡、布屯田、通漕運、免債負、廣儲蓄、復常平、立平准、絕僥倖、杜告訐。最後又教授忽必烈如何實施這些主張的具體辦法。這無疑是一篇政治宣言，對忽必烈來說它還是一部治術薈萃的小百科全書。如果耐心的讀者不厭其煩，讀完姚樞的主張，會發覺這些主張離蒙古人的殺戮已太遠太遠，也許從漢人心理上來體味，會產生一種親切感。

忽必烈對這些主張興奮得睡不著覺，爲了讓自己的兒子也分享這

唐太宗招賢

唐太宗在做秦王時建「文學館」，收聘賢才，以杜如晦、房玄齡、于志寧、蘇世長、姚思廉、薛收、褚亮、陸德明、孔穎達、李玄道、李守素、虞世南、蔡允恭、顏相時、許敬宗、薛元敬、蓋文達、蘇勗十八人並為學士，為著名的「十八學士」。貞觀元年（六二七年），他剛剛登基即詔令「於正殿之左，置弘文館，精選天下文儒。令以本官兼署學士，給以五品珍膳，更日宿直，以聽朝之隙引入內殿，討論墳典，商略政事，或至夜分乃罷」。

十八學士圖軸，清代畫家蘇六朋(1791～1862年）繪。

鼓舞人心的快樂，他命令自己的兒子們追隨這位大師，學習在馬背上學不到的「神祕」的知識。

做爲還沒有從野蠻暴躁的屠城中跨出腳步的黃金家族中的一員，能主動地向漢人禮賢下士，訪求歷代帝王事跡，尋找蒙古人還十分陌生的統治術，僅僅將忽必烈名之爲「誠難可貴」是不夠的。這時，他心中的榜樣，已開始錯位。從幼年起，忽必烈就喜歡聽蒙古英雄祖先和其他帝王將相的傳說故事，青少年時代的忽必烈與耶律楚材父子過從甚密，博聞強記的耶律楚材無疑是一座知識、故事庫。據說，有一次，當他聽說唐太宗李世民做秦王時，廣延四方文學之士，講經論道，終於建立起貞觀之治的歷史豐碑時，忽必烈異常高興的臉上浮現出一種傾慕的神祕表情。如果說此事爲子虛烏有，那麼忽必烈延請亡金的遺老遺賢，則無疑是李世民式之招賢的翻版。不過，我們切記不能在這裡掉以輕心，誤認爲忽必烈心中的成吉思汗——蒙古帝國的偉大締造者——已蹤影無跡。

實際上，忽必烈絲毫沒有放鬆對黃金家族政局的關注。甚至可以說，忽必烈的一隻腳還深踏在蒙古本土，踏向北中國的那隻腳才剛剛抬起。

淳祐十一年（一二五一年）忽必烈積極地參加了黃金家族「每天消耗馬三百匹、牛三百頭、羊五千隻和湩酪及酒兩千車」的蒙哥汗的即位盛典。還協同其兄，向衰敗中的窩闊台系以猛擊一掌。

蒙哥剛剛正式即位，狂歡的宴會還在進行。因一個僥倖的偶然事件，蒙哥發現，窩闊台系失烈門、貴由子腦忽和察合台孫也孫脫竟藉慶賀之機，暗藏武器，企圖刺殺蒙哥及其黨羽。蒙哥藉機興起三王之獄，將失烈門、腦忽遣發漢地從軍，其餘諸將及黨羽七十七人或踩死、或殺頭，全部處死。曾侮辱拔都的合兒合孫，交與拔都處死。合兒合孫的父親，貴由最得力的大將野里知吉帶，也被從波斯軍中召回，交給拔都，令他一洩私憤，將之處死。

隨後，蒙哥遣親信不憐吉解那顏率十萬軍到按臺山兀魯塔黑等地佈防，以備也速蒙哥、不里和貴由子忽察；遣不花率軍二萬至吉利吉思、謙謙州之境防守。

次年，蒙哥最後清洗了窩闊台、察合台兩系。蒙哥罵完「她比一條母狗還卑賤」的海迷失後，下令將海迷失雙手縫在革囊裡面帶來，大法官忙哥撒兒性變態地將她剝得一絲不掛，強行她裸體受審，儘管她憤然哀告：「爲什麼要讓其他人看到那除了君主以外，任何人也不應當看到的身體？」但這毫無用處，她和失烈門的母親，哈禿黑塔失最後被裹之以氈，投入水中。

蒙哥將也速及其妻子、還有不里，交給拔都，令他再洩私仇。附於蒙哥的察合台長孫審判官哈剌旭烈兀當著也速的面命人將其妻脫合失踢成了肉泥。隨行的異密也被馬上處死。

許衡（1209～1281年），字仲平，又稱魯齋先生，元代理學家、教育家。他的主要業績是奠定元朝國子學基礎和闡揚程朱學說，所以元代有不少人推崇他是朱熹的繼承者。

用死亡處置了政敵之後，蒙哥將窩闊台領地瓜分成數塊，賜給了黨附於自己的窩闊台後王。海都封至海押立；脫脫封在葉密立；合丹、滅里則據有也兒的石河。這種分而治之的辦法使他們任何一個人都無力再奪回他們失去的汗位。

自從窩闊台淳祐元年（一二四一年）死後，忙於內訌的黃金家族對征服戰爭頗顯消沉。蒙哥殘酷無情地鞏固了汗位後，決定重燃戰爭之火，他一方面命諸王中漢文化素養最高的忽必烈統帥蒙古、漢軍鎮撫中原，總理漠南漢地軍民事務，並負責征服南宋的戰爭；另一方面，他派遣另一個弟弟旭烈兀去完成對西亞細亞木剌夷國和報達（今伊拉克）的征服。

蒙哥猶如戰爭的巨人，站在蒙古草原的故鄉，向西南和東南伸出了戰爭的巨爪。

淳祐十一年（一二五一年）忽必烈總理漢南漢地軍國庶事，是其一生中第一塊里程碑。

北中國名正言順地成爲忽必烈的勢力範圍，他再也不需要偷偷摸摸地和漢家文士秋波暗送了。大規模招聘漢族謀士俊士，去有效地補復這塊土地的瘡疤成爲大經地義的事。

忽必烈馬不停蹄，迅速率軍南下，進駐扎忽都之地，在金蓮川（今灤河上游，內蒙古正藍旗閃電河）設置忽必烈藩王府。

漠南漢地成爲忽必烈施展政治抱負的第一塊實驗地。開府金蓮川後，忽必烈大致走了這樣幾個關鍵步：

（一）不繼續招納漢人學士，從理論上學習漢法。

忽必烈沿著「召天下英俊，訪問治道」的既定方針，向漢人圈走去。蒙古滅金的殘破屠戮政策，除了那些被殺的萬計冤魂外，活著的人，尤其是文人留下的心靈創傷絕不亞於土地的滿目瘡痍。忽必烈的捐棄殘暴、給文人以地位的政策，使一向以救世自命的文人依稀看到了希望的曙光，接受了忽必烈的邀請，各懷

元上都遺址旁的金蓮川草原，內蒙古錫林郭勒盟。如今金蓮川的金蓮花仍在盛開。

心事的兩種文明一旦擁抱，漢人文士竟驚奇地發覺到救世主的蒞臨。於是，儒士們如久旱望雨般地奔走相告，忽必烈的「愛民之譽，好賢之名」，「爭進所聞」，交相薦引。一大批有識儒士迅速雲合輻湊到了忽必烈的府上，知名人士有：許衡、郝經、元好問、商挺、張易、李德輝、王恂、馬亨、李治、趙炳、張惠、楊奐、楊惟中、李俊民、王文統、劉肅、宋子貞、王磐、李昶、徐世隆等。在這長長名單之前還有子聰、張文謙、姚樞、趙璧、王鄂等，這些儒士構成了忽必烈的龐大的智囊團。

簇擁忽必烈周圍的這些人，賓主間朝夕談古論今。從夏商周、堯舜禹湯、文武周公孔孟以至秦皇漢武、唐宗宋祖，積極贊助忽必烈革除弊政、遵從漢法。金蓮川，實際上已變成忽必烈學習帝業的講習所。

（二）不擢用、拉攏擁有地盤、兵權的漢人世侯。

蒙金戰爭中，各地主豪士藉自保之名，崛起一股自霸一方的軍閥勢力。金亡後，蒙古貴族倚重這些軍閥，統治地方政權。他們在自己的轄境內儼若土皇帝，既統軍，又管民，任命官吏，徵收賦稅，且世襲相傳，或父死子繼，或兄終弟及。其中勢力較大的幾家世侯爲益都李璮、濟南張榮、東平嚴實、眞定史天澤、順天張柔、西京劉黑馬，對這些漢族地主武裝頭目，忽必烈採取拉攏、利用的方針，用威權之術將他們緊緊地團結在了自己的周圍，形成了忽必烈除自統的蒙古、漢軍之外的另一支得力軍事力量，忽必烈積聚的這股武裝勢力後來都成爲他的重要軍事支柱，在以後的戰爭中這批軍閥爲忽必烈拚死效勞，立下顯赫戰功。

（三）不爭取其他各族上層貴族。

對於漢化較深的回回人賽典赤．瞻思丁、畏吾兒人廉希憲、西夏人高智耀及在和林就充任宿衛的畏吾兒人阿里海牙等人，忽必烈也精明地予以攏絡、重用。

（四）不嘗試漢法。

改從高級文明的統治經驗，是低級文明征服高級文明後進行統治的歷史規律。經久不息的兵戰與竭澤而漁式的瘋狂掠奪，使北中國的廣大人民被迫背井離鄉、逃匿山林；昔日繁忙的鄉村白骨蔽野、鬼嚎兔竄，農田蒿榛叢生。人民用逃亡的消極手段來反抗蒙古政權的統治，使蒙古政權的統治深深陷入危機中，對其進一步統治造成嚴重威脅，而造成這種情形的根本原因就是蒙古統治者的統治方式，始終保存著濃厚的草原奴隸制的結果。也許，實行使被征服區荒蕪的政策，將中原變爲蒙古的牧場，符合蒙古人的游牧生活方式。但農耕文明所創造的財富大大地超過游牧業，在農耕地區重建牧業實際上堵塞了蒙古人的許多財源，甚至連他們日益膨脹的人口的飲食也會成爲沉重的負擔。正是在漢南漢地日臻荒蕪的情況下，忽必烈才決定對蒙古人的統治方式進行改革的。

爲驗證漢儒的治國之道，大量吞咽漢法的忽必烈決定將這些半信半疑的道理付諸實踐。邢州是第一個試點。

邢州在端平三年（一二三六年）分封給勳臣昔里吉時，有民戶萬餘，到忽必烈受命漠南時，遽降至五、七百戶。忽必烈採納子聰等人的建議，派脫兀脫、張耕、劉肅三人去治理邢州。三人到邢州後，協心爲治，洗滌蠹敝，除去貪暴，興辦冶鐵，整頓驛傳，修造官舍。不到一個月，流亡的民戶復歸，竟增達十倍之多。忽必烈從治理邢州的驚人成效中感觸良深，這一魔術性的變化一掃忽必烈的疑雲，堅定了他採行漢法的信心和決心。他借用儒士又對河南、關中進行了治理。

淳祐十二年（一二五二年）時，總領漢地財賦的斷事官牙剌瓦赤、不只兒一天內判決了二十八人死刑，其中一人因犯盜馬罪，已受杖開釋，恰巧有人進獻了一把環刀，爲了試試這把環刀是否鋒利，牙剌瓦赤竟又將此人騎馬追回，手試利刃。總理漢地事務的忽必烈聽說這件草菅人命的事後，責備在燕京的斷事官，「凡死罪必詳讞而後行刑，今一日殺二十八人，必多非辜。既杖復斬，此何刑也！」從這件事中，我們可以看到忽必烈對於人的生命開始有了新的認識，尊重生命，一反恣意殺戮，說明忽必烈治術觀的轉換期業已完成，儘管以後其思想還有個別返祖現象的出現。

同年，忽必烈奏請蒙哥，要求在汴京設置經略司，以負責對南宋戰爭的軍需。蒙哥敕准後，忽必烈以忙哥、史天澤、楊惟中、趙璧爲使，以陳紀、楊果爲參議，拉開經營河南的序幕。

在史天澤等人的經營下，在唐州（今河南唐河）鄧州（令河南鄧州市）等地屯田，其屯田範圍西起襄、鄧，東連清口、桃源，敵至則戰，敵退則耕。又於各郡縣置官守民，均定賦稅，改行鈔法，在衛州設都運司，以銀錢收糧。僅用了二、三年時間，河南便達到「大治」。

畏吾兒

畏兀兒是元代對高昌回鶻國的稱呼，實是來自突厥語 Uighur 的音譯。學界習慣稱呼為「高昌回鶻」，日本學者慣稱之為西州回鶻，即現在的裕固族。元代有多種譯法：畏吾兒、畏兀兒、偉兀、偉吾而、衛吾、委兀、外五、瑰古、烏鴿、畏午兒等。

◎廉希憲

廉希憲（一二三一年～一二八〇年）為元朝的大臣。字善甫，廉訪使布魯海牙之子，因官改姓廉氏，畏兀兒人。因精通經史及儒書，人稱廉孟子。

憲宗九年（一二五九年），任京兆宣撫使，隨忽必烈攻宋鄂州，聞憲宗死訊，建議北返爭奪統治權，助忽必烈取得帝位。又出鎮關中，打敗部分蒙古貴族發動的叛亂，對抗阿里不哥有功，官至平章政事，制定貴族遷轉法。一二五七年，廉希憲隨元軍南下，平章荊南行省，安撫荊州江陵。一二七七年，回京輔佐太子真金。一二八〇年，廉希憲病故，追封魏公、恆陽王。

◎阿里海牙

阿里海牙（一二二七年～一二八六年），畏兀兒人。中國元朝初年的軍事家和政治人物。

阿里海牙自幼聰敏善辯。後隨世祖忽必烈。一二五八年，隨忽必烈攻南宋。至元五年，簽河南行省事，與元帥阿朮等攻宋取襄陽破樊城，後與丞相伯顏、元帥阿術等拔沙洋、新城，降復州、漢口、鄂州、漢陽。至元十二年鎮鄂州，並攻取江陵。至元十三年取湖南，進兵廣西。至元二十三年初，為湖廣行省左丞相，五月，病死於上都。後追封為楚國公。

從一二四一年至一二五二年，忽必烈用了長達十年的時間，站在草原上，站在自己的斡耳朵裡面，極力去理解陌生的農耕文明，陌生的漢家儒生。

現在，三十七歲的忽必烈已置於汪洋大海般的文明世界裡，他已擁有了屬於自己的軍隊、將領、地盤和龐大的智囊團。做爲草原英雄的後代、拖雷的後王、大汗蒙哥的長弟，忽必烈以其嶄新的思想衝出了黃金家族的小圈子，以矯健的身姿登上了十三世紀風雲際會的歷史舞臺。

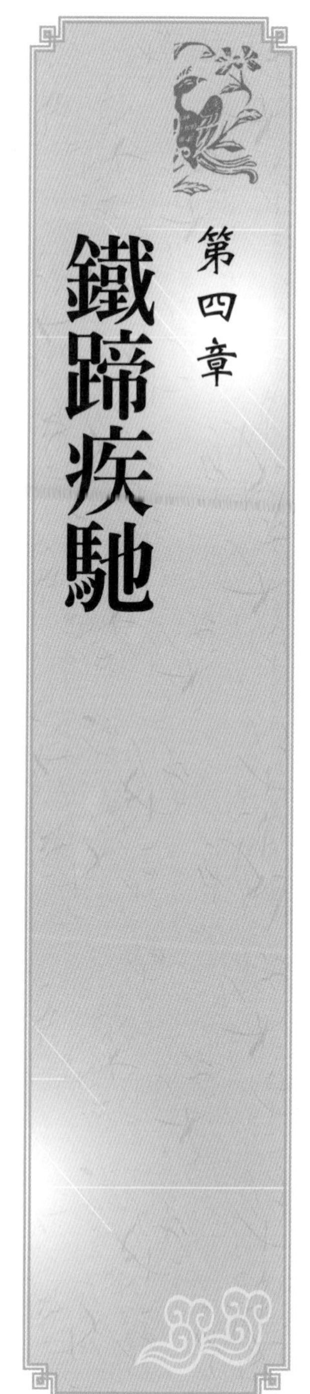

第四章 鐵蹄疾馳

在古老的不能再古老的東方，十三世紀，蒙古人的歷史展現其放牧人類及屠戕人類猶如宰殺牛羊一樣技巧高超的時代。

這是一個同類相殘的時代。

一個令人類顫抖的時代。

一個生命不值一錢的時代。

人類在死亡的苦海中掙扎。

在最需要拯救、超渡的時刻，人類的先知、救世主上帝、基督、佛陀、眞主卻卑鄙地踢翻了人類的虔誠。

於是絕望的人類只好自己點化自己。

人類點化自身的第一次嘗試，發生於嘉定十五年（一二二二年）。以「超然萬物之表」爲宗的全眞道長春眞人丘處機，與以殺人爲樂的世界征服者成吉思汗，在這一年於撒馬耳罕，進行了一次歷史性的會面。不惜任何手段縮短他人壽命的成吉思汗，卻急於自己的長生不死，而向丘處機請教長生的祕方，丘處機以哲學家而不是以神仙家的態度，誠實地答道：「有衛生之道，而無長生之藥。節欲止殺，外修陰德，內固精神，恤民保眾，才是長生的妙方。」心懷濟世救民的仙人丘處機，利用成吉思汗對神祕哲學和天道魔術的嗜好，進一步向這位殺人英雄奉上：「欲一天下，必在不嗜殺人；欲治四方，必在敬天愛民；欲求長生，必在清心寡欲」的佳肴，虔誠地傾聽完莊子玄論和現實規諫的成吉思汗，非但沒有暴躁不安，反而「深契其言曰：『天賜仙翁，以寤吾志。』」

實際上，成吉思汗未重蹈秦皇漢武的覆轍，不在於他寬厚的仁慈，而是他——從草原的野蠻法則中闖至農耕的文明秩序中的蒙古大汗——已隱約預感到屠刀只能表

丘處機會見成吉思汗

元太祖十四年（一二一九年）五月，成吉思汗派使者劉仲祿等人攜詔書前往山東邀請丘處機前往蒙古帝國相見，十二月，劉仲祿到達山東萊州昊天觀，奉命邀請丘處機前往蒙古帝國與成吉思汗會面，丘處機說：「我循天理而行，天使行處無敢違。」欣然同意前往。

元太祖十六年（一二二一年）四月出居庸關，途經漠南和中亞地區，在漠北草原拜會鐵木哥斡赤斤後一路西行，途經鎮海城時接納田鎮海的建議留下宋道安、李志常等九名弟子修建棲霞觀，然後再經回紇城、昌八剌城、阿里馬城、賽藍城。於一二二一年冬天抵達撒馬耳罕。

元太祖十七年（一二二二年）四月，丘處機途經鐵門關抵達「大雪山」（今興都庫什山）八魯灣行宮覲見成吉思汗，實現了龍馬相會（成吉思汗屬馬，丘處機屬龍）。成吉思汗稱他為「神仙」。同年秋冬，成吉思汗三次召見丘處機，詢問治國和養生的方法，丘處機向他以「敬天愛民」、減少屠殺、清心寡欲等為回應。及後，成吉思汗下詔耶律楚材將這幾次的對話編集成《玄風慶會錄》。

元太祖十八年（一二二三年）春天，丘處機向成吉思汗辭行，成吉思汗下詔豁免全真道的賦役，並沿途派兵護送，一行人於冬天抵達宣德。

跟隨丘處機一路西行的十八名弟子之一的李志常，根據一路上的西行見聞，後來寫成《長春真人西遊記》一書，具有重要的史料價值。

清代《雪山應聘圖》，北京首都博物館《考古與發現》展。描繪的是丘處機偕弟子尹志平等18人，於1220年遠涉中亞大雪山（今阿富汗與都庫什山）會見成吉思汗的情景。

達一時的暢快，而不能成爲長久和統治的代言人，更不能搖身變爲財富的搖錢樹。

人類點化自身的第二次努力，而且卓有成效的主人公是耶律楚材。身蒙迷霧，一生傳奇的耶律楚材向人類生靈貢獻的首跡是諫阻成吉思汗對印度的殘破。他藉一隻鹿形馬尾色綠的怪獸向成吉思汗道：「此瑞獸也，其名角端，能言四方語，好生惡殺，此天將符以告陛下。陛下天之元子，天下之人，皆陛下之子，願承天心，以全民命。」印度人的祖先免遭塗炭，應該感激楚材的好生。不僅印度，就是十三世紀二〇年代北中國的漢人，對耶律楚材也應感激涕零。以敦厚知名但也喜歡屠殺異族人的窩闊台即位後，蒙古將領中有人提出盡屠征服地漢人，將中原變爲像蒙古一樣的牧地。耶律楚材聲淚俱下，挾死力爭，終於使窩闊台阻止了那種荒謬的想法，游牧不需要過剩人口。蒙古人征服世界各地的軍法規定：「凡城邑以兵得者，悉阬之。」金國都城汴梁不幸地曾有「矢石相加」的現象發生，大將速不台敬請窩闊台：「城下之日，宣屠之。」耶律楚材以跑步速度，去提醒窩闊台：「將士暴露數十年，所欲者，土地人民耳。得地無民，將焉用之？」對「取人國家，在得土地、人民。」還沒有明晰概念的窩闊台猶豫不決，聰明的耶律楚材馬上說：「奇巧之士，厚藏之家，皆萃於此，若盡殺之，將無所獲。」於是，一百四十七萬蒼生免遭屠戮。

耶律楚材（1190～1243年），字晉卿，號湛然居士，又號玉泉老人，遼宗室，元代著名政治家。出自《歷代名臣像解》。

頭腦還算清醒的窩闊台悟出屠刀並不能繁殖財富的道理後，悄悄修改了札撒、定例，最起碼是在中原有效：今後只誅首惡，不再屠城。不過，嗜殺成癖的蒙古軍控制不住情緒的屠戮還屢有所聞。大規模屠殺，像個可怖的幽靈，還在生命的頭頂徘徊，這不是耶律楚材一人所能驅散的。

第三次人類的自身點化，非常非常地幸運，它碰上了有靈性的蒙古諸王忽必烈。

時間終於使人類走到了自屠

迷津的岸邊。急於在地圖上安排兀魯思的忽必烈，清醒地嚼透了「今日能用士，而能行中國之道，則中國之主也！」這句話的內質。「中國之道」中如何牧民最爲帝王激賞的法則之一，就是民之不在，何牧之有？

但假如我們將人性復甦說成是忽必烈人性意識的自覺，那麼，就會給人留下對忽必烈曲意恭維的嫌疑。實際上，我們還應當到忽必烈的漢人智囊團中去尋找點化的神指。智囊團的首腦，忽必烈的帷幄密友子聰，從他們一建立成友誼時就向忽必烈灌輸「天地之好生，王者之神武不殺」的道理。

有廉孟子雅號的廉希憲，將孟子的性善、義利、仁暴之說多次獻給忽必烈，忽必烈以後便謔稱希憲爲廉孟子。與仁義之師一直是中國人寬恕戰爭的最天眞的想法，他們把仁義之師作爲戰爭的最高境界。飽嚐戰禍之苦的智囊團成員，這一大批儒士既無力阻止戰爭的蔓延，就只好寄希望於實現戰爭達到仁義的境界，從功利主義的角度去論證屠戮無遺所帶來的惡果和禁止妄殺所帶來的佳肴。

的確，殘暴的屠城殺掠，非但沒使敵人紛降，反而激起征服地抗戰的決心。而一旦網開一面，征服的速度卻產生了驚人的效果。

「兵不血刃」、「不戰而屈人之兵」是中國兵法的精髓。對中國的軍事家來說，招降敵人是一門藝術。謀士姚樞常常不失時機地鼓動忽必烈去俯拾這門藝術中的作品，而曹彬的故事便是其中——令忽必烈怦然心動——的精品。

寶祐元年（一二五三年），負責對宋戰爭的忽必烈受命出征大理。誓師大會的夜宴上，姚樞意味深長地對忽必烈進講宋太祖大將曹彬受命平定南唐，不殺一人，市不易肆的故事，及時而且頗具感染力。次日，騎在馬上的忽必烈十分激動，拍鞍大喊「汝昨夕言曹彬不殺者，吾能爲之，吾能爲之！」姚樞在馬上祝賀道：「聖人之心，仁民如此，有國之福也。」忽必烈需要鼓勵。

曹彬（931～999年），字國華，北宋名將。宋太祖揮師江南，命曹彬先赴荊南，為大軍開道。曹彬連破敵軍，直逼金陵。曹彬稱病在床，要眾將焚香盟誓，破城後不亂殺生靈，眾將盟誓。第二日，曹彬病好，宋軍破城後，紀律嚴明，百姓安居樂業。

屠戮無辜的陰霾似乎已被驅散，但對黃金家族的忽必烈，我們還必須聽其言而觀其行！

蒙哥即汗位後依然奉行耀兵炫武，攻城掠地的擴張政策。忽必烈受命對宋戰爭後，謀士姚樞針對窩闊台二太子闊出、闊端征宋軍的唯利剽殺、掠後即棄、以致陷入拉鋸狀的失計態勢，向忽必略建議以守爲攻，且戰且守，然後一舉滅宋的策略，忽必烈欣然接受。

由忽必烈長期廝守蒙古本土的人生經歷所致，忽必烈的軍事才能最集中，也最突出地表現在擬定戰略計畫上，他是以一個戰略家而屹立於黃金家族的。摹仿成吉思汗假道四川，包抄汴京的滅金戰略，忽必烈向蒙哥提出先取大理以包抄南宋的戰略計畫，得到蒙哥的支持。

雲南地區在南詔國時與唐代有過一段蜜月時期。十世紀初年，南詔國主蒙氏衰微，鄭氏起而取代，以後又有趙楊二氏。天福二年（九三七年），白蠻（今白族）段氏崛起，驅逐趙氏，建立政權，定都大理（今雲南大理），大理國開始寫進史冊。大理政權的最突出特點是少數民族雲集。大致有二、三十個，其主要大族是烏蠻、白蠻。另外一個特點是，它立國久長。自從大理國建國，它就獨立於中原政權，成爲化外之邦。立國悠久，固然可敬，但久長本身卻極易積澱歷史的惰性，這就有點讓人不敢恭維了。到十三世紀上半葉，大理國就處在讓人不敢恭維的時期。國勢衰微、政治腐敗、寵臣擅權、內戰頻仍等等末世病一齊襲來。大理國主已號令不行，內部已分崩離析，大權旁落在大臣高氏手中。

忽必烈提出先亡大理，對他自己來說至少可產生三個方面的效應：第一，可以利用西南少數民族軍隊增強侵宋兵力。早在成吉思汗時代，郭寶玉就說過「中原勢大，不可忽也。西南諸蕃，勇悍可用。宜先取之。藉江圖宋，必得志焉」的話。第二，可以從背後包抄夾攻南宋的長江中游。從南、北兩個方向擠壓南宋會使弱宋相顧不暇。第三，可以開闢一塊自留地，同時，忽必烈也可藉此培植親軍。

儘管忽必烈急於建不朽之功，但他還是花了一年的時間去鞏固後方：整治淮河一線，屯兵據守，命張柔率漢軍移鎮亳州，進逼兩淮；鞏固所占四川之地，命四川鎮將汪德臣修繕利州、沔州等城，且耕且守。淳祐十二年（一二五二年）冬天，忽必烈還命汪德臣率兵直撲成都，到達嘉定（今四川樂山縣），爲下一步進軍雲南作了一次試探性的假道進攻。

鞏固後方使忽必烈最起碼保證了免遭後顧的驚擾，並使自己免受揮師直進，被截後路、軍需不繼的危境。

第一次率軍出征的忽必烈儘管作了精密安排，但他還是小心翼翼。一二五二年秋，忽必烈從漠北率五十多位左手諸王揮師南下。次年夏天，忽必烈命漢族世侯、色目軍將領劉鼐、董文炳、解誠、賈昔剌、土土哈、葉仙鼐等率部向六盤山聚攏，一方面在這裡躲避炎熱的酷夏，休整部隊、集蓄力量，一方面是爲了準備糧餉、器械，便於取道吐蕃。

元代銅佛鏡，漢藏風格。

各路軍會齊後，經過一個多月的密謀，推敲作戰計畫，九月份忽必烈率大軍進抵吐蕃轄境的忒剌（今四川西部松潘）。爲了輕裝疾進，忽必烈決定將輜重扔至滿陀城，然後從忒剌分兵東、西、中三路，繞道吐蕃，向大理挺進。

取道吐蕃有忽必烈不得已的苦衷，因爲四川通往大理的要道現在還控制在南宋手中。但忽必烈對吐蕃的興趣也許並不亞於對大理的熱衷。

十三世紀五〇年代的吐蕃，正處於四分五裂的狀態。當一個民族內訌的時候，得利的漁翁往往是鄰居。現在，忽必烈這個幸運的漁翁開始伸出自己的手。

人們認識吐蕃，往往從藏族贊普（即首領）松贊干布和唐朝的文成公主開始。但對文成公主撒下文明種子以後的事，則往往丟三落四。同樣是在唐朝時，會昌二年（西元八四二年）吐蕃贊普達摩被殺後，圍繞繼承人問題而展開了內戰。二十年後，在平民大起義浪潮衝擊下，吐蕃王國政權完全崩潰，領土被分割得七零八碎，各地方首領或部落領袖互爭雄長，這場內訌一口氣延續到十三世紀。九世紀時，佛教再度入侵吐蕃地區，並隨之形成一個個以大寺院爲中心的由住持們統治的宗教小王國，住持職位轉向世襲，教派紛呈，舉其大者，則有烏思的噶丹派，後藏的薩斯迦派，後藏的噶舉派以及伯木古魯派等。

蒙古與吐蕃的最早接觸是通過軍隊與戰爭。寶慶二年（一二二六年）與紹定四年（一二三一年），

吐蕃分治時期（9～13世紀）銅鎏金寶生佛像。

成吉思汗、拖雷父子分別率軍呼嘯般地掠過吐蕃最東部的邊緣地帶。但大規模經略吐蕃，則始於窩闊台的兒子闊端。端平二年（一二三五年）闊端進攻南宋的四川，開始招降四川的鄰居吐蕃首領，並授官課稅。嘉熙三年（一二三九年），闊端派大將道爾達進兵烏思藏。淳祐四年（一二四四年）道爾達以使者身分再次入藏，召薩斯迦派首領薩班。一二四七年薩班與闊端商定吐蕃歸附蒙古條約，蒙古採取了任命吐蕃宗教首領管理其地的懷柔政策，在吐蕃置官收稅。不久，在薩斯迦派的帶動下，烏思藏、納里諸地也歸附了蒙古。不過，因其地極端分裂，仍有一些部落未附。這時，忽必烈的大軍掃蕩了四川西部的吐蕃地區。忽必烈的出現改變了吐蕃地區的歷史。

忽必烈繼續奉行籠絡吐蕃佛教上層人物的政策，兼施兵鋒。寶祐元年（一二五三年）夏駐兵六盤山的忽必烈，遣使召薩班協議假道事宜。薩班這時已死，薩班的侄子號稱神童的八思巴從涼州趕來謁見。二人一見面，忽必烈的高傲迅速潰敗於八思巴的宏識與博學，折服後的忽必烈對八思巴已愛不釋手，將這個神童留在自己的身邊。他們互慕的結果是改寫了吐蕃史與元代的宗教史，其深遠的歷史意義愈到後來愈顯得偉大。不過，這是將來的事，一二五三年要討論的是，忽必烈如何利用薩斯迦派這塊招牌。

忽必烈留中八思巴，不獨爲了品摩神童的智慧。也許，還應包括對烏思藏遼闊疆域讒涎欲滴的成分。事實上，在未來，吐蕃地區也的確盡入忽必烈囊中。

南侵大理的軍事總督是偉大的軍事將領速不台的兒子——兀良合臺。他爲蒙哥的上臺出力甚多，因此，蒙哥將他委以重任。忽必烈除了謹慎地挑選軍事將領外，還特別攜帶了幾個善於謀略、富有政治才能的智囊成員，如姚樞、子聰、張文謙等。對忽必烈來說這至關重要，在結束戰事許多年後，他還感觸良深地將跟他出征大理的親信，比作成吉思汗共飲班朱尼水的功臣。

兀良合臺在這次戰事中表現極爲出色，兵分三路後，他率西道直接進入吐蕃地區，忽必烈自率中軍也隨之穿過吐蕃，諸王抄合（察合台曾孫），也只里（合赤溫曾孫）則率東道軍由白蠻向大理趨進。

兀良合臺、忽必烈兩路軍猶如旋風般將吐蕃的抵抗力量捲走，剩下的吐蕃割據首領絡繹不絕地向忽必烈拜降，吐蕃的東部地區遂畫入忽必烈的勢力範圍。這具有重要的軍事、政治意義，正是以此爲據點，忽必烈日後逐步將吐蕃地區整個地咽下了。

忽必烈率領的中路軍經大雪山，過大渡河，又穿行山谷二千多里，陰曆十月抵達金沙江岸。在金沙江，忽必烈分別降服了大理北方四百多里的麼些蠻各部，麼些蠻部酋長如唆火脫因、塔里馬、麥良等都向忽必烈投降輸誠。忽必烈以軍用革囊和筏渡過金沙江，兵鋒直指大理城。

十一月，忽必烈再次派出特使玉律朮、王君候、王鑑招降大理國主段氏。八月份，忽必烈駐師臨洮時，曾派玉律朮三人出使過一次大理，傲慢的高祥、高和兄弟拒絕獻城投降，也許他們從來就沒有聽說過蒙古鐵蹄的厲害。這一次，還沒有親眼看到蒙古鐵騎的高祥、高和兄弟一如他們在國內的驕橫與殘暴，竟在一怒之下，殺了忽必烈的三位特使。

國勢衰微本身就是一種罪惡，高祥兄弟愚蠢到殺使的地步，這已不是雙重罪惡所能形容的了。

依蒙古鐵騎的傳統戰法，忽必烈與兀良合臺的西道軍首先殲滅大理城周圍的頑敵，將大理國西部的白蠻諸寨柵全部征服後，十二月十二日忽必烈所率的中路軍抵達大理城下，並迅速將城包圍。

十二月十五日，兀良合臺的西路軍取得龍首關（上關）後也趕到大理。

高祥兄弟直到這時才從傲慢中驚醒，看到了驕橫之花結出的惡果。倉猝間，糾合幾千人的軍隊背城出戰，結果可想而知，慘敗而歸。然後，無恥地將大理棄如敝

雲南麗江古城「溢璨井」。相傳宋元時期忽必烈南征大理時曾經駐紮在這裡，飲用井水。

忽必烈南征大理
忽必烈
塔拉
古地名
成都
今地名
河流
湖泊
大獲山
山脈
漢中
青川
廣元
安康
均
劍門
長寧
閬州
大獲山
巴中
綿陽
運山
相如
達州
南充
青居山
宜昌
合州
施
重慶
瀘州
張家界
鼎
辰州
懷化
沅州
辰
邵陽
貴陽
靖
永州
靜江
桂林
6000
5000
4000
3000
2000
1500
1000
500
200
100
0
8.截至蒙哥汗五年（公元一二五五年，宋寶祐三年），大理國五城八府四郡及烏蠻、白蠻、鬼蠻等三十七個部落，已均被蒙軍征服。

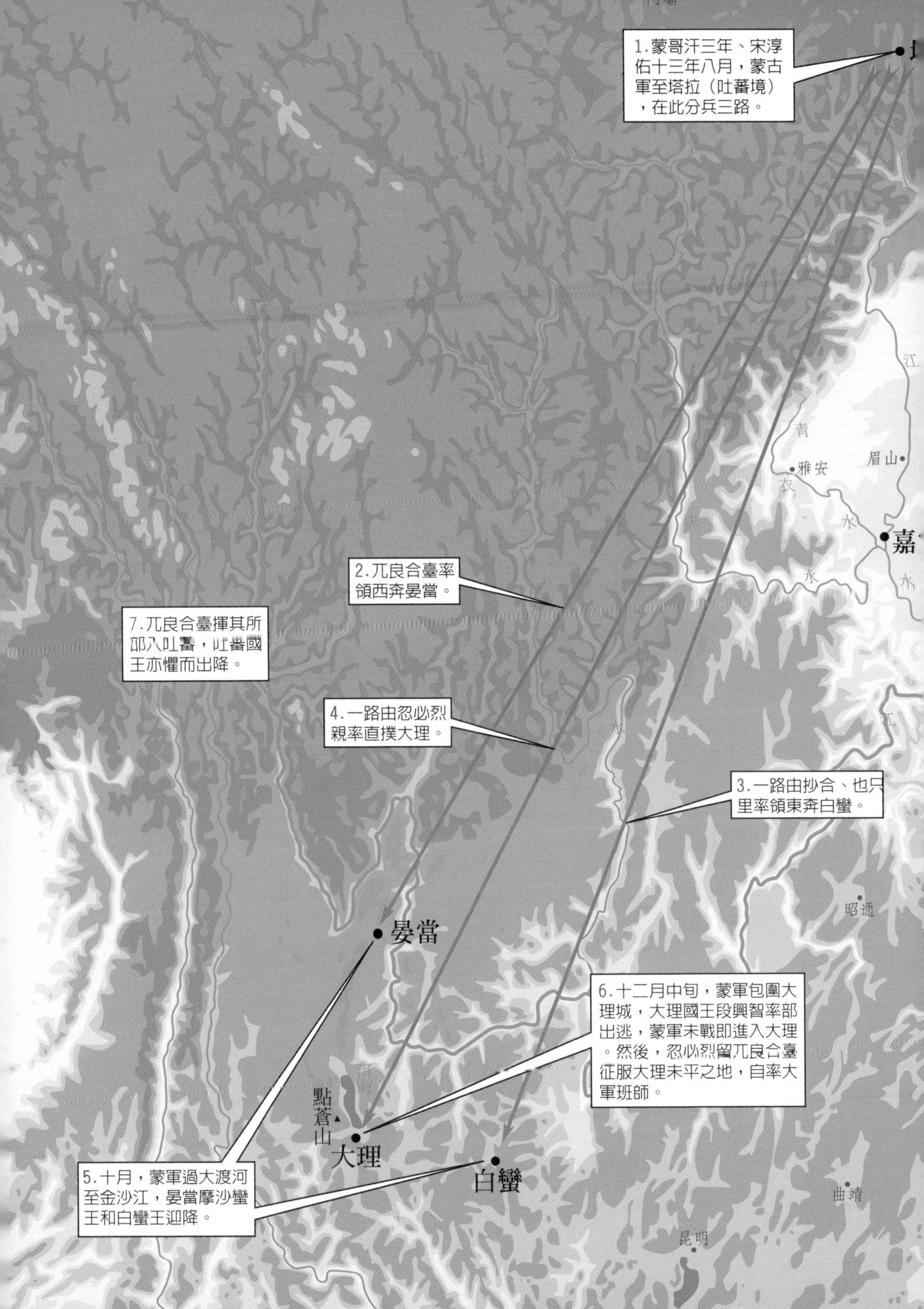
1.蒙哥汗三年、宋淳佑十三年八月，蒙古軍至塔拉（吐蕃境），在此分兵三路。
2.兀良合臺率領西奔晏當。
7.兀良合臺揮其所部入吐蕃，吐蕃國王亦懼而出降。
4.一路由忽必烈親率直撲大理。
3.一路由抄合、也只里率領東奔白蠻。
6.十二月中旬，蒙軍包圍大理城，大理國王段興智率部出逃，蒙軍未戰即進入大理。然後，忽必烈留兀良合臺征服大理未平之地，自率大軍班師。
5.十月，蒙軍過大渡河至金沙江，晏當摩沙蠻王和白蠻王迎降。
晏當
大理
點蒼山
白蠻
雅安
眉山
嘉
昭通
曲靖
昆明

屜，與大理國王段興智分道鼠竄。

忽必烈進入大理城後，左顧右盼，不見玉律朮等，痛惜地說：「城破而我使不出，計必死矣。」姚樞像劉邦的蕭何，一入城就絕不旁騖，攫訪圖籍，恰巧發現三使的屍體。

把屠刀架在敵人的脖子上是一種享受，而一旦死亡降臨到自己的部下，忽必烈心中泛起的只剩下震怒的波瀾了。他將昔日的諾言拋至雲霄，下令屠城。姚樞、張文謙、子聰馬上諫阻道：「殺使拒降的是高祥兄弟，不是黎民的罪過，請寬宥無辜之民，濫殺只能引起更激烈的反抗。」從失態中醒悟過來的忽必烈於是命宥姚樞裂帛爲旗，大書「止殺」二字，傳示城內街頭巷尾。大理，這座歷史文化名城幸運地擺脫了厄運。

忽必烈從大理出城後，憤怒地追擊高祥兄弟，出龍尾關（下關）後駐趙瞼，大將也古和霸突魯擒獲高祥，在姚州（今雲南姚安）忽必烈一洩憤怒，斬高祥。

寶祐二年（一二五四年）春，忽必烈留下兀良合臺的蒙古鐵騎，命他繼續鏟平大理境內未附部落，任命劉時中爲宣撫使，自己則率中、東道蒙古軍班師北上，仍經吐蕃，再次撫觸了一下剛剛歸附的熱土。五月份，征塵僕僕，十分疲憊的忽必烈已躺在六盤山的營盤地避暑去了。

喪家之犬的段興智，出大理後逃亡陪都善闡（今雲南昆明）。兀良合臺聞跡而至，他用了七天時間，猛擂戰鼓，狂縱鐵騎，進進退退，乘段軍迷惑不解之際。深夜，兀良合臺的兒子阿朮潛師入城。城陷後，將再逃至昆澤的段興智俘擄。

寶祐三年（一二五五年），從蒙古返回的段興智，對蒙哥的不殺感激涕零，獻出地圖，並親率本族軍隊做兀良合臺、阿朮的嚮導與幫凶，與蒙古軍一道風捲殘雲般地征服了大理的五城、八府、四郡之地，烏蠻、白蠻、鬼蠻等三十七個部落。大致包括今雲南全省、貴州、廣西西部和四川南部以及緬甸、泰國和老撾的北部。隨後，兀良合臺在大理境內設置十九萬戶府，置官戍守。大理地區猶如釘子，嵌揳在南宋的後方；同時，也成爲蒙古征服安南、交趾等地的跳板。

對第一次統軍打仗的忽必烈而言，出征雲南是一場惡夢。這次戰事，異常艱苦，《史集》的作者對我們說：忽必烈與兀良合臺的「十萬軍隊，得還者不到二萬。」對瘴熱氣候的不適、軍中疾病的流行以及各地突如奇來的冷箭，即使耐力極佳的蒙古軍也談之色變。在途中，抵大雪山時，山徑盤曲，氣候酷寒，早有足疾，也許是關節炎的忽必烈只好「捨騎徒走」，讓最忠心的鄭鼎背著過山。

姚遂在爲賀蘭傑撰寫碑文時，也滿懷同情地說：「受詔征雲南經吐蕃、曼陀，涉大瀘水，入不毛瘴喘沮澤之鄉，深林盲壑，絕崖狹溪，馬相縻以顛死，萬里而至大理」。

儘管噩夢令忽必烈驚悸，但雲收雨散後，忽必烈的心還是晴朗的。至少有兩點，值得忽必烈自欣自慰，直到忽必烈做了蒙古的大汗、中國的皇帝，他還念念不忘。第一，他心中竊畫的兩塊土地烏思藏和雲南不再是地圖上的虛幻標誌，已實實在在列在了自己的名下。第二，他有了一批「共飲班朱尼水」的軍事將領、隨從和爲他密畫霸業的謀士。

這批人馬，對忽必烈忠心耿耿，在未來，無論是爭奪汗位，鏟除政敵及大大小小的軍事、政治戰役中都爲忽必烈立下了汗馬之功。

雲南大理古城三月街，修復中的「元世祖平雲南碑」。「元世祖平雲南碑」通高4.44米，寬1.65米，正面中部刻有「世祖皇帝平雲南碑」八字。碑文由兩塊青石碑組成，立於元武宗至大元年（1308年），碑文由翰林院集直賢學士程文海撰寫。

也許還有一點，忽必烈不願承認，至少是口頭上不願承認，他對自己的生命價值更加珍惜，在未來多如牛毛的戰爭中，忽必烈很少親蒞便是明證，他寧願待在地圖前去指揮戰鬥。

不過，對這一點，我們不應該對忽必烈冷嘲熱諷。站在人類的角度，應當額手稱慶。

忽必烈對自己生命的眷戀，拓展至對蒼生的呵護，並使未來的戰爭儘量顯示它還有「溫柔」的一面，難道我們不應該對忽必烈的重新認識暴力、殺人、戰爭，去寬容地使用一點微不足道的溢美之詞嗎？

感謝人類還想到過自己點化自己。

同時，也應當感謝忽必烈對無辜蒼生的放生，屢「戒諸將毋妄殺」。

儘管，忽必烈對危及自己生命和尊嚴的戰爭，還是義無反顧地決定：殺人是有必要的。

甚至，人性中的惡劣仍時有回潮。

第五章 蕭牆禍起

權力是嬌妍美女，不可共享。而疑心病總是粘附在權力的花葉上。

「丟失東西的人好犯疑心病」，記不清這是那位哲人說的俗話了。不過，我們是否可以修正一下，或者狗尾續貂一句：「得到東西的人也易犯疑心病」，尤其那東西是權力。

不管你承認不承認，猜疑是人類造就的怪胎。它的悠久也許與人類齊頭並肩，它曾使許多文明改寫歷史。這種說法也許太大膽，但它改寫過忽必烈的歷史，的確是有跡可尋的。

蒙哥即位後，爲確保拖雷系的權力，將漠南漢地的軍國庶政全權委託給長弟忽必烈。忽必烈接到詔命後，喜出望外，大擺宴席。杯盤狼籍後，興致沖沖的忽必烈質問姚樞：「剛才各位都向我表示祝賀，只有你默默寡坐，爲什麼？」姚樞答道：「現在天下土地之廣，人民之多，財賦之富，有超過漢地的嗎？軍民大權現在都由您來掌管，大汗還管什麼？如果日後有人從中離間，大汗必然後悔，而將大權奪回。不如只掌兵權，供需則取之官府，這樣才勢順理安。」以聰明而富權謀著名於黃金家族諸王的忽必烈立即意識到問題的嚴重，實話實說：「我慮所不及。」隨即向蒙哥請求只管理漠南漢地的軍事，負責對宋戰爭，民政事務請再擇人。蒙哥欣然接受這一建議。

姚樞的預防措施，及時而有必要，這種釋疑計在中國歷史上俯拾皆是，由此我們可以得出結論：猜疑是雙向交流的，忽必烈的第一次疑心病就屬於臣對君的疑心範疇。當然，這也是春光洩露的微曦。

不幸的是權力與消疑不可兼得。不久，忽必烈，甚至包括姚樞就感覺到失去財賦的燕京受斷事官牙刺瓦赤的牽制，忽必烈採納姚樞的建議，向蒙哥陳請在汴京建立河南經略司負責屯田，並於各郡縣分置提領，以察奸弊，布屯戍均賦輸，直接插手財政事務。

爲治癒軍糧假手他人的缺憾，忽必烈依然採納自食其言的姚樞建議，在衛州設立都運司，令民納粟，築糧倉於河上，偷偷地又竊取了軍糧的收購權力。

但最爲犯忌的是忽必烈對關中的治理。寶祐元年（一二五三年）以「遵祖宗之法」自居的蒙哥沿襲「共享」成例，將原屬金國的土地人民大封宗親諸王，自然，拖雷系諸王享有優先的特權。蒙哥讓忽必烈在京兆、河南中選擇一地，忽必烈徵求子聰、姚樞等人意見，姚樞說道：「南京（指汴京）河徙無常，土薄水淺，舄鹵生之，不若關中厥田上上，古名天府陸海。」於是忽必烈要求受封關中，包括今陝西大部和甘肅隴上一部分，後因其地民少，又增賞懷州。

其實，關中不僅「厥田上上」，軍事地理位置也極爲重要。西北可出關進入隴西，以通西域；折而可北上蒙古本土；西南可直插四川，由蜀入藏又能順江而下，進入江南腹心；向東則可出潼關威懾中原，忽必烈選擇關中再現其高瞻遠矚之識。

姚樞建言錄

姚樞曾向忽必烈提過很多好的建議，並發揮了重大作用。

蒙哥即位後，忽必烈受命統領民富物豐的漠南地，為此忽必烈大宴群僚。姚樞勸忽必烈萬萬不可喜形於色，為防「廷臣間之」，而應當「維持兵權，凡事付之有司，則勢順理安」，世祖聽後，如夢初醒，為之折服。

在征伐大理時，姚樞建議忽必烈「不殺一人」，爾後又盛讚忽必烈「聖人之心，仁明如此，生民有幸」，大理百姓「得相完保」。

1257年，當忽必烈的文功武治贏得中原民心，威望和權勢逐漸擴大時，蒙哥受人挑撥，對忽必烈產生了疑忌，並派人嚴加查處。就在忽必烈性命岌岌可危時，姚樞說服忽必烈「盡王邸妃主」送歸汗廷為質，之後，忽必烈又面見蒙哥，淚如雨下，蒙哥終於消除了疑慮，下令停止對忽必烈的調查，避免了一場不測之禍。

1276年，在元軍攻取南宋臨安時，姚樞透析了自夏至秋，一城不降，傷亡眾多的原因，再一次建議元世祖「宜申止殺之詔，使賞罰必立，恩信必行」，禁絕濫用宋朝的鞭背、黥面等殘酷刑罰，致使「聖慮不勞，軍力不費」。

（以上均錄自《元史·姚樞傳》）

蒙古國封地帶有黃金家族對共同財產征服新地人人有份的性質，「忽必」即「份子」的韻味還十分濃厚，在蒙古草原上的「份子」，受封的諸王在「份子」內可自治其民，自徵其稅，互不統屬。窩闊台時，「忽必」分封制推行到中原，依耶律楚材的折衷辦法，規定；封地內的租賦由大汗設官徵收，按定額再頒給受封者。但實際上這項制度並未認眞執行，蒙古諸王對遠離駐地的封邑徵求財貨、弓矢、鞍轡的使者「晝夜不絕」。

蒙哥分地後，諸王封地的稅賦由燕京的行尚書省統一管理，實行包稅制，除將某些一部分返授被封者外，其餘的上交大汗，充國庫。但諸王在封地還負有協助大汗官員治理之責。這便形成兩套馬車並行的奇怪現象，而變成權責紛亂的現象。

在蒙金戰爭中，陝西歷遭兵燹，炊煙寥寥，一派破敗景象。到忽必烈受封時，京兆的八州十三縣「戶不滿萬」，還「皆驚憂無聊」。而蒙古的駐軍絲毫不減戰場上的暴橫，除殺人越貨、搶劫民女外還又增豪奢一項，競相在京兆修築豪華府邸，互相攀比。這純粹是一種在戰爭鬆弛間隙，軍隊將領中蔓延的富貴病。但因他們曾經出生入死，所以無人敢對他們表示不恭。

忽必烈一接到受封的通知書，用釜底抽薪的辦法首先解決了諸將的不法。以手中的軍權和汗弟的顯赫地位，將這批將領分遣到興元諸州去戍守。

接著又伸手向蒙哥要河東解州的鹽池，用供軍食的名義將解州的鹽池畫入自己名下。

隨之立從宜府於京兆。屯田鳳翔，作長駐久安計。

寶祐元年（一二五三年）夏，忽必烈進一步向關中嵌入自己的權力，派王府尚書姚樞爲京兆宣撫司，以孛蘭和楊惟中爲使，商挺爲郎中。楊惟中是弘州人，原是窩闊台、闊出的親信，以儒道濟天下爲己任，忽必烈開府金蓮川後，他又投入忽必烈的懷抱。商挺是曹州人，曾任漢世侯嚴實的家塾先生，忽必烈受京兆封地後，特聘他管理鹽務。姚樞隨忽必烈出征大理後，主持關中治理的實際上是楊惟中和商挺。

忽必烈決意附會漢法，再試儒士，因此十分支持宣撫司的工作。楊、商二人到任後，大刀闊斧，實施改革，《元史》熱情洋溢地敘述道：「挺佐惟中，進賢良，黜貪暴，明尊卑，出淹滯，定規程，主簿責，印楮幣，頒俸祿，務農薄稅，通其有無。期月，民乃安」。

一二五四年從大理歸來的忽必烈又任命姚樞爲京兆勸農使，督民耕植。同年，又調任廉希憲爲京兆宣撫使，抑強扶弱；次年二月，再徵許衡，任命他爲京兆提學，在關中各郡縣興辦儒學，「人人莫不喜幸」。

對財經大權忽必烈也十分熱衷。寶祐元年（一二五三年）忽必烈就關中立京兆交鈔提舉司，印發紙鈔，取得發行貨幣的大權，進一步控制了蒙古政權在中原漢地的一大部分財政大權。

漢儒或漢化較深的廉孟子採用的治理方法爲傳統的封建漢法。「選人以居職，頒俸以養廉，去污以清政，勸農桑以富民。」不到三年，關中由大亂達到大治。

忽必烈用漢法治漢地的措施，使忽必烈在漢地的聲望驟增。不僅中原的縉紳競進其門，爭進所聞的儒士亦對忽必烈寄以厚望，

楊惟中

楊惟中，字彥誠，弘州人。金末，以孤童子事太宗，知讀書，有膽略，太宗器之。年二十，奉命使西域三十餘國，宣暢國威，敷布政條，俾皆籍戶口屬吏，乃歸，帝於是有大用意。皇子闊出伐宋，命惟中於軍前行中書省事。克宋棗陽、光化等軍，光、隨、郢、復等州，及襄陽、德安府，凡得名士數十人，收伊、洛諸書送燕都，立宋大儒周惇頤祠，建太極書院，延儒士趙複、王粹等講授其間，遂通聖賢學，慨然欲以道濟天下。拜中書令，太宗崩，太后稱制，惟中以一相負任天下。

定宗即位，平陽道斷事官斜徹橫恣不法，詔惟中宣慰，惟中按誅之。金亡，其將武仙潰於鄧州，餘黨散入太原、真定間，據大明川，用金開興年號，眾至數萬，剽掠數千里，詔會諸道兵討之，不克。惟中仗節開諭，降其渠帥，餘黨悉平。憲宗即位，世祖以太弟鎮金蓮川，得開府，專封拜。乃立河南道經略司於汴梁，奏惟中等為使，俾屯田唐、鄧、申、裕、嵩、汝、蔡、息、亳、潁諸州。初，滅金時，以監河橋萬戶劉福為河南道總管，福貪鄙殘酷，虐害遺民二十餘年。惟中至，召福聽約束，福稱疾不至，惟中設大梃於坐，複召之，使謂福曰：「汝不奉命，吾以軍法從事。」福不得已，以數千人擁衛見惟中，惟中即握大梃擊僕之。數日福死，河南大治。遷陝右四川宣撫使。時諸軍帥橫侈病民，郭千戶者尤甚，殺人之夫而奪其妻，惟中戮之以徇，關中肅然。語人曰：「吾非好殺，國家綱紀不立，致此輩賊害良民，無所控告，雖欲不去，可乎！」歲己未，世祖總統東師，奏惟中為江淮京湖南北路宣撫使，俾建行台，以先啓行，宣佈恩信，蒙古、漢軍諸帥並聽節制。師還，卒於蔡州，年五十五。中統二年，追謚曰忠肅公。

即如漢地百姓也對忽必烈滿懷感激之情，正如姚樞所形容的一樣：「諸路之民，望陛下之治，已如赤子之求母。」忽必烈的勢力與聲望大有如日中天之勢。

忽必烈進駐漠南的扎忽都後，通常駐帳在桓州和撫州的草地上，依然保持著蒙古人帳居野處，冬夏遷徙的習俗。但隨著忽必烈野心的膨脹和耳濡目染漢家文化，更爲了鞏固在漢地的統治，以「會朝展親，奉貢述職」多所不便爲藉口，動議在蒙古本土和中原地間，築城建宮。忽必烈此時受漢文化的薰染，連帳篷都有點不習慣了。

這正應驗了成吉思汗的傷感的憂心：「我的子孫們將穿繡金的衣，食佳肴，乘駿馬，擁美婦，而不想這些享受是什麼人給的。」成吉思汗隱約意識到的命運——他的子孫們一旦居住到金國的雄偉宮殿便不可能保留單純游牧的本色——正無情地侵蝕著他的子孫。

寶祐四年（一二五六年），忽必烈命子聰和他的弟子趙秉溫「相宅築城」，最後選擇了桓州北、灤水北的龍崗。這個地方位於蒙古草地的邊緣，地處要衝，在和林與燕京之間，它北連朔漠，便於北上和林的汗廷；南結薊燕，更便於南下就近控制華北和中原漢地。既符合忽必烈總理漢地的身分，又便於處理緊急事務，保持與南北的聯繫，在地理上也具有軍事意義。

忽必烈採納子聰建議，命子聰總督其事，具體工程由漢人賈居貞、謝仲溫等負責，慘淡經營，不到三年就完成了開平城的修築任務。開平不僅是忽必烈的駐節之地、南北聯絡的驛站，更重要的它還是忽必烈經營中原的根據地。忽必烈在採用漢法、奪取權力的道路上艱難，然而卻可貴地跨出了十分有力的一步。

忽必烈大張旗鼓地行使漢法，在漠南漢地權力、勢力的迅速膨脹和個人聲望不可遏止的上升，以及金蓮川藩府克扣大汗的上交賦稅，引起蒙哥大汗的警覺。

一二五六年習慣於隨意勒索的蒙古貴族以及掌管天下財賦的斷事官們，對忽必烈的侵權行爲大爲惱火，向蒙哥告發了忽必烈及其幕府人員。眾多的罪名中有兩點是實質性的：一是忽必烈「得中土心」，二是忽必烈「王府人多擅權爲奸利事」。

忽必烈「得中土心」自不待言，認眞追究一下「爲奸利事」也是話出有因。忽必烈假惺惺地交出治理漢地民政財權，其目的原本就不純潔，只是爲避嫌而已。到漢地後不久，忽必烈就與蒙哥展開財權爭奪戰。在陝西河南的幕府人員，常常將應歸大汗的一些稅收也擅自送往忽必烈的倉庫，甚至在蒙哥清算忽必烈的時侯，京兆榷課所長官馬亨還冒著生命危險，將五百錠辦課銀偷偷運往忽必烈的府上。而更甚的是忽必烈挖牆腳一直挖到蒙哥的汗庭，將蒙哥的侍臣塞咥旃收買，偷偷將大汗國庫裡的錢財據爲己有。

猜忌引起猜忌。疑心病總是粘附在權力的花葉上。

對任何侵蝕他人權力的行徑，被侵者所能表達的只能是憤怒，形式可能有內心的詛咒和更激烈的報復兩種。蒙哥屬於後一類人。他的反應強烈而果斷：第一，解除忽必烈兵權。第二，派遣親信大臣阿藍答兒，囊加台、脫因、劉太平等到陝西、河南全面清算錢穀、設鉤考局，大行鉤考（檢核意）財賦。並委任阿藍答兒爲行省丞相，劉太平爲參知政事，授以重權。第三，決定親征南宋。藉此奪回忽必烈在中原的軍政權力。不過，這一點還包括其他複雜的情緒。

阿藍答兒等人到河南、陝西後，將審查對象主要集中在忽必烈設置的陝西宣撫司、河南經略司等機構的大小官員上，氣勢洶洶，甚囂塵上。「鍛鑄羅織，無所不至。」他們「恣爲威酷，盛暑械人熾日中，傾刻即死。」陝西宣撫司中死於酷刑的就達二十多人。後宣布罪狀竟達一百四十二條之多，阿藍答兒聲稱：「等到鉤考完畢，除萬戶史天澤、劉黑馬報請蒙哥汗處理外，其餘大小官員均可便宜徑行處死」。

身爲諸官魁首的忽必烈憂懼非常，計無所出，整日唉聲歎氣，焦躁不安中竟欲以兵相抗。老謀深算的姚樞再次獻計道：「大汗是君，是兄；大王是臣，是弟。事難與較，遠將受禍，不如將王府中的妻、子全部送往汗廷，以示長久留在大汗身邊，或許這樣大汗的疑心會自消」。

忽必烈聽後面露難色，猶豫不

吉州窯玳瑁釉剪紙貼花紋碗，南宋。吉州窯是中國現有保存完好的古代名窯遺址之一。它始於唐，極盛於南宋，而衰於元末。

決。在他看來，這無疑是以羔羊投虎狼。

次日，姚樞再次提出只有率妻子去覲見大汗，別無良策。忽必烈也的確想不出更好的辦法，忐忑不安地決定一試運氣。

寶祐五年（一二五七年）蒙哥爲準備親征南宋，離開他深居簡出的蒙古大斡耳朵，到達六盤山。這年冬天，忽必烈攜帶家眷入覲，並派出使者先期通知蒙哥。

蒙哥聽到忽必烈盡攜家室前來宮帳，大爲吃驚，疑心更重，認爲其中必有詐謀，恐有異圖，命忽必烈單身來見。直到這時，蒙哥還沒有從失烈門藉入覲之名，圖謀突襲的驚懼中緩過神來。

於是，忽必烈留下家屬和輜重，隻身前往。蒙哥在汗帳中看到憂容滿面、驚懼異常的弟弟，不禁想起父親死後，兄弟間的艱難生活，又發現忽必烈確無異謀，對自己的多疑油然而生懊悔，疑慮冰釋。《元史》十分動情地描述道：兄弟二人「皆泣下，竟不令所白而止。」

蒙哥下令停止鉤考，對忽必烈不再追究。作爲回報忽必烈交出封地內全部權力，撤回派出的藩府人員，汴京經略司、京兆宣撫司等機構一應撤銷。

一場短兵相接的由猜疑而起的權力戰，以忽必烈的大撤退暫時達成了妥協。

表面上看，蒙哥與忽必烈的矛盾是因稅收財富的分配環節出了問題才引起一場糾紛。實質上有兩點值得我們思考：

第一，漢南漢地歸屬應是大汗還是諸王。蒙哥一如其父、祖，將漢地只視做蒙古帝國的東南一隅，仍然依託蒙古草原，將漢北做爲大蒙古帝國的中心。但游牧經濟十分脆弱，漢北人口的急劇增加，致使漢北已無力單獨承受巨大的開支，而且其他三系的兀魯思離心的傾向越來越明顯，獨倚戰爭掠奪財富已捉襟見肘。對征服地，尤其是像漢地的經濟倚重便越來越在蒙古帝國占居舉足輕重的地位。因此，蒙哥絕不會允許再出現一個與自己抗衡的獨立兀魯思，而斷絕自己的財富之源。

第二，如何治理漢地。是用蒙古舊有的統治方式還是採用歷代中原王朝的封建統治方式來統治中原漢地。蒙古貴族，包括常以「遵祖宗之法，不蹈襲他國所爲」自詡的蒙哥大汗，既不習慣也不滿足於按部就班的中原剝削方式，因此對漢族士大夫細水長流般的剝削主張毫無興致，寧願去依賴巧於斂財的西域商人，只要能裝滿自己的金袋，聽憑他們去竭澤而漁。非常明顯，忽必烈用漢法治漢地的主張與實施，既妨礙了蒙古舊貴的豪奪暴掠，也與蒙古立國的舊俗背道而馳，同樣，蒙哥無法忍受忽必烈對他信仰的衝擊。同時，他還要保護本土的諸王利益，從而鞏固自己的權力基礎。

一方面為進一步削弱忽必烈在中原漢地的影響；另一方面為擴大財源，補充兵力，一二五七年蒙哥決定親征南宋。不過，波斯史家拉施特還對我們講了一個有趣的故事，也值得我們注意。寶祐四年（一二五六年）春，蒙哥在蒙古中部的豁兒豁納黑主不兒舉行了六十天的大宴會，對蒙古汗來說，率兵征伐四方，狩獵、饗宴就是他們的日常生活。這次宴會快要結束時，成吉思汗的女婿帖裡該說：「南家思（南宋）國這麼近，並與我們為敵，我們為什麼置之不理，拖延著不去出征呢？」蒙哥聽後，十分讚賞，說：「我們的父兄們，每一個都建立了功業，攻占過某個地方，在人們中間提高了自己的名聲。我也要親自出征，去攻打南家思。」這反映出蒙哥汗的英雄意識，的確，蒙古人的英雄意識是他們天性中的一部分，掠奪他人財富的欲望一刻也不能稍停。

一二五七年蒙哥南下，進抵六盤山。由幼弟阿里不哥留守大斡耳朵和大兀魯思，兒子玉龍答失輔佐阿里不哥，共守漠北。詔命諸王統軍隨征。蒙哥藉口忽必烈剛出征過大理並出色地完成任命，又患腳疾，留家休養。實際上這是體面地剝奪忽必烈再次統兵的權力。

寶祐六年（一二五八年）八月蒙哥正式出師南征。其基本戰略為分三路夾攻南宋：西路軍由蒙哥親率，由諸王窩闊台系的合答黑、禿塔黑；察合台系的忽失海、阿必失合、納鄰合丹、合答黑赤；拖雷系的末哥，阿速帶等組成，有鐵騎四萬人，號稱十萬，由陝西進攻四川。東路軍由東道諸王斡赤斤的兒子塔察兒統率，由拙赤合撒爾的兒子也生哥、額勒只帶的兒子察忽剌及木華黎、弘吉剌等五投下後裔貴族構成，從中原河南進攻荊襄、兩淮。南路軍由兀良合臺統率，由

釣魚城古戰場遺址欄杆上的臥佛。

蒙哥征南宋
忽必烈
塔拉 古地名
成都 今地名
河流
湖泊
大獲山 山脈
1.一二五八年蒙哥決定兵分三路南進：蒙哥出隴州（今陝西省隴縣）趨散關，孛里叉趨沔州（今陝西省勉縣）。
2.不久，蒙哥在四川的前鋒主將紐璘攻克成都及附近州縣，得知蒙哥已至漢中，留部將密里火者、劉嶷等守成都，自率一部軍前去接應蒙哥。
3.一二五八年十一月，蒙哥至劍門（今四川省劍閣縣北），擊潰守關宋軍，進圍長寧山和鵝頂堡（均在今四川省昭化縣西南），又相繼將其攻佔。
4.然後，蒙哥進軍至大獲山（今四川省蒼溪縣東），招降南宋閬州（今四川省閬中縣）守將楊大淵。
5.十二月上旬，蒙哥命楊大淵與汪德臣分擊相如（今四川省蓬安縣）等地。
6.命紐璘攻簡州（今四川省簡陽縣）
7.自率大軍至運山（今四川省營山縣西）。
8.接著，蒙哥又移兵青居山（今四川省南充縣南），迫降宋將劉淵。
9.1259次年正月，蒙哥進圍合州，數月未能破城，損兵慘重。時至八月，蒙軍軍中痢疫盛行，蒙哥亦染此病，被迫回師，十餘天後死於合州釣魚山下。
東鄉
和政
六盤山2
洛
隴西
甘谷
秦安
隴州
涇
水
銅川
卓尼
寶雞
臘子口
禮縣
雒
商洛
鳳縣
丹
沔州
洋縣
漢中
塔拉
安康
十堰
均
劍閣
西
房
閬州
大獲山
漢
運山
相如
曹
成都
青居山
歸2
歸
宜昌
簡州
資陽
合州
施
內江
自貢
張家界
澧
鼎

遠征、鎮戍大理的軍隊構成，出廣西、湖南北上，進攻長沙。在長沙與東路軍會師後，進而東向，再圍攻南宋都城臨安。

蒙哥的西路軍分三路三道分進。蒙哥本人入大散關，至漢中，渡嘉陵江，進駐劍門；末哥入米倉關；孛里叉萬戶入沔州；紐璘率蒙古先鋒軍克成都。一年之內，蒙古軍長驅直入，南宋四川各地守軍，紛紛敗北。至一二五九年初，四川大部已被攻克，蒙哥遣使去合州釣魚山招降守將王堅，王堅殺使拒絕後，二月，蒙哥親率大軍進圍釣魚山。

當四川戰事方酣，蒙哥觸瘴犯險時，被褫奪兵權的忽必烈卻在開平的新宮內悠閒度日，但他的雄心異志並未被消磨得面目全非，相反卻使得他更加堅定。賦閒使他有時間痛定思痛，去總結、整理以前的經驗、教訓，與原班幕僚再商大計。他留給後人的兩句話使我們體味到他當時的複雜心情，他說：「時之一字，最當整理」，「可行之日，爾自知之」。

但猜疑的陰魂仍未從忽必烈身上消散，附著於忽必烈的猜疑並不時時都給他帶來惡運。他的近侍燕真提醒他：「主上素有疑志，今乘輿遠涉危難之地，殿下以皇弟獨處完全，可乎」？

忽必烈對這句審時度勢的話非常讚賞，他清理一下「時」字，便毫不猶豫地向蒙哥派去使者，捎話說：「我們腳已養好了，我的長兄率軍出征，而我卻在家坐視，這怎麼能行呢」？

歷史時時爲偶然安排節目，並一再拯救偉人。這時塔察兒所帶的東路軍，因熱衷於擄掠財物，恣情吃喝，一年多來竟一城未下，毫無戰功。蒙哥極爲惱怒，遣使斥責，諸王也極爲不滿，並搬出忽必烈和塔察兒對比：「忽必烈曾奪取了許多城堡，而你們卻帶著破爛屁股回來。」這種情緒對忽必烈極爲珍貴。塔察兒的受辱是對忽必烈的最高讚賞。

寶祐六年（一二五八年）十月，蒙哥不得不請忽必烈出山，命他代塔察兒總率東路軍，按原計畫繼續進行，進攻鄂州完成會師。

忽必烈接到命他再度領兵出征的消息，認爲時機已到，十一月從開平欣然南下。

一二五九年二月，忽必烈到達邢州，大會左手諸王，從塔察兒手中接過軍權。整個春夏，在蒙哥正爲合州釣魚山久攻不下而苦惱，災熱酷暑、痢疾、霍亂襲擊蒙古西路軍時，忽必烈卻帶著東路軍悠然自得地向前緩緩推進，並有條不紊地去恢復他在漢地的勢力。

塔察兒

塔察兒（Taghachar），斡赤斤兀魯思第二任汗。只不幹之子，祖父是成吉思汗四弟鐵木哥斡赤斤。

一二四六年，鐵木哥死時，只不幹已死，塔察兒還未成年。塔察兒的同父異母兄帖木迭兒（脫帖）欲自立為兀魯思汗。兀魯思王傳撒吉思馳告汗庭。乃馬真後脫列哥那將皇太弟璽授予塔察兒。貴由汗死後，塔察兒和拔都支持蒙哥為大汗。一二五七年春，蒙哥猜忌忽必烈在中原收攬民心，委任塔察兒為漢地軍事統帥，秋天，塔察兒率軍進圍樊城失利。冬天，忽必烈到漠北與蒙哥和解，第二年春，忽必烈統左翼軍征鄂，蒙哥自將右翼征蜀，進攻南宋。塔察兒部隨右翼。蒙哥死後，阿里不哥與忽必烈的汗位之爭中，撒吉思力言塔察兒宜協心推戴忽必烈，忽必烈派親信廉希憲為塔察兒賜飲膳。廉希憲説忽必烈「聖德神功，天順人歸。大王位屬為尊。若至開平，首當推戴，無為他人所先」。在開平，塔察兒率先向忽必烈上書勸進。中統三年（一二六二年）七月，忽必烈給塔察兒益都、平州歲賦金帛，將白虎（塔察兒叔父）、襲剌門（塔察兒庶侄，帖木迭兒子）屬下民户、人匠、歲賦轉賜塔察兒。

蒙古經略高麗，一般不用斡赤斤系諸王的軍隊，防止他們就近漁利。但塔察兒還是派人到高麗收拾民户，擅自管領。至元十年（一二七三年），元朝賑濟塔察兒所部飢民。次年，塔察兒曾向廉希憲及在遼西的嗣國王頭輦哥（木華黎後裔）傳旨。塔察兒死後，斡赤斤兀魯思汗由其阿術魯（塔察兒堂兄）和乃顏（塔察兒子失兒不海之子）繼承。

塔察兒雕像，河北省灤南縣金輝廣場，2004年9月6日。塔察兒，又名那顏盞，元初名將。他在任燕南大斷事官時，曾領兵駐紮在今河北省灤南縣城北，為囤糧草，命令兵士引灤河水，挖土為城，這後來逐漸發展成為今灤南縣縣城。

隨行的謀士有子聰、張文謙等，還有一位儒生，早在淳祐十二年（一二五二年）就到達忽必烈幕府的郝經，忽必烈第一次驚詫於他的非凡軍事才能與政治遠見。他進奉給忽必烈的《東師議》、《班師議》氣象博大、識見弘遠，令忽必烈震撼。這兩篇文章在忽必烈的政治生命中具有劃時代的意義；同時，在中國的政治、軍事、文學史上也當之無愧地居有一席之地。在開慶元年（一二五九年）五月忽必烈駐軍小濮州時，郝經一語驚四坐，更令忽必烈吃驚：「古之一天下者，以德不以力。彼今未有敗亡之釁，我乃空國而出，諸侯窺伺於內，小民凋弊於外。經見其危，未見其利也。王不如修德布惠，敦族簡賢，綏懷遠人，控制諸道，結盟飭備，以待西師，上應天心，下繫人望，順時而動，宋不足圖也。」

深思熟慮後，忽必烈對郝經之言亦步亦趨，將戰事拋至一邊，接連召見著名儒士宋子貞、商挺、李昶與相州隱士杜瑛，訪問治理天下的大計謀與取宋的雕蟲小技。

漢人儒士如子聰、張文謙等對忽必烈舊話再提，勸誡他不可濫殺無辜。宋子貞向忽必烈直言：「本朝（指蒙古）威武有餘，仁德未洽。所以拒命者，特畏死爾，若投降者不殺，協從者治，則宋之郡邑可傳檄而定。」李昶也關心用兵，認爲用兵必須以「代罪、救民、不嗜殺」爲準繩。忽必烈聽從勸告，一反以往蒙古軍隊恣意殺戮的傳統，「分命諸將毋妄殺，毋焚人室廬，所獲生口悉縱之」。對違犯命令者，忽必烈殺之以儆效尤。

依郝經言，忽必烈以趙璧爲江淮荊湖經略使，命楊惟中、郝經等人宣撫江淮。宣布恩信，招納降附。直到八月秋高氣爽後，忽必烈才率軍渡過淮河。

接著分兵而進，入大勝關，至黃陂，抵鄂州長江北岸。

重慶合川釣魚城蒙哥戰死處，楊超題刻：上帝之鞭折此城下。

在忽必烈從容訪問治道時，蒙哥卻在合州焦頭爛額。合州在嘉陵和它的兩個支流的交叉處，宋將王堅憑藉釣魚山天險，從二月一直堅守到七月。入夏後，受到巨創的蒙古軍中疾病又肆加蔓延，蒙哥本人身染病崌，拉施特說：「世界的君主用酒來對付霍亂，並堅持飲酒。」七月，惱羞成怒的蒙哥親臨釣魚山下指揮攻城，不幸被炮石擊中，勉強支持到營中，在釣魚山這座不祥的城堡下憤恨長逝。

蒙哥汗的去世，西路軍的軍事行動，不得不停頓下來，並準備扶柩北撤。

八月，忽必烈已獲悉了蒙哥的死訊。但他還是率軍向南挺進。九月初，末哥從合州遣使，向忽必烈送來正式的訃告，並請忽必烈撤軍北上「以繫天下之望。」忽必烈與霸都魯商議後，宣布道：「我們率領了多得像螞蟻和蝗蟲般的大軍來到這裡，怎麼能無所作爲地回去呢？」於是，忽必烈堅不爲動，繼續揮軍渡江。

也許，江南的富庶與遼遠，強烈磁吸了他。對比漠北戈壁草原的荒涼，垂手可得的殷富疆土，使忽必烈垂涎得不可自拔。他眼花繚亂於江南，而忘了瞭望漠北和林矗矗狼煙。

十二日，忽必烈登上江邊的香爐山，他俯瞰著如海般流動的長江，心潮激揚澎湃。小小寰球，就在他的腳下，他肯定也氣勢磅礴地大吼了一句：「問蒼茫大地，誰主沉浮！」

忽必烈下山以後，命令諸軍三道並進，突破南宋長江防線，強渡至南宋，迅速圍困鄂州。這時，兀良合臺率南路軍越過拔不動的釘子潭州，也繞道北上，與忽必烈會合於鄂州城郊。

留守漠北和林的阿里不哥——拖雷正妻幼子，大兀魯思的守竈者——以當然的監國身分，在忽必烈意氣風發地向南挺進時，向燕京派出箭般飛馳的使者脫里赤，命他馬不停蹄地召回漠南漢地軍隊，並向其他各地也派出急使邀請諸王向漠北靠攏。而他自己則在和林心急火燎地和阿藍答兒徵調漠北軍隊。

以柔弱著名的南宋，這時因蒙哥之死，莫明其妙地感到四川的壓力突然減輕。於是，呂文煥從重慶率師漂流而下，進援鄂州，並乘夜突圍入城。頗不情願，但又無奈的南宋宰相賈似道親自率軍，從四面向鄂州雲集，兩淮兵盡集白鷺，江西兵聚隆興，閩越舟師溯江而上，而他自己則屯兵漢陽，後又移軍黃州，扼守了長江衝要。

失去西路軍策應的忽必烈，陡

然陷入孤軍深入，歸路斷絕，八方無援的危境，形勢頓時嚴峻。

但更險惡的消息，卻來自開平，阿里不哥徵調軍隊的消息，無疑於驚雷劈頂，令忽必烈失色到連猜疑的時間都沒有。十一月，他的妻子察必從扎忽都派來急使脫歡、愛莫干，捎信說：

「從阿里不哥處來的脫里赤和阿藍答兒，正從蒙古軍和漢軍中抽調侍衛軍，原因不明。我們的那支軍隊豈不交給他們呢？」同時還有一句隱語：「大魚的頭被砍斷了，在小魚中除了你和阿里不哥，還有誰呢？」

在此危殆之際，郝經上《班師議》。忽必烈聲言，兵發牛頭山，蒙古鐵騎要直趨臨安。膽小如鼠的賈似道大懼，遣使請和。

這一消息無異嚴冬的春雷，忽必烈派郝經匆匆議和，留下霸都魯和兀良合臺主持撤軍。

而他自己於十一月初，輕騎簡從，星夜兼程，飛一般地向北方馳去。

一場新的戰鬥箭拔弩張。

賈似道，中國歷史上十二奸臣之一，山東省威海市成山頭風景區奸臣館。賈似道（1213～1275年），字師憲，號悅生、秋壑，天臺人。賈涉之子，南宋宋理宗時權臣，中國歷史上有名的奸臣之一。

第六章 鹿死開平

用刀劍喬裝的民主，給人的啓示只能是：刀劍就是「眞理」。

歷史是由許許多多的雷同構成的。

蒙古帝國因大汗的遽逝，再次迎來危機。黃金家族被同一個惡魔攪得心神不寧，以致歧疑紛呈，擾攘不已。推究原因，其罪魁禍首首先應是成吉思汗所定的忽里臺選汗制。最初的忽里臺，脫胎於游牧經濟，帶有游牧部落原始結盟的性質，是原始氏族社會軍事民主制的變異。經過成吉思汗篡改的忽里臺，實際上已演變爲用奴隸制的刀劍去體現原始社會的民主，它能給人啓示的只能是：誰擁有強大的軍事實力誰便擁有發言的權力。

其次是汗位繼承機制的無序，由游牧經濟追逐水草而居的特點所決定，游牧部落首領必須具備領導宗族不斷遷徙的能力。隨著階級的分化，至成吉思汗時血緣世襲已侵襲了原始的民主，但這種觀念還沒來得及制度化，成吉思汗的蒙古鐵蹄就闖入了定居農耕文明的世界裡，這裡的君位繼承如漢地，有一套嚴密的立嫡立長世襲制，不管這嫡長子是成年人還是襁褓裡的嬰兒，選賢退居次要地位。而成吉思汗的標準仍停留於擇賢立幼的時代，游牧與定居文明碰撞的結果是：汗位的繼承更加混亂不堪。

推究黃金家族前三次的汗位之爭，一次比一次驚心動魄，就在於舊的制度即將走向墓地，而新的制度卻還沒有成熟。黃金家族之所以沒有分崩離析，也正是因爲積澱的舊觀念，還足以左右帝國的航向之故。

但蒙哥的猝死，將黃金家族推入內訌深淵的第四次汗位之爭，卻因他們自身的擴張，洶湧的歷史潮流，賦予了黃金家族新的抉擇的權力。儘管這次汗位的角逐遊戲只是在拖雷後王間展開，但朮赤、察合台、窩闊台三系後王還有舉手發言的權力。強大的軍隊還依然是最有力的選票。

拖雷系強大的蒙古騎兵團保證了汗位繼續在拖雷後王中遊行的安全。有資格加入角逐行列的有蒙哥的三位同母弟忽必烈、旭烈兀、阿里不哥，以及蒙哥的兒子班禿、玉龍答失。

旭烈兀在蒙哥死時正成績斐然地征服波斯阿拉伯世界，遙遠的路程使他對爭奪汗位失去信心；班禿和玉龍答失還沒有成熟到獨立代表蒙哥及汗廷說話的年齡與實力。其他三系的情況爲：年老的拔都已去世，欽察兀魯思的汗別兒哥實際上已自據一方，立國規模初具，對大汗位置沒有興趣；窩闊台系後王因蒙哥的殘酷鎮壓已凋零衰敗；察合台則一直都被排擠在似乎是後娘養的尷尬位置。正如忽必烈的妻子察必所言，大魚死了，小魚中只有忽必烈和阿里不哥。有一點我們應當清楚，那就是忽必烈和阿里不哥是做拖雷的兒子而不僅是作爲蒙哥的繼承者號令蒙古諸王的，儘管他們是在繼蒙哥之後承位。

因爲蒙古帝國的汗位是黃金家族的共同遺產，它的歸屬，直到現在還決定了諸王的「份子」——即封地、百姓、財富等的多寡。所以，他們儘管不奢望奇蹟降臨自己的頭上，但行使推舉的權力他們還是覺得義不容辭。因此，東西兩道諸王不同程度地捲入了汗位之爭的漩渦，其捲入方式便是分別投入忽必烈和阿里不哥的懷抱，以此爲分野，黃金家族成員除極少旁觀者外，迅速形成兩大陣營。

力量就是眞理。

這是黃金家族的座右銘。讓我們來瀏覽一下忽必烈與阿里不哥兩大陣營的成員，對認識眞理也許會有所幫助。

首先請看阿里不哥的追隨者。蒙哥遺留在蒙古故鄉的諸王、

元代釉裡紅人俑。瓷器彩繪按照製作工藝區分成三大類：釉下彩、釉上彩、釉下釉上雙層彩。典型的釉下彩除了青花還有釉裡紅。元末明初是釉裡紅的成熟階段，開始運用熟練的線描方法繪製紋飾。

汗廷大臣幾乎全部爲阿里不哥接收，隨蒙哥南征主要效力於西路軍的部分諸王、將領也是阿里不哥的追隨者。主要有：蒙哥的遺孀兀魯忽乃、兒子班禿、玉龍答失、昔里吉、阿速歹；西道諸王阿魯忽（察合台孫）、靚兒赤（窩闊台孫、合丹斡忽勒子）、合剌察兒（朮赤孫、斡魯朵子）、出木哈兒（旭烈兀子）、海都（窩闊台孫、合失子）；東道諸王乃蠻台（塔察兒子）以及別里古台的一個兒子。諸將及勳臣中有阿藍答兒、霍魯海、渾都海、哈剌不花、脫里赤、密里火者、乞台不花、孛魯合阿合、禿滿、脫古思、忽察、額勒只帶等。此外貴由汗的兒子禾忽、孫子察拔特（腦忽子）等也屬阿里不哥的外圍支持者。

也許這個名單的列舉令人生厭，但在當時對阿里不哥來說卻至關重要。這些令人厭煩的名字，有一個共同的特點：他們生於游牧的草原，而後又基本上在游牧或半游牧地區放牧自己的畜民。他們是成吉思汗的眞正繼承者，是蒙古草原孕育的純游牧信仰的純蒙古人。

接著請觀察忽必烈集團的成員。

積聚在忽必烈身邊的大致有四種人。第一，支持他的蒙古諸王：西道諸王有合丹、阿只吉等；東道諸王有塔察兒、也生哥、忽剌忽兒、爪都等；拖雷庶子末哥、拔綽等。此外蒙古帝國的一部分勳貴後裔、投下戶、兀良合臺、阿朮、霸都魯、忽魯迷失、納陳、帖里垓附馬、

史天澤雕像，河北正定古城長樂門。史天澤（1202～1275年），元朝名將。字潤甫，永清（今屬河北）人。

北方漢地漢族武裝軍閥世侯

◎董文炳

董文炳（一二一七年～一二七八年），字彥明，真定府藁城（今河北省藁城縣）人，元朝大將。董俊長子。

一二三五年，作為藁城縣令。一二五三年，跟隨忽必烈滅大理國。一二五九年，參與攻打南宋。中統二年（一二六一年），作為元世祖忽必烈的侍衛親軍都指揮使。中統三年（一二六二年），參與滅李璮，為山東東路經略使。至元三年（一二六六年），取代史天澤家族兩萬戶為鄧州光化行軍萬戶，河南等路統軍副使。至元十年（一二七三年），為參知政事。至元十一年（一二七四年），跟隨伯顏滅南宋，為中書左丞。至元十五年（一二七八年）去世。

◎史天澤

史天澤（一二〇二年～一二七五年），字潤甫，元朝初期名將。金章宗泰和二年（一二〇二年）出生，一二一三年隨父史秉直歸降蒙古。元太祖二十一年（一二二五年）其兄史天倪被武仙所殺，襲為都元帥。

中統二年（一二六一年）農曆五月，元世祖忽必烈任命史天澤為中書右丞相，是元朝最早的漢人丞相；同年，跟隨忽必烈征阿里不哥。三年，領兵鎮壓李璮叛亂。圍攻濟南四個月，攻破城後殺李璮。至元四年（一二六七年）農曆五月，改中書左丞相。至元十年（一二七三年），與阿朮等破樊城。至元十一年（一二七四年），與伯顏自襄陽水陸並進，大舉伐宋，任統帥，中途因病回到河北真定。元世祖又遣其子杠與尚醫馳視，賜以藥餌。史天澤因附奏曰：「臣大限有終，死不足惜，但願天兵渡江，慎勿殺掠」。

至元十一年（一二七五年）病逝，終年七十四歲。訃聞，元世祖震悼，遣近臣賻以白金二千五百兩，贈太尉，謚忠武。後累贈太師，進封鎮陽王，立廟。

◎張弘範

張弘範（一二三八年～一二八〇年），字仲疇，元朝名將，易州定興（遼朝時期屬於南京道管轄，金朝時期屬於中都路管轄，今屬河北）人。曾參加過襄樊之戰，後跟隨元帥伯顏南下征宋，最後在厓山海戰中帶領元軍滅亡南宋。

元太宗六年（一二三四年），金朝滅亡。元太宗十年（一二三八年），張弘範出生，他是元朝汝南王張柔第九子（張柔祖先世代務農，金宣宗時期擔任金朝官員，一二一八年戰敗被俘後歸附元太祖成吉思汗，在滅金戰爭中屢立戰功）。中統三年（一二六二年）為行軍總管，征討叛將李璮於濟南，至元六年（一二六九年）參與襄陽、樊城之戰。他曾築「一字城」分割襄樊的宋軍，隨後攻下樊城。駐守襄陽城的宋軍不久後也出降。

至元十三年（一二七六年），元軍將領伯顏攻克南宋首都臨安（今浙江杭州），俘獲五歲的宋恭帝和謝太后、全太后、眾官僚和太學生，押送到大都，宋恭帝被元世祖忽必烈封為瀛國公。至元十四年（一二七七年）授予鎮國上將軍，任命為江東道宣慰使。至元十五年（一二七八年）任蒙古漢軍都元帥，南取閩廣；他使弟張弘正為前鋒，俘獲南宋丞相文天祥於五坡嶺（今廣東海豐北）。

宋朝益王趙昰、廣王趙昺南下逃難，張弘範奉命征討。後來宋端宗趙昰（時年十歲）病死於硐州島（今廣東雷州灣上一島），弟弟趙昺繼承皇帝寶座，歷史上把趙昺稱為宋幼主。幼主在忠於他的大臣張世傑、陸秀夫下逃到厓山（今廣東江門新會）。

張弘範奉元世祖之命南下滅南宋，至元十六年（一二七九年），元軍和宋軍在厓山海域裡進行了舉世聞名的「厓山海戰」。張世傑據厓山天險，卻採以守勢，不敢主動出擊；張弘範封鎖海口，切斷了宋軍淡水的來源，宋軍被困，竟取海水解渴，紛紛嘔吐，臉部浮腫，將士疲憊不堪。元軍跳上宋船後，短兵相戰，結果宋軍全軍覆滅，張世傑和幼主的母親楊太后也在戰亂中相繼淹死。丞相陸秀夫背著趙昺跳海而死，嶺海悉平，弘範在石壁上刻了「鎮國大將軍張弘範滅宋於此」十二字，南宋最後一支抵抗力量被擊潰，蒙古占領中國。

至元十七年（一二八〇年），張弘範病逝，終年四十三歲。

◎李璮

李璮（?～一二六二年）是叛降蒙古的南宋民兵首領李全之子。一二三一年李全攻南宋敗死，李璮承襲父職，轄地稱益都行省（今山東境內），後被忽必烈加封為江淮大都督。一二六〇年，忽必烈即位，北征阿里不哥，李璮藉口防禦南宋，拒不出兵。一二六二年二月，乘忽必烈與阿里不哥作戰之機，李璮起兵反蒙，以漣、海三城獻於宋，還軍益都，占據濟南。忽必烈急召命宗王哈必赤總督諸道兵征李璮。四月，忽必烈又命右丞相史天澤專征。史天澤與哈必赤定議，築環城圍濟南，進行長期圍困。濟南被圍四月，城中糧盡。李璮投大明湖不死，被俘。被史天澤斬於軍前。

孛里察亦只里等。其來源主要是跟隨忽必烈出征大理、南宋（東路軍）的部下，以及被忽必烈收買的部分宗王。第二，早年入侍忽必烈藩府，或被忽必烈聞名延招的少數民族上層分子，如回回人賽典赤・瞻思丁、畏吾人廉希憲等。第三，金蓮川幕府漢族知識分子，如劉秉忠（即子聰）、姚樞、張文謙、郝經、楊惟中、王文統、趙璧、馬亨等。第四，北方漢地漢族武裝軍閥世侯，如董文炳、史天澤、張弘範、李璮等，忽必烈經略漢地時已將這些武裝力量都攏聚在自己周圍，並帶領他們出征過大理和南宋。

從這個較長的名單我們已經發現忽必烈的馬前卒的成分複雜。對漢人來說會有一種親切感，即使稍感陌生的名字，他們也有一個共同的特點：漢化較深或仰慕漢文化。純蒙古人則較少，即使是純種的黃金家族諸王，也以東道王爲多，而他們的封地大多在原契丹遼、女眞金的故城，他們認識定居人的生活已很久很長，無異他們已有些不肖乃祖乃宗了。

由此，我們不難得出結論：坐在金字塔頂的忽必烈，他的基礎一部分根植在農耕文明或者乾脆說漢文化的沃壤裡，另一部分則奠基在已有些變味的蒙古草原上。

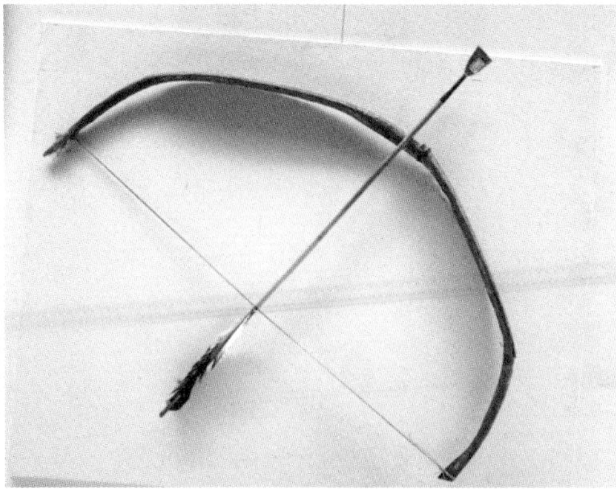

弓箭，元代，都蘭縣諾木洪農場出土，江河源文明——青海歷史文化展覽，青海省博物館。

欣賞了可能令有些人難堪的名單之後，如有興趣，請接著觀察忽必烈與阿里不哥的實力對比。

蒙哥倉促離世，對嗣位問題未作任何安排。這樣，留守和林，主持大兀魯思，管理著諸斡耳朵的阿里不哥便占據了得天獨厚的政治地理優勢。他是拖雷正妻的幼子，是拖雷當然的守產者，唆魯禾帖尼的封地及財產都列在他的名下，作爲拖雷的繼承人，阿里不哥具有先天的政治優勢。蒙哥之妻及其子的擁護，爲阿里不哥的合法性又做了有力的政治性注解。留守和林的諸王貴族都發誓擁戴阿里不哥，更增加了其在政治上的強大聲勢。實際上，蒙哥一死，阿里不哥就以監國的身分，向黃金家族諸王遣使，邀請諸王到蒙古本土成吉思汗的大斡耳朵會喪，並召開選舉新汗的忽里臺，他是合法的主持人。

在政治上，尤其是在黃金家族的政治觀念上，忽必烈處於劣勢。忽必烈唯一能夠打出的招牌是「以賢以長，止予一人」，這還是從漢地竊取而來的觀念。不過郝經對我們說忽必烈「素有人望，且握有重兵」；忽必烈的敵人也說過忽必烈「得中土心」，彌補了一些忽必烈的先天不足。

但在經濟上忽必烈卻占盡優勢。

蒙哥死時，據郝經宣稱，忽必烈已「奄有中夏、挾輔遼右、白霫、樂浪、玄菟、穢貊、朝鮮；面左燕、雲、常、代，控引西夏、秦隴、吐蕃、雲南」，比原金國大一倍半，是契丹遼的五倍。漢地經過忽必烈的十年經營，中原地帶的經濟已有所恢復。在未來的戰爭中，忽必烈多次向漢地徵調糧食、馬匹、羊裘、皮帽、褲、靴、弓弩矢等，動輒萬數，並無拮据之感。

而阿里不哥盤踞的和林，糧食與飲料過去主要依靠漢地，阿里不哥本人的兀魯思吉利吉思，「地窮荒徼，陰寒少水，草薄土瘠，大抵皆沙石」。糧草兵械無從所出，僅依靠和林附近的游牧經濟根本無法維持龐大的軍需，因此戰爭未起時，他即派人去漢地檢括糧草軍需。戰爭期間，只好派察合台後王阿魯忽去主持察合台汗國事，籌集兵械糧草。

在軍事上，忽必烈也占有優勢。忽必烈的軍事力量有三大支柱：第一根支柱是南征雲南的兀良合臺軍，包括五十多位諸王。此外還有霸突魯、汪古惕部汪德臣、汪良臣、汪惟正等，畏吾兒人布魯海牙。第二根支柱是東道諸王及部分西道諸王所率的蒙古大軍。其中包括曾令忽必烈擔心是否附己的塔察兒，此外還有也生哥、合丹、末哥、拔綽、忽列虎兒、爪都與弘吉剌、亦乞列思、忙兀、兀魯兀、扎剌亦兒五部投下所率蒙古軍，基本上是征宋的東道軍。第三根支柱是漢人軍閥。有史天澤、張弘範、李璮、董文炳等，此外尚有亳州張柔、歸德邸浹、睢州王文千、解成、張榮實、東平嚴忠嗣、濟南張宏七萬戶的漢軍。蒙古軍中塔察兒的軍隊在忽必烈陣營中具有舉足輕重的作用，塔察兒是帖木格斡赤斤的兒子，成吉思汗曾分給這個幼弟五千軍隊，「這五千人由於繁衍而變成一支龐大的軍隊。」因南侵無功塔察兒受蒙哥責備後他一直心懷不滿，忽必烈乘機命廉希憲去遊說這個不馴的東道諸王領袖，饋贈飲食。塔察兒對忽必烈送到的溫暖十分感激，他用自己的軍隊堅決擁護忽必烈來作爲回贈。

不過，阿里不哥在軍事力量上也具有相當實力。他擁有留守和林的軍隊，隨從蒙哥南征的軍隊有一部分也歸附了他，如渾都海，擁有蒙古精銳騎兵二萬，居六盤山，對關隴是最有力的威脅部隊。東川乞帶不花，西川明里火者的蒙古軍也是阿里不哥的追隨者。

此外，在個人才能方面，阿里不哥與忽必烈一較則相形見絀。年輕的阿里不哥既缺乏政治鬥爭的經驗、智謀，也不善於用兵。而這些才能，忽必烈都已達到很高水平。法國的蒙古史學家格魯塞稱譽忽必烈是「一個智勇兼備的天才政治家」，「顯然是這個時代的卓然有知人之明和有判斷能力的人」，也許並不爲過。

儘管忽必烈手典重兵，但因其立基不穩，蒙哥死後，形勢對他來說則十分嚴峻。郝經對此有過一段總結性的概括文字，在忽必烈徵詢謀士意見時郝經侃侃而論道：「宋人因懼大敵，自救之師雖已畢集，但還無暇謀我。不過中原、燕京則很空虛，塔察兒與李璮肱髀相依，在我腹背；西域諸王窺伺關隴，隔絕旭烈兀大王；病民諸奸各持兩端，觀望所立，莫不覬覦神器，染指垂涎。如果有人先行舉事，使我腹背受敵，則大事去矣。」

實際上，阿里不哥已行動起來。漢南漢地名義上還是汗廷的直轄地，阿里不哥命脫里赤爲燕京斷事官，號令四方；又命阿藍答兒調度漠北軍隊，脫里赤據兵於漠南諸州，企圖形成對開平的包圍態勢，斷絕忽必烈的歸路，逼迫忽必烈就範。在秦、蜀、隴一線，阿里不哥遣派霍魯海和他唯一的一名漢族支持者劉太平到關中，任京兆中書省事，籌集糧餉；遊說盤據六盤山的蒙古大將渾都海；命駐青居的蒙古軍將領乞台不花、駐成都的明里火者作側面策應，圖謀在這一線由這三支勢力向內地俯衝。這是最危險的一支蒙古大軍。

謀略家忽必烈毫不示弱。當他看到不能先滅南宋再定大位後，毫不猶豫地採納郝經的「斷然班師，亟定大計」的建議主張。郝經的具體主張爲：「先命勁兵把截江面，與宋議和。置輜重，以輕騎歸，渡淮乘驛，直造燕京。遣一軍迎蒙哥靈輿，收皇帝璽。遣使召旭烈兀、阿里

寧夏六盤山國家級自然保護區。

不哥、末哥及諸王駙馬，會喪和林。差官於汴京、京兆、成都、西涼、東平、西京、北京，撫慰安輯。召長子眞金鎭燕京，示是形勢」。

開慶元年（一二五九年）底，忽必烈輕騎簡從，從鄂州軍營中飛馳北上。在此之前，他派廉希憲首先爭取塔察兒，接著命廉爲陝西四川等路宣撫使，經略這一地區。在從鄂州回師的同時，派趙良弼前往關右偵察事態變化。穩住秦、蜀、隴一線。

北上的途中，阿里不哥奪位的跡象愈來愈明，忽必烈遣急使到鄂州，對霸都魯和兀良合臺說：「立即從鄂州撤圍回來，因爲人生的變化猶如命運的旋轉。」十二月圍鄂州的蒙古大軍開始北撤。

忽必烈風風火火地趕到燕京。來不及給馬卸鞍，同坐騎一樣大汗淋淋的忽必烈，氣喘吁吁地質問脫里赤：「你爲什麼在燕京漠南據兵招馬，屯集糧草。」支支吾吾的脫里赤搪塞說：「這是蒙哥汗的臨終託命。」眼睛鷹般敏銳的忽必烈察其包藏禍心，馬上命令解散脫里赤所徵集的軍隊，首先解除了阿里不哥對開平的威脅。從而保證了漠南道路的暢通與安全。

經過兩個月緊張的調兵遣將，景定元年（一二六〇年）陰曆三月一日，忽必烈率蒙古勁旅抵達他苦心經營近十年的開平老巢。

蒙古帝國空懸的汗位，猶如一隻活蹦亂跳的梅花鹿，在忽必烈和阿里不哥面前跑來跑去。已經穩定了燕京局勢的忽必烈，決定先聲奪人，在只有很少一部分，而且多屬黃金家族二等諸王的合圍下，忽必烈首先拔出羽箭向梅花鹿猛力射去——用盡他積攢二十年的偉力。

參加圍獵汗位的諸王，據爲忽必烈塗脂抹粉的《元史》記載，合丹、阿只吉率西道諸王，塔察兒、移相哥、忽剌忽兒、爪都率東道諸王，前來與會。

經過嚴格挑選的與會者異口同聲地說：「旭烈兀已到達大食地區，察合台的子孫在遠方，朮赤的子孫也很遙遠，阿里不哥身邊的人正在做蠢事。兀魯忽乃（察合台汗國的女領袖）已到達阿里不哥的住處。如果我們不擁立一個合罕，我們怎麼能生存呢？」

按照事先已經導演好的節目，諸王合辭勸進，忽必烈堅決推讓三次，然後諸王、大臣堅決固請，最後忽必烈裝作一副無可奈何的樣子，由必陳亦勒扶上汗位。諸王解下腰帶，搭在肩上，跪下，行九拜禮。蒙古人即位的虛僞儀式竟和漢儒禮儀有驚人的相似，以致雷同。只是多了還保留蒙古人古樸率眞的解下腰帶一項。這也許不能爲害羞的腐儒苟同。

值得忽必烈永遠緬懷的這一天，是景定元年（一二六〇年）三月二十四日。因爲當他多次企圖召開一次符合傳統，由黃金家族各系諸王參加的正式忽里臺，向各系諸王尤其是欽察汗、察合台汗、伊兒汗發出熱情洋溢的邀請時，不是遭到婉言謝絕，就是汗國汗以五花八門的藉口遲遲不朝。冷遇使忽必烈對忽里臺最後也心灰意冷了。

元上都宮城內的建築遺址，內蒙古錫林郭勒盟。元上都始建於元憲宗六年（1256年），初名「開平府」，中統五年（1264年）改名「上都」，又名「上京」、「灤京」，是帝后避暑的地方。

這次小型的忽里臺，儘管一應禮節一絲不苟地描摹歷次選汗的細節，但有兩點缺憾忽必烈卻無法彌補：一是與會諸王只限東道和極少西道，而不符合必須由絕大多數諸王參加選舉的標準；二是不在成吉思汗設在蒙古本土的大斡耳朵裡面。因此遭到西道諸王抵制。連對忽必烈膜禮頂拜的馬可波羅在說過「忽必烈汗得到大位是由於他的見識、成功和偉大才能，而且合乎法律，理所應得」後，也加諸了一句，「雖然他的兄弟和親屬們根本不同意他」。

忽必烈對「雖然」以後的句子十分苦惱。在未來的日子他時常引以自咎，無奈地看著古老的忽里臺在自己的手中坍塌，儘管他多次試圖修復它。

儘管忽必烈對在開平召開的忽里臺，有不盡意的地方，但這次顯然帶有軍事誓師的大會，對忽必烈的政治生命來說卻至關重要。他下一步所要努力的，只剩下用強大的軍力逼使蒙古草原諸王承認的問題了。

忽必烈毫不含糊地命令效忠於他的蒙古及漢人軍隊進入戰備狀態。接著他將屬於自己管的蒙古帝國部分推向戰時階段。

當戰爭能爲一個領袖帶來權

力、財富與榮耀時，他不會因爲戰爭會塗炭生靈而心慈手軟地去宣布自己是個和平主義者。忽必烈一廂情願地宣布爲蒙古帝國的大汗、黃金家族的宗主後，他的一切著眼點，便是通過戰爭來證明自己的合理性。

搶奪地盤對忽必烈具有重要意義。他在此時不會仿效其祖父崛起草原時只顧搗毀敵人帳幕的舉動。他的第一件事和阿里不哥的思路一樣，派禡禡、趙璧、董文炳爲燕京路宣撫使。接著建立中央首腦機關中書省，以王文統爲平章政事、張文謙爲左丞，進一步穩定了漢南。派八春、廉希憲、商挺爲四川、陝西等路宣撫使，趙良弼爲參議司事；粘合南合爲西京等處宣撫使，穩定關中局勢。這樣可以給爭奪地盤以更有力的推動。五月份，忽必烈在其轄域置十路宣撫司，向燕京、益都、濟南、河南、平陽太原、眞定、京兆、東平、西京等路置官派吏。

同時，向蒙古諸王，包括阿里不哥派遣急使，送去即位詔書。爲多方面佐證自己的合法，忽必烈向高爾國，南宋也送去了一份。

在開平召開的忽里臺，唱主角的是蒙古諸王。但起草即汗位詔書的卻是大名鼎鼎的漢儒王鄂。

這篇詔書曾令無數漢人史學家爲之目迷，將它譽爲劃時代的偉大作品。其實，它通篇全力論證的是忽必烈身登汗位的合理性。如果一定要尋章摘句說明忽必烈一即位便提出了一條新的文治路線，即「爰當臨御之始，宣新弘遠之規。祖述變通，正在今日」。那麼，請不要忘記後面還有一句話：「歷數攸歸，欽應上天之命；勳親斯托，敢忘烈祖之規」？

忽必烈向黃金家族遠近宗族所要展示的是：「肆予沖人，渡江之後，蓋將深入焉。乃聞國中重以簽軍之擾，黎民驚駭，若不能一朝居者。予爲此懼，馹騎馳歸。目前之急雖紓，境外之民未戢。乃會群議，以集良規。不意宗盟，輒先推戴。左右萬里，名王巨臣，不召而來者有之，不謀而同者皆是。咸謂國家之大統不可久曠，神人之重寄不可暫虛。求之今日，太祖嫡孫之中，先皇母弟之列，以賢以長，止予一人。……實可爲天下主」。

但就是這樣一篇對用漢法治漢地隻字不提的詔書，到達和林後，也沒能令崇尚游牧的草原諸王，尤其是被汗位的影子攪得心神不寧的阿里不哥滿意。

忽必烈的詔書到達和林後，

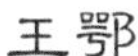

王鄂

王鄂，曹州東明（今屬山東）人，字百一，生於金章宗明昌 元年（1190年），卒于元世祖至元十年（1273年）。金哀宗正大元年 （1224年）甲申科狀元。

王鄂中狀元後，授為應奉翰林文字。正大六年（1229年），授歸德府判官，行亳州城父令。七年，改同知申州事，行蔡州汝陽令。天興三年（1234年），金朝滅亡，蒙古軍萬户侯張柔久聞王鄂之名，將其救出並安置於保州。

十年後（1244年），元世祖遣使禮聘王鄂，王鄂進講《孝經》、《書》、《易》，及齊家治國之道，古今事物之變，常常講到夜深時刻。世祖道：「我雖未能即行汝言，安知異日不能行之耶！」遂命王鄂遷居大都，並賜宅一所，又特准其祭奠金哀宗。

元世祖即位後，王鄂為翰林學士承旨，當時朝中制誥典章，皆出自其手。至元元年（1264年），已為資善大夫的王鄂，建議並直接參與編纂了《太祖實錄》及遼、金二史的修訂工作，不久，又上奏請效唐宋之制，設翰林院及提舉學校官，以重視教育，均為世祖採納。

王鄂忠直敢言，在阿合馬爭奪相位之時，曾奮然擲筆於地道：「吾以衰老之年，無以報國，即欲舉任此人為相，吾不能插 驢尾矣。」言罷，振袖而起，遂使阿合馬奸計為之中止。至元五年，王鄂辭官，獲享廪祿終身。元世祖每有大事，必遣使就問。十年，王鄂病逝於家中，享年八十四歲，諡文康。

阿里不哥對忽必烈擅自宣布爲大汗的行爲嗤之以鼻。景定元年（一二六○年）陰曆四月，阿里不哥糾合草原諸王和汗廷舊臣，仿效乃兄，在和林城西大汗的駐夏地阿勒台召開忽里臺，宣布自己爲蒙古帝國大汗。這個忽里臺聚會黃金家族諸王也有不少缺席，至少旭烈兀和欽察汗別兒哥沒有向他表示敬意。

至此，成吉思汗辛苦構建的軍事民主性質的忽里臺正式宣布崩潰。以後，它只剩下華麗的軀殼，成爲花貓、老鼠的遊戲場了。

當忽必烈獲悉阿里不哥也成爲蒙古大汗後，採取斷然措施，打出漢人的招牌，摒棄草原蒙古人以鼠牛馬羊等十二生肖爲紀年的傳統紀年法，仿照中原王朝的慣例，革故鼎新，建立年號，名曰：「中統」。

建元是一個大變革，忽必烈的意圖十分明顯，在建元詔書中，他宣稱：「稽列聖之洪規，講前代之

17世紀的八思巴銅鎏金像。八思巴（1235～1280年），本名羅追堅贊。藏族政治家、佛學大師，藏傳佛教薩迦派第五代祖師，元代首任帝師。

定制。建元表歲，示人君萬世之傳，紀時書王，見天下一家之義。法《春秋》之正始，體大《易》之乾元。」這無疑是宣布「天下一家」的意志。但這個「天下一家」的含義已經錯位，它和蒙古大汗以「天下共主」爲自豪相較，已揉進些許的無奈。其目的在於爭得漢地的廣泛支持。因爲漢地才是忽必烈的立身之本。他寧願做蒙古帝國名義上的大汗，但他必須做漢地的皇帝。

精明的忽必烈這一招出手不凡。不僅漢地的大小儒士和萬戶們歡欣鼓舞，欽察、伊兒汗國也對他飛來媚眼。因爲忽必烈從拔都擁立蒙哥的先例中受到啓示，他無力將已離心離德的眾多兀魯思死拉硬扯在自己的麾下。與其讓他們做爲蒙古帝國的屬民來反對自己，不如給他們以更大的自由換取他們的支持。於是，忽必烈用這種隱晦的方式表達他無意到西部諸王的領地去提取稅收，並立即派去急使將阿姆河以西直到敘利亞蒙古征服的波斯地區封給旭烈兀，由他去建立自己的汗國；欽察汗國由別兒哥自己去治理；察合台汗國他則派阿必失合去坐這個兀魯思的君主。

吐蕃地區忽必烈交給了八思巴。大理、安南則派去急使，聲明自己成爲蒙古帝國的大汗，漢地的皇帝。

而幼稚的阿里不哥除了分遣東西兩路蒙古騎兵南下，對忽必烈採取軍事攻勢外，就是派遣使者到各汗國盛氣凌人地叫嚷，命令諸王承認他爲蒙古帝國的君主。對這種蠢舉，諸王尤其是旭烈兀、別兒哥只能用斥責使者表示他們的憤怒。

整個夏天，忽必烈與阿里不哥相互之間派了許多急使，絡繹不絕，面紅耳赤地爭吵誰的忽里臺更體現「民主」與古風。儘管使者的生花妙舌，雙方仍在擴軍備戰。

最後，失去耐性的弟兄倆決定在戰場上一決高低，以此來評判誰是眞理的擁有者。

五月，忽必烈徵調諸道兵六千五百人赴燕京宿衛。又抽調史天澤等拱衛燕京，並由此組成直屬汗的宿衛軍，由董文炳，李伯祐任都指揮使。同月，在京兆，忽必烈的得力幹將廉希憲、商挺則先行一步，捕殺阿里不哥派往關中的官員劉太平、霍魯海，接著遣使誅殺在川的乞台不花、明里火者。同時，命汪良臣、八春徵集秦隴、平涼、陝右諸軍，進軍六盤，以防備渾都海東來，穩定了川陝形勢。

七月，準備就緒的忽必烈率領精銳的蒙漢聯軍，向北疾進。他決定到草原的和林去親自找阿里不哥。

阿里不哥不甘示弱。從和林分遣兩軍，東路由玉木忽兒，合剌察兒率領，向開平、燕京挺進；西路軍由阿藍答兒率領，穿河西走廊，企圖與屯守六盤山的渾都海會合，撲向京兆。

空氣爲之凝固，一觸即爆。

戰爭的烏雲在蒙古帝國的上空飄泊。

從景定元年（一二六○年）成吉思汗以一旅之眾，奮起朔漠；鐵蹄所向，無堅不摧；兵鋒所指，莫不驚魂。用兵逹五十年之多，歐亞大陸幾盡囊中。成吉思汗也許無法料到，五十四年後，由他締造的蒙古鐵騎竟要火拚，而對陣的雙方就是他自己的兩位同母嫡孫。假如成吉思汗地下有靈，不知道他作何想？他是否會對戰爭，自殘的戰爭作出新解？他是否會反思、深省？

從景定元年（一二六○年）開始，蒙古帝國的騎兵，曾令歐亞大陸聞之破膽的騎兵，其鋒鏑所指不再單是異國他鄉，堂兄堂弟、親兄親弟、親叔親伯、堂叔堂伯的胸膛也成爲他們練習射箭的目標，各兀魯思上的幹耳朵也成爲互相狩獵的玩具。蒙古帝國終於走進內戰的深淵。黃金家族諸王終於嚐到了自己種植戰爭所結惡果的苦味。

戰爭的悖論。

可憐的人。可笑的戰爭。

不久，蒙古帝國的惡兆便轉爲惡噩。

噩，更準確地說阿里不哥的惡噩從甘州傳來。

景定元年（一二六○年）九月，阿藍答兒、渾都海所率的蒙古軍與合丹、八春、汪良臣所率的蒙漢聯軍在甘州東展開一場惡戰。最後以阿藍答兒、渾都海的被殺，結束了隴上的戰事，從此忽必烈控制了川、秦、隴、漢南，漢地盡歸忽必烈所有。

在忽必烈率軍去成吉思汗的大斡耳朵找弟弟前，他首先斷絕了漠南通向草原的交通，和林馬上被飢餓困擾。當忽必烈到達和林境內將成吉思汗的四大斡耳朵據爲己有時，驚魂甫定的阿里不哥早已帶著瘦弱飢餓的馬和軍隊逃到謙謙州（今葉尼塞河上游南）了。

早在這之前，阿里不哥拘捕了忽必烈派往察合台汗國的阿必失合，並殺了這個可憐的後王。阿里不哥一方派察合台的另一孫子阿魯忽去主持察合台汗國的兀魯思，爲自己徵集武器和糧食；一方面向忽必烈派去特使，請求寬恕，聲稱：「我們這些弟弟因爲無知，犯了罪。等我養壯了牲畜，就去接受兄長的審判。屆時，旭烈兀、阿魯忽、別兒哥也將前去，我等著他們」。

《史集》對我們說：忽必烈低聲細語道：「浪子現在回頭了，清醒過來、聰明起來、回心轉意了，他們承認自己的過錯了」。

於是，忽必烈答應了阿里不哥的請求，他幻想、渴望旭烈兀、別兒哥、阿魯忽能來參加下次的忽里臺，爲自己正名。忽必烈留下十萬軍隊，由移相哥駐紮在和林，翹首以待。

忽必烈在汪吉沐漣（今外蒙翁金河）附近度過冬天後，回到開平。

景定二年（一二六一年）九月，阿里不哥在夏天和秋天養肥了馬群，率蒙古騎兵去向移相哥「投降」。移相哥滿面笑容去迎接時，阿里不哥的騎兵卻突然襲進移相哥的營地。阿里不哥衝潰忽必烈的部隊後，疾穿草原，直射開平。

忽必烈聞訊，匆匆集結軍隊。命怯烈門、趙璧率蒙漢軍駐防燕京近郊及太行山一帶，東起平、灤，西至關、陝，倚險防守。他自己則率塔察兒、合丹、納陳駙馬、合必赤等蒙古軍；張柔等七萬戶的漢軍向草原邊緣迎擊。在昔木土腦兒，蒙古帝國的兩支軍隊相遇，忽必烈擊潰了阿里不哥的軍隊。但十天後，阿速帶率領的阿里不哥的後軍與潰敗的蒙軍會合，轉調馬頭，向忽必烈再次發動進攻。在沙漠邊緣和一座山旁兩軍再度激戰，忽必烈親率軍隊擊潰阿里不哥的右翼，但左翼卻勝負不分，從中午一直戰至天黑。夜間，忽必烈被迫撤退。阿里不哥因糧草不足也引兵而還。整個冬天，兩軍僵峙在沙漠的邊緣。

阿里不哥因糧草兵械的不足，陷入困境。他寄望的阿魯忽，在察合台汗地徵集了大量的牲畜、兵械與糧草，並擁有十五萬騎兵後，阿魯忽覺得已無必要依偎於阿里不哥，遂與阿里不哥決裂，轉而宣布歸順忽必烈，以換得察合台汗國的汗位。

阿里不哥盛怒之下，於景定二年（一二六一年）春，向阿魯忽宣戰，率師西征。忽必烈趁機恢復和林，但恰在此時，盤據山東益都達三十年的世侯李璮也趁機發動武裝叛亂，忽必烈只得匆匆南下，去處置漢地的軍務。

阿魯忽初戰阿里不哥的軍隊，便大獲全勝，殺阿里不哥大將哈剌不花。但正在他志得意滿時，阿速帶率領的阿里不哥的後衛軍卻突襲了他懈怠的軍隊，洗劫並奪取了伊黎和阿力麻里（今新疆霍城西北），侵占了阿魯忽的兀魯思。

阿里不哥進據阿力麻里後，一洩憤怒，雄性大發，肆無忌憚地殘酷糟蹋，無故殺害當地軍民，對自己的部下以及蒙古軍隊也無故凌辱，整日狂飲濫殺，忘情尋歡。追隨他的諸王十分痛心，旭烈兀的兒子玉木忽兒等一個個藉口離開了阿里不哥。接著阿力麻里發生饑荒，大批牲畜和士兵倒斃，阿里不哥又處於忽必烈和阿魯忽的東西夾擊中。景定五年（一二六四年）七月，陷入絕境的阿里不哥勢窮力竭，不得不絕望地向忽必烈投降。

蒙古帝國長達四年之久、驚心動魄的汗位爭奪戰爭終於畫上句號。但對於蒙古帝國，黃金家族來說，其內部戰爭還未結束，它僅僅是「拋磚引玉」的肇端。

揭開戰爭的歷史長卷，去瀏覽一下蒙古黃金家族未來的內戰，你會像驚詫草原騎兵呼嘯歐亞大陸一樣驚詫：它如此長久與野蠻。

蒙古帝國猶如一部戰爭機器，在歐亞大陸整整轟鳴了一個世紀。那震耳欲聾的馬蹄聲，以致讓人們分辨不清他們究竟是向誰俯衝。

這次內戰我們也許看清了忽必烈與阿里不哥的身影，但在那洶湧如潮的鐵騎背後，你看見了什麼？可能你看到了漢兵的冷漠面孔，也可能你看到了漢兵企望的表情。假如讓我們一嗅那草原的腥風，你是否會聞辨出野蠻與文明的不同呢？

讓我們傾聽一下失敗者阿里不哥的話，也許會對我們有所啓迪。

按照蒙古的古老習俗，阿里不哥，肩披大帳的門簾去覲見勝利者忽必烈。阿里不哥肩披門簾在帳外站了一個小時，才被允准進帳。

忽必烈默默無語地注視著阿里不哥，百感交集，家族榮譽感和手足之情一齊襲來，不禁流下熱淚，阿里不哥也哭了起來。

忽必烈擦去眼淚，緩緩問道：「親愛的弟弟，這場糾紛誰對了呢？是你還是我」？

仍在啜泣的阿里不哥，流淚答道：「從前是我，現在是你」。

第七章 儒袍雨騾

本來，人類歷史會在時間中蹣跚其步。但突發的偶然卻往往驚擾歷史的進程。

超越自身的歷史需要勇氣。

超越置身其中的民族的愚妄需要加倍的勇氣。

而超越了自身與民族並將其保持下去，則需要非凡的勇氣。

無疑，忽必烈是一位偉人，但他還沒有達到「非凡」的地步。無論是他做爲蒙古帝國的大帝，還是作爲大元的皇帝。

從蒙古草原分娩出的黃金家族，從他們呀呀學語的幼年起，學習的就是如何選擇水草豐美的草地和怎樣去放牧自己的牲畜。此外，彎弓射箭、圍獵野獸，襲掠敵人的營盤、據爲己有，也是他們的必修課之一。無疑，所有的這些他們都技藝精湛。

直到成吉思汗在斡難河畔樹九旄纛的時候，知識分子，專門以治理他人爲職業的人，對黃金家族來說，還是件新鮮的不可理解的話題。游牧並不需要這種白吃之人。但到成吉思汗到達花剌子模帝國的首都時，成吉思汗已能容忍大鬍子耶律楚材以「治天下匠」自居的狂言了。

窩闊台時期，近侍別迭認爲漢人無補於國要求「悉空其人，以爲牧地。」耶律楚材爭辯說，他可以每年從漢地得銀五十萬兩、帛八萬匹、粟四十萬石。窩闊台半信半疑，請他試驗。於是，耶律楚材奏立燕京等十路徵收課稅使，一年後窩闊台果然親眼見到了猶如變魔術出來的錢糧，驚疑不止，問：「你從沒有離開我的身邊，怎麼搞到這麼多錢穀？像你這樣的異人，漢地還有沒有？」耶律楚材十分謙虛：「那裡的人都比我強。臣不才，才被金國皇帝留在燕京，所以才到了合罕的身邊。」噎到中原剝削制度甜頭的窩闊台當天就封耶律楚材為中書令，讓他搜刮漢家儒士，整治錢穀。因此從窩闊台時期，蒙古帝國已經認識到用漢族知識分子去搜括漢地財富是條有前景的路。

慎重起用賣身投靠自己的原金國轄域的漢人世族武裝來維持漢地的秩序，對諳熟兵法的蒙古帝國而言，比起用漢儒來說則容易接受得多。早在木華黎經略金國時，蒙古帝國就開始大肆招降漢人軍將，由這些漢人武裝來維持漢地的秩序，以彌補蒙古的軍力不足。質樸但不失精明的蒙古人在這條必然之路上走得十分輕捷。

任何一個從北方俯衝下來的游牧少數民族，意欲在中原站穩腳跟，都必須依靠漢人的勢力。

蒙金戰爭中，在金國的疲憊與蒙古的強勁兵鋒縫隙間，漢人豪傑武裝由鼠而虎，迅速崛起，擁兵持戈者多如牛毛。後經過窩闊台的梳理，投附蒙古的軍閥被封七個萬戶，藉這些所謂「世侯」來統治漢地。這些「世侯」在自己的勢力範圍內專擅生殺禍福聚斂封植之權，成為一股不容小覷的漢人軍閥勢力。兵精但人少的蒙古帝國對這些軍閥也愈加借重。

忽必烈正是在漢地世侯林立的歷史背景下，進駐漠南漢地的。他最早接觸漢人當始自端平三年（一二三六年）窩闊台的封土分民，他母親的封地是真定

木華黎

木華黎，蒙古札剌亦兒部人，元太祖成吉思汗麾下大將，同博爾朮、博爾忽、赤老溫並稱為成吉思汗的四傑。

在成吉思汗統一蒙古各部征戰中，木華黎屢次立功。1206年，蒙古建國，木被封為左手萬户長，管理地區至大興安嶺。1211年，隨成吉思汗討伐金國，在野狐嶺會戰中親率敢死軍衝擊金軍，為戰役的勝利立下頭功。1214年，率軍攻遼東，次年攻取大片遼東土地，直至海城。

1217年，成吉思汗移師花剌子模，封木華黎為太師、國王，率領東部蒙古諸部以及契丹、女真和漢族軍隊專門負責對金國的征討，並授予代表蒙古大汗權威的九斿大旗，並下令「太行之北，朕自經略；太行以南，卿其勉之」，將華北經略大事，悉數授權木華黎統轄。是故金人亦稱其為「權皇帝」(代理皇帝)。

木華黎在此期間放棄傳統的劫掠策略，而改為收降各地地方武裝，以圖長期統治，以漢族武裝首領史天倪、史天澤駐真定，張柔駐滿城，並招降東平的嚴實，逐漸鞏固了對河北、山西等地的治理。

13世紀日本繪畫：忽必烈的士兵被描繪成身穿豪華的中國式長袍，手持中國式武器騎在馬上。

路。唆魯禾帖尼很有遠見地利用漢人來管理這塊封地，並將一些漢人知識分子和世侯子弟招至漠南，爲自己服務。眞定世侯董氏三兄弟董文炳、董文忠、董文用就是這樣陸續到達忽必烈身邊的。

進駐漢地的忽必烈爲掠取人望與培植自己勢力，藉機將蒙古人萌芽的聰明給予有力的助長。於是，他身邊滾雪球般出現一個龐大的漢人智囊團，並將漢人「世侯」軍閥也置於藩府的巢下。

針對窩闊台以來的「漢地不治」情況，忽必烈用漢法治漢地，試了三個地點以後，其成效與忽必烈的信心我們已經在以前目睹過。對忽必烈邀結漢人的良苦居心我們也似有所聞，中統建元就是忽必烈與漢儒親暱所結的碩果。

草原出身的忽必烈讓草原諸王迷惑不解，他爲什麼一頭栽進漢人的亡國之音裡？也許我們站在二十世紀去預言忽必烈是爲了奪取蒙古帝國汗位，十分合乎邏輯，但這會被忽必烈嗤笑與憤怒，儘管有不少人已朝這方面努力並且十分勇敢。

但有一點我們可以大膽地流之筆端，忽必烈卓見到漢地不治的原因正是由於用草原的法則去強施於漢地。其力圖改良以達長治久安，則是鐵的事實。所以，我們不需要用誇張手法就可以說明忽必烈已朝著超越自身與超越黃金家族的草原性方面努力，並且有斐然之績。

由此，我們再去理解中統建元也許會更全面些。

忽必烈是有思想、有見地的統治者。當歷史將他推到漢地，推到文明程度較高的人群中後，他濡染了中國的帝王思想，並隨時間的推移，帝王思想在其頭腦中開始紮根。蒙哥的猝死，使他豁然開朗，借重漢人謀士的計策和漢人軍閥的軍隊去爭奪蒙古汗位，便順理成章。

因此中統建元前後，忽必烈對漢人十分倚重。首先我們看中統元年的宰相名單，左丞相是禡禡，平章政事為王文統、趙璧，右丞廉希憲，左丞張文謙，參知政事張啓元。禡禡我們不清楚他的族屬，廉希憲是漢化極深的畏吾兒人，其餘全是漢人。接著看同年的地方機構十路宣撫司長官：京路宣撫使賽典赤、李德輝，副使徐世隆；益都濟南等路宣撫使宋了貞，副使王磐，河南路宣撫使史天澤；北京等路宣撫使楊果，副使趙炳；平陽太原路宣撫使張德輝，副使謝瑄；真定路宣撫使孛魯海牙、劉肅；東平路宣撫使姚樞，副使張肅；大名彰德等路宣撫使張文謙，副使游顯；西京路宣撫使粘合南合，副使崔臣濟；京兆等路宣撫使廉希憲。十九位地方官員中除孛魯海牙、粘合南合、賽典赤、廉希憲四人外，其餘十五人都是漢人。以上諸位漢人，除史天澤還肩挑軍閥之名，其餘均是以知識分了身分效力於忽必烈的。這批人賣力地為忽必烈爭奪地盤，對穩固忽必烈在漢地的統治起了關鍵性的作用。忽必烈敢於將大權交付漢人，也說明了忽必烈對他們寄予了充分的信任。

對漢族軍閥，忽必烈也同樣倚重。當阿里不哥徵兵招馬於和林，忽必烈也在漢地徵調軍隊。拱衛燕京的基本上是漢軍，關隴一帶漢軍也是一支勁旅，與蒙軍共同防禦渾都海。交戰之後，張柔、史天澤等七個萬戶率軍追隨忽必烈大戰阿里不哥鐵騎，卓有戰功。

忽必烈不懂漢語，不能與漢儒直接交談，也不能閱讀漢文典籍。但他超越語言障礙，去體會漢意，並將之為己所用，已十分了不起。總括中統建元前後，忽必烈和漢人的合作是令人滿意的，雙方都有一種愉快感。

附會漢法，以儒家治術統御

中原，以中統建元爲標誌，表明漢法的魅力，漢人的精神已附著於忽必烈了。以漢法治漢地從而成爲忽必烈施政思想中的重要組成部分，揮之不去，驅而不散。確切地說，忽必烈從淳祐二年（一二四二年）起追跡漢人治術，到中統建元，跨出了飛躍性的一步。如果我們比照一下忽必烈早年「思大有爲於天下」的理想，那麼，我們是否可以說，他實現了自己的一半理想，並隨之也超越了其自身。

但我們對忽必烈採擷漢法務必要持謹慎的態度。有一件小事足以遏制我們對忽必烈狂熱地個人崇拜。淳祐十二年（一二五二年），張德輝和元好問去謁見忽必烈，請求他做「儒教大宗師」，忽必烈毫無懼色，欣然接受這頂令孔孟之後的歷代碩儒也爲之汗顏的桂冠。據我們所知，忽必烈不會說漢語，對漢字也似乎不通，甚至對儒學內部紛呈的流派，互相攻訐的原因至死也沒弄清過，但他竟敢毫不膽怯地給自己罩上「宗師」的靈光，這不得不使我們再次去揣摸忽必烈急切尋找治術，攏絡人才、掠取人望以致飢不擇食的焦渴心情。僅僅從這一點，難道我們對忽必烈的實用主義，還能不遺餘力，罔視事實去盡情謳歌嗎？儘管有許

元好問

元好問（1190年～1257年），字裕之，號遺山，山西秀容（今山西忻州）人，世稱遺山先生。金、元之際著名文學家。著作有《中州集》、《南冠錄》、《壬辰雜編》等等。

元好問，是宋金對峙時期北方文學的主要代表，又是金元之際在文學上承前啓後的橋樑。

元好問的先祖為北魏鮮卑族的拓跋氏，隨北魏孝文帝由平城（今大同市）南遷洛陽，後改姓元。

元好問十六歲時往并州赴試，途中遇到一個捕雁的人對他說，今天捕到一隻大雁，另一隻脫網。但脫網之雁悲鳴不去，最終撞地而死。元好問聽後買下這兩隻雁，將其葬於江邊，並有感寫下《雁丘詞》。其中首句「問人間，情是何物，直教生死相許」（金庸於小說《神鵰俠侶》改為「問世間情為何物，直教生死相許」）至今仍膾炙人口。

許多多的先哲以及還將湧現的漢家文人依然視忽必烈爲儒家的聖哲帝王。

事實上，忽必烈從未拋棄祖父成吉思汗的英雄主義，蒙古黃金家族征服人類的自豪。他脈管裡奔騰不息的蒙古人的血，決定了他不能也不可能與祖輩、父輩這些榜樣決裂。他依然將蒙古人創造的偉業置於自己敬仰之列，甚至模仿先輩將列祖列宗的事業推向新的高峰。功蓋黃金家族也許是他「大有爲於天下」的另一半含義。

與成吉思汗所不同的，僅僅是歷史逼使忽必烈，不得不去損益祖父的成法才有可能達到或超過他心目中的「大有爲」。因此，他的著力點不在於抨擊祖父們的「文治多闕」，而在於他需要補文綴治，從而將黃金家族的征服事業推向完美，推向長治久安，推向具有人情味、易爲征服地人民接受的地步。

另一方面，歷史的慣性使忽必烈必需不渝地，起碼是口頭上要遵循成吉思汗的舊制以證明自己的合法性。因此，在蒙古諸王面前，他也極盡謙恭，折節去籠絡以塔察兒爲領袖的東道諸王。對個別西道諸王及征大理、南宋時的蒙古將領，他也刻意糾聚，締造忠於自己的強大蒙古軍隊。從根本上來說，這才是忽必烈心目中的根。事實上，他只有依賴這些諸王和蒙古軍隊將領，才能求得成吉思汗的原諒、草原諸王的認可。在開平召開的忽里臺正是這些諸王擁戴的。

從景定元年（一二六〇年）即汗位至景定五年（一二六四年）政敵阿里不哥投降，整個中統年間（一二六〇年至一二六四年）忽必烈所追求的就是得到其他諸王的承認。他絲毫沒有理由去和蒙古帝國決裂。著眼於蒙古貴族利益過去是，將來也是忽必烈施政思想的基礎。

因此，忽必烈的「大有爲於天下」可一剖爲二，一方面是以繼承先祖的蒙古大汗事業爲抱負，以爲黃金家族蒙古貴族謀利益爲己任；一方面變通祖制，擷採漢法，治理漢地，秉承中原歷代王朝的大一統思想，拓土開疆。

成吉思汗用兵鋒鐵蹄，暴力殘殺秋風掃落葉般清除了身邊諸國之後，他留給繼承者的只是在草原游牧文明與農耕定居文明之間搖擺的兩元治術。捨此，則不可能調和這二者間的矛盾，否則，要麼草原人淹沒在汪洋大海般的農耕人民中間，要麼農耕地區被闢爲牧場，將歷史的車輪倒轉。

精明的忽必烈，以金世宗爲楷模，不自覺地跳起搖擺舞，乃歷史使然。對草原諸王，或者也可以包括成吉思汗的在天之靈：質問、怒責忽必烈純屬枉然；而漢儒碩士，向忽必烈投諸滿腔激情，企圖「以夏變夷」，對忽必烈這樣的兩棲歷史人物來說也純屬徒勞。

本來，歷史會按照其早已習慣的緩慢的腳步向前移動，但偶然的、突發的事件往往驚擾歷史的進程。景定三年（一二六二年）二月，正當忽必烈與阿里不哥鏖戰草原，漢人世侯李璮卻突然兵變山東，使忽必烈在弩馭兩元政治的歷史進程中爲之一驚，其震憾的衝擊，使兩元政治不禁隨之傾斜。

李璮這個名字也許還有些人陌生，但對世侯崛起漢地我們已有些認識。李璮就是割據魯南的漢人軍閥李全之子。李全蛻變於山東的紅襖軍，在宋、蒙間翻雲覆雨，降蒙後他在進犯南宋邊城時，敗死。李璮襲領益都行省後，除繼承李全開群的魯南地盤外，他還一襲其父朝秦暮楚的性格，在蒙、宋間，坐大投機。

李璮經過三十年的經營，魯南這塊領地，蒙古人已有些針插不進的感覺。每遇重大戰事，漢人世侯有出兵助戰的義務，但蒙哥南伐徵兵李璮時，李璮以「益都南北衝要，兵不可撤」爲藉口，拒不應命。蒙哥無可奈何，只好讓他獨自行動，從益都去攻打南宋的漣水四城。

忽必烈即汗位後，加意懷柔，將江淮大都督的桂冠擲給李璮。但李璮並不因感恩而放棄自己的帝王思想，他向新主人宣布效忠的話就是虛張南宋軍事行動，請求加固已頗稱險要的老巢益都城。忽必烈北征阿里不哥，李璮故技重演，肆意張揚宋將北侵而拒不發兵。反過來，他卻屢屢恫疑虛喝，挾宋兵威以要挾忽必烈「請選輕騎，倍道來援」，並藉以獲得大量賞賜，加緊整軍備儲。

對李璮的居心叵測，忽必烈早有耳聞，但爲了全力對付阿里不哥，忽必烈只好不惜高官厚祿來安撫李璮的野心，藉以安定後方。

李璮對蒙古一直外示臣服，內存觀望。他手下有一支經過半個世紀戰爭磨鍊的精悍軍隊，曾做過李璮的幕臣，也是其岳父的王文統，在中統建元後被忽必烈聘爲中書平章政事，列宰相位，這個大間諜也與李璮沆瀣一氣，遙相傳情；東道諸王塔察兒是李璮的丈兄，塔察兒的妹妹是李璮的愛妾，這支蒙古軍隊也有可能倒向李璮；在忽必烈圍攻鄂州時，這支蒙古軍隊就曾使郝經十分憂慮；山東、河北等地的其他漢人世侯，李璮也加意聯絡，通書遞信不絕於道；李璮的一個兒子爲

北京市昌平區，居庸關長城。居庸關的建設始於漢代，但在北魏時代，居庸關才修築成長城的一部分，並建設成長城上其中一座重要的關口。此後歷代均有加築修建，進一步成為北京西北方的軍事重鎮。

平州總管，做益都羽翼自然毫無問題。李璮自恃這些力量，趁忽必烈同室操戈，認爲機不可失，遂將王文統暫緩舉兵的勸告置於腦後，中統二年（一二六二年）二月三日正式傳檄山東，全殲蒙古戍兵，發動武裝叛亂。

對於忽必烈安撫性的緩兵之計，李璮也十分清醒，一旦忽必烈能騰出手來，肯定會優先解決李璮的叛心。因此，忽必烈全力北顧，後方空虛，便誘發了李璮的叛變。

李璮佈檄舉事時，忽必烈正在漠北草原。忽必烈沒有料到李璮之叛來得如此迅猛，聞報大驚，倉惶南下。途中請計於姚樞，姚樞分析道：「李璮叛兵，有三策可行。乘我北征之隙，沿海濱蜿蜒北上直搗燕京，封閉居庸險關，號令中原漢地，惶駭人心，此爲上策；結盟宋國，以宋爲後方，盤踞益都，負險據守，擾邊掠民，使我疲於奔救，此爲中策；出兵濟南，企妄山東諸侯響應支援，最後將成就擒之勢，此爲下策。」忽必烈急切地問：「李璮會出何策？」姚樞對道：「走下策。」

姚樞的確料敵如神。李璮自海州乘艦回師益都後，打開倉庫，大肆犒賞部下。他一方面派遣使者到南宋，獻出漣海等三城，請求南宋做後援，企圖聯宋抗蒙；另一方面發兵前去摘取濟南，幻想山東河北各世侯能群起響應，建立山東根據地，挑起漢地戰火。二月二十六日，城守空虛的濟南城被李璮攻破。

李璮之所以不敢輕師疾進燕京，自有其難言之隱。第一，基礎不穩。李璮雖已聯宋，但雙方各持猜疑，誠意被大打折扣。李璮與南宋有殺父之仇，其本人也與南宋血戰三十年。他不願也不想結好於南宋，而南宋皇帝理宗更覺得李璮的反正「情僞難憑」，對是否支援李璮持消極觀望態度。因此，李璮也要考慮和後院起火的潛在因素。第二，聲名狼籍，轄內漢民不支持。李璮魚肉魯南居民達幾十年，百姓聽說李璮反後，不是結寨自保，就是逃入山村，數百里內，「寂無人聲」。根基動搖，也使李璮不敢輕率離開老巢。第三，其兵卒雖稱精悍，但只有五萬人，從益都到燕京，路遙道險，遠途奔襲要冒極大風險，天下大亂後，他也未必能撈到更多的好處。反而不如集中兵力，進取山東，待漢世侯響應再以山東爲據點擴大戰果。因此，在戰略上他選擇了山東。

李璮一決定發兵山東，便決定了其必敗無疑的命運。許多漢人世侯對此都已洞若觀火、心存觀望。此外忽必烈以漢法治漢地的施政綱要也已深入民心，蒙、漢矛盾正在調和之際，貿然行動，勢必會陷於進退失據的兩難之地。因此，山東、河北漢人軍閥應者寥寥。只有太原總管李毅奴哥，邳州行軍萬戶張邦直等幾個孤兵舉旗呼應，但隨即便被忽必烈撲滅。

針對李璮的軍事行動，忽必烈雷厲風行，急忙調遣軍隊。這時對阿里不哥的戰事已基本結束，頓感輕鬆的忽必烈，即集中大部軍力開往山東。

二月十八日，忽必烈命水軍萬戶解誠、張榮實、大名萬戶王文千及萬戶嚴忠範會師東平；濟南萬戶張宏、歸德萬戶邸浹，武衛軍炮手元帥薛軍勝等聚兵濱棣。築城挖塹，準備應戰，扼守險要，阻止李璮向外推展。

二十日，忽必烈命諸王合必赤總督諸軍，接著又派史天澤率軍增援。蒙漢聯軍向山東挺進。

李璮原以爲會響應他的漢人世侯，現在戲劇性地搖變爲他的鎮壓者。沮喪的李璮三月十七日與阿朮、史樞聯軍一遭遇便告失敗，退保濟南。

五月，忽必烈命令軍隊築環城將濟南城團團圍住，命漢將史天澤節督諸軍。困守孤城的李璮孤軍，此時已成甕中之鱉，坐以待斃，這個詞彷彿是專爲他創造的了。

七月，城中糧盡，「人情潰散」，部將紛降，走投無路的李璮，仰天長嘯一聲跳入大明湖中，但水僅及腰，不死，被擒。

李璮叛亂猶如曇花一現，僅五個月便告凋謝。但留給忽必烈的震驚卻久久不能使忽必烈釋懷，甚至其中的兩次餘震比李璮叛亂本身更使忽必烈心驚。

第一，王文統事件。

王文統，字以道，益都人。對中國歷代權謀深有研究。曾爲李璮幕僚，並將女嫁李璮。忽必烈開平踐位後，拔擢王文統爲平章政事，從而成爲忽必烈汗宮及蒙古帝國官僚系統的主要設計師。他曾親率各路宣撫使，接受忽必烈的耳提面命，爲忽必烈建立文官系統立下汗馬功勞。

李璮叛亂後，忽必烈風聞王文統曾遣子王蕘向李璮通風報信，於是召王文統詰問，王文統閃爍其詞，企圖苟全蟻命。恰好發現李璮給王文統的信中有「期甲子」（景定五年，一二六四年）之語，忽必烈窮追不捨，逼問什麼意思。王文統「錯愕駭汗」，招認「李璮久蓄反心，約臣居中策應，臣意欲推其反期，故有是語。」

忽必烈異常震怒，椎心刺淚道：「我將你從布衣拔至宰相，委以重任，授以政柄，待你不薄，你爲什麼如此負恩寡義？」不待王文統巧言辯畢，忽必烈便傷心地命令推出斬首。

處置完王文統後，忽必烈大

元代高浮雕胡人像。北京松堂齋民間雕刻博物館。

玩手腕，將他曾經最信任的漢人幕僚竇默、姚樞、王鄂、子聰、張柔等召至跟前，拿出王文統與李璮的通信，遞給幕僚們傳閱，問：「你們說應該判處王文統什麼罪？」柔弱文臣回道：「人臣謀反當誅。」武將張柔高聲喊道：「宜剮！」忽必烈仍不滿意，像教練員訓練隊員一樣，命令道：「你們一起說。」已有些顫慄的諸幕僚，異口同聲高呼道：「當死！」

忽必烈聽完這搖尾乞憐般的回答，嘴角掠過一絲不易爲人察覺的微笑，輕歎一聲說：「王文統已死於朕前了！」

忽必烈並未因此而高枕無憂。相反，他天性中的猜疑益加泛濫。叛將的同黨同謀竟打入忽必烈身邊，並位列忽必烈的親信之位，其危險之至不能不使忽必烈爲之肉跳。接著，忽必烈追究王文統的來路，他必須弄清楚王文統是如何來到自己身邊的。

曾經，包括現在仍被忽必烈委以重任的廉希憲、張易、商挺、趙良弼、子聰都舉薦與推崇過王文統，自然被列爲重點懷疑對象。恰好興元同知費寅又上告廉希憲是王文統在西南地區的朋黨，同時牽連到商挺、趙良弼。忽必烈大驚失色，急忙下逮捕令，關押審訊。經過嚴密核審，查明費寅原爲誣告，商、趙始得無罪釋放。

王文統案發後，交相引薦的舊日漢人幕僚每一個人都有可能從民族本位的感情出發，互相勾結，朋比李、王，而欺騙自己。假如眞的如此，局面將不可收拾，儘管已查明他們俱無反跡，但誰能擔保以後不會再出現第二個王文統？

漢人自古似乎天生地就會交結朋黨，互相攀援，黨同伐弄，互相攻訐。急功近利是草創朝廷所需的，王文統「以言利而進爲平章政事的」。但竇默、許衡儒流之輩卻將迂腐之見與學術之爭引入朝廷，聲稱「治亂休戚，必以義爲本。」

忽必烈剛剛踐位，注重實效的王文統剛剛到位，竇默就傍倚王鄂，姚樞向忽必烈奏稱：「王文統此人學術不正，久居相位，必禍天下。」忽必烈強捺不滿，問：「那麼，你說誰可以做宰相。」竇默推薦許衡，忽必烈拂袖而起，怒氣沖沖，嫌惡似的走出汗帳。

對許衡那一套長篇大論，浮而不實，不能給新政權帶來一分銀毫、一支箭矢的空洞言論，注重實惠的忽必烈早就領教過了。當前，忽必烈需要的是軍餉糧草和戰士去戰勝阿里不哥，而不是空

「朱子後一人」匾額，河南焦作元代大學問家許衡墓園拜殿。

疏的儒家學術理論。但不知趣的竇默卻「日於帝前排其（王文統）學術。」難怪忽必烈會拂袖而去了。

工於心計的王文統也不甘示弱，他恃寵奏請忽必烈升姚樞爲太子太師，竇默爲太子太傅，許衡爲太子太保。這是一條毒計，明尊暗貶，實際上是要調離三人日侍忽必烈的職位。竇默因爲屢屢攻訐王文統而爲忽必烈不悅，他還識點時機，與姚樞商量，避禍東宮，但耿直倔強到不怕死地步的許衡卻堅守禮義，大有拚命之勢，堅辭不就。

被儒家學術流派與漢人黨派之爭攪得心煩意亂的忽必烈，實在搞不清楚門戶之見是怎麼莫明其妙附著於聰明的漢人身上的，最後只好改命姚樞爲大司農、竇默爲翰林侍講學士、許衡爲國子監祭酒。不久，許衡負氣辭職，稱病還鄉。

忽必烈能欣然接受漢人治人的高超手法與一整套治理國家的官僚系統，還有不殺人的博愛思想。但對漢人間的互相傾軋，而且是因爲無謂的思想意識間爭辯不清的庸事，實在覺得可笑、可憐、可惜，對昔日竭力襄助自己的舊日幕僚他不得不刮目相看了。

王文統的變節，使忽必烈對漢

儒徹底失望。他震怒後的自省，便是對漢儒從人格上的懷疑。連自己最信任、屢次袒護的王文統都會出賣自己，那麼還有那個漢儒不會再次忘恩負義呢？

第二，史天澤擅殺事件。

李壇被擒後，審訊李壇的是漢人世侯軍閥嚴忠嗣與史天澤。嚴忠嗣問：「你爲什麼這樣做？」李壇回答道：「你和我已約好，到時候卻又不來。」嚴忠嗣怒不可遏，提刀向李壇肋下刺去。史天澤問：「你爲什麼不投降？忽必烈有什麼地方虧待你？」李壇卻反問道：「你有文書約俺起兵何故背盟？」史天澤對手下俘虜更爲殘暴，命人砍去李壇兩臂，雙足，剖胸挖肝，最後才割去首級。

接著史天澤以「宜即誅之，使安人心」爲由，宣布處死李壇，並向忽必烈上請「擅殺」之罪。

儘管忽必烈不可能獲悉李壇的追隨者流亡南宋追憶的那段擅殺李壇的細節，但忽必烈依然能夠開動其聰明的、塡滿猜疑的大腦，捕捉史天澤超乎職權，迫不及待擅殺李壇的疑點。難道這眞的不是一次殺人滅口嗎？本來李壇是要上獻的。

除了張邦直等漢人萬戶直接叛附，其他的漢人世侯與李壇也已查明有書信交遞，難道他們僅僅是遙遠千里互相問安嗎？

李壇叛亂的最根本原因就在於漢人世侯威權太重，地方軍民權力集於一身，儼如春秋時期星羅棋布的國中之國。所不同的只在於其宗主除了蒙古大汗之處，還有一個南宋的漢人皇帝，可以憑欄眺望、眉目傳情。而這種歸宗認祖的潛意識一直不能從他們心底泯滅。請看李壇臨死前塡的一首〈水龍吟〉，也許你能感受到點什麼：

腰刀帕首從軍，戍樓獨倚欄凝眺，中原氣象。狐居兔穴，暮煙殘照。投筆書懷，枕戈待旦，隴西年少，歎光陰掣電，易生髀肉。不如易腔改調。

此變滄海成田，奈群生幾番驚擾。干戈爛漫，無時休息，憑誰驅掃。眼底山河，胸中事業，一聲長嘯，太平時相將近也，穩穩百年燕趙。

當然忽必烈感受不到李壇甚或其他漢人世侯軍閥內心的蒼涼，但對這些擁兵自重、各霸一方的軍閥們如果像逮捕文人商挺似的窮加追究，勢必引起兔死狐悲，群起自保的局面。忽必烈心中則早有預料，因此，忽必烈與漢人軍閥間的關係一時陷入微妙。

對此，忽必烈十分謹愼、小心，唯恐因自己的不愼而引起連鎖反應。他多次敕命在聖安寺作佛頂金輪會，在長春宮設金籙周天醮。給自己壓驚、祈禱，穩定自己的暴躁情緒。並忐忑不安地對史天澤說：「朕或乘怒欲有所誅殺，卿等宜退留一二日，上奏後再行定奪。」從中，我們真切地感到忽必烈對自己的憤怒是多麼缺乏自信！

但內心不自安的不僅僅是忽必烈，史天澤等世侯也惴惴不寧，他們比忽必烈更能預見自己的危機四伏與根源所在。史天澤首先上書，替忽必烈排憂解難，聲言：「兵民之權，不可並於一門，行之，請自臣家始。」主動將十七位史氏子侄的兵權上交忽必烈。張柔、嚴忠嗣等世侯也紛紛效法，表忠求全。

忽必烈喜笑顏開，順水推舟，巧妙利用有利形勢，推行一系列環環相扣的加強汗權及中央集權的措施，堵塞叛亂之源。

其實，忽必烈即位開始，郝經就提出「建監司以治諸侯」的建議，而忽必烈堅決設置十路宣撫司已帶有收權中央的性質。李璮之叛一定程度也是「強幹弱枝」政策的產物。李璮之叛正好又奉給忽必烈一個治癒失眠的藥枕，取消世侯特權，建立地方基層政權自然便不再滯停於理論了。

第一，忽必烈下令實行軍民分治，規定各路總管兼萬戶，且理民事，民政勿預，官民管理民事，軍官掌兵戎，不再兼任。

第二，削弱以致消滅世侯。規定世侯軍閥除[illegible]人仕官外，子弟官職例行解任。取消世侯封邑。易將，各世侯軍閥互換萬戶或另派萬戶，兵歸中央。進而又罷諸侯世守制，實行遷轉法，即調官法，在世侯領地置牧守，重新確立中央集權政治。這一措施同時也符合漢地黎民及上層地主的意願。罷世侯後，領地上的黔首們對昔日主人視如陌路，甚至追

元代景德鎮窯「東衛」卵白釉凸花纏枝蓮紋碗。卵白釉是元代景德鎮創燒的一種青白色釉，色澤白中微泛青釉面透明度低甚至呈失透狀，恰似鵝蛋殼，故名「卵白」。又因這種釉色的瓷器多為元代樞密院定燒，印有「樞府」銘文，故又稱「樞府釉」。此碗內壁花紋中印有對稱的「樞府」二字。

咎怒罵，一如世侯的崛起，其衰落與走向墓地也同樣是歷史的必然。

第三，查禁民間兵器。下詔：「諸路置局造軍器，私造者處死；民間所有，不輸官者，與私造同。」只要是超過一尺長的鐵器，都必須上交。甚至連農民用的鐵耙、叉等也不在豁免之列。對漢地漢民的防範達到細緻入微的地步。

第四，在中央成立總理軍事的機關樞密院。從此，樞密院成爲蒙古帝國的軍權中樞，它不受任何中央權力機關的限制，儼然而成一獨立體系。忽必烈將樞密院直接置於自己控制之下，由皇太子眞金任樞密院使、副使、僉書樞密事等職也操縱於貴族親信之手。蒙古帝國乃至以後明顯帶有中原王朝性質的大元帝國，中央軍權再與漢人無染了。除四怯薛由忽必烈或派蒙古親信大臣節制外，樞密院的權力大得驚人，「天下兵甲機密之務，凡宮禁宿衛、邊庭軍翼、征討戍守、簡閱差遣、舉功轉官、節制調度，無不由之」。

漢儒幕僚如姚樞、子聰、許衡者流，世侯軍閥如史天澤、李璮者流，非但沒能拉扯忽必烈進入「以夏變夷」的佳境，反而助長了忽必烈庇佑草原諸王的決心。對他們來說，這些針對漢人而發，轉而背倚蒙古軍隊和色目人的理財術，無疑是一股倒行逆施的惡流。儘管忽必烈在未來依然沿著加強汗權、君權，效法中原歷代王朝強化中央集權。但忽必烈的感情，對漢人的猜忌，卻再也不能從忽必烈受傷的心靈上輕輕抹去了。

李璮死後，忽必烈加強中央集權，已改變了其原意義的初衷，這時它已是建立在對漢人猜忌甚至歧視的基礎上了。

忽必烈是吃著漢人的精神食糧而搖身爲蒙古大汗的。現在，他卻突然感到漢食的變味，儘管他還必須逼迫自己去超越自己，

元代景德鎮窯紅釉印花龍紋盤，紅釉瓷是元代景德鎮創燒的新品式之一，此盤壁印有首尾相逐的暗龍二條，盤心印流雲紋三朵，是景德鎮紅釉暗花瓷器的佳作。

絞胎碗，元代。絞胎通常是用兩種不同顏色的瓷土（古代主要是白、黑或白、褐、黃）分別製成泥色，然後像擰麻花一樣將它們擰在一起，製成新的泥料，待用，或直接拉坯成型，或切成片狀作鑲嵌使用。經過如此繁瑣反覆加工的陶瓷器，坯體可呈現出兩種瓷泥絞在一起所形成的各種花紋。

再度去俯拾漢法，去安定中原，促進生產與增加稅收。但他卻在心理上防範自己過熱的情緒，因爲漢人的精明不僅僅在於公開的反抗，潛移默化地改變一個彎弓射獵的草原游牧民族的生活方式將更危險。這一點，忽必烈有切身體驗，他一方面清理了漢人世侯，慢慢疏遠漢儒，另一方面在親重蒙古勳貴的同時，悄悄培植能與漢人抗衡的第三勢力。於是，來自西域的色目人如阿合馬之流登上忽必烈爲他們鋪就的政治舞臺。

實際上，李璮叛亂剛起，一向爲漢人官僚所鄙視的回回人便乘機向忽必烈進言：

「回回雖然常有盜錢攫物的勾當，但從不會像秀才們起而反逆啊！」也許忽必烈就是接受了這樣的蠱惑，開始驅遣色目人爲之斂財聚貨、牽制漢人的。

咸淳元年（一二六五年），忽必烈正式吐出了其眞實的施政思想：規定「以蒙古人充各路達魯花赤，漢人充總管，回回人充同知，永爲定制」。

這樣造就的效果猶如將高高在上的蒙古貴族置於漁翁的地位，漢人官吏與色日官吏恰如鷸與蚌，無論勢力如何消長，最後收益的將永遠是達魯花赤們。

金蓮川的幕僚們中統年間驟貴之後，在忽必烈勾起民族情緒下，在具有柔韌彈性的雙元政治舞臺上，腳步愈來愈呈凌亂之態了！

第八章　帝國阡陌

人類用三分之一時間去回憶，用三分之一時間去幻想，再用三分之一時間去紛爭。

蒙哥死後，接踵而來的長達四年的汗位爭奪戰，將成吉思汗用偉力築建的帝國籬笆推成整段的缺口。從缺口中逸出的權利欲與財富欲，對忽必烈來說，是災難的象徵。儘管他擊敗了阿里不哥，大汗地位也行將被黃金家族公認，但當他環視一下蒙古帝國的籬笆，卻不得不承認，致力於修復帝國的裂口已爲時過晚。

追憶一下蒙古帝國締造者成吉思汗的所作所爲及他裂土分民的思想，也許對我們理解忽必烈的處境會有些幫助。同時，如果我們不把忽必烈放在黃金家族歷次的汗位攘奪與盤根錯節令人生厭的複雜關係中，同樣我們也不能給予忽必烈以應有的理解與同情。假如讀者能苟同這一點的話，也許會原諒筆者以前的饒舌，尤其是對黃金家族內部紛爭的那些冗長的敘述。

對於成吉思汗四個兒子的兀魯思我們已能在蒙古帝國的地圖上找到。不過蒙古帝國的籬笆卻經常地被他們後王們挪來搬去。到忽必烈安定了中原漢地秩序與情緒，阿里不哥到政敵處去尋找生路時，忽必烈驚訝地發現蒙古帝國的地圖已被塗抹得面目全非。儘管忽必烈本人也是積極的繪製者之一。

忽必烈與阿里不哥兵戎相見的第一個碩果是伊兒汗國的誕生。

在忽必烈遠襲大理，經營中原時，他的同母弟旭烈兀在波斯也正忙於開疆拓土。經過成吉思汗和窩闊台的兩次西征，蒙哥得以在波斯的大部分領土上建立直屬汗廷——當然也屬於黃金家族公共財產的——阿姆河等處行尚書

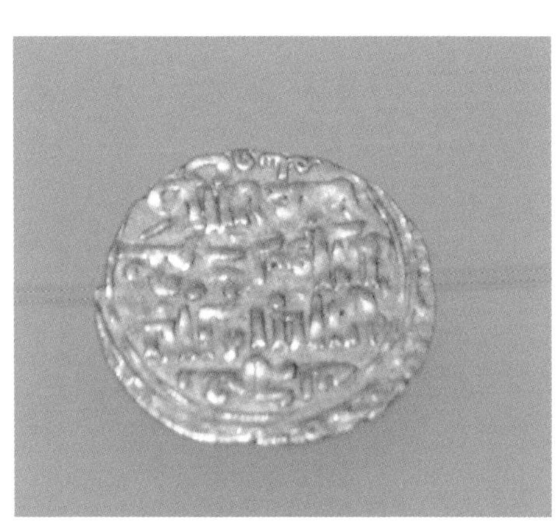
伊兒汗國金幣，1258～1291年，絲路拾貝——大唐西市文物展，廣州博物館鎮海樓專題展覽廳。

省。淳祐十二年（一二五二年）蒙哥命令從諸王所屬軍隊中簽發十分之二交付旭烈兀，進一步征討未降附的波斯諸國。寶祐四年（一二五六年）旭烈兀攻滅盤踞禡拶答而（今伊朗馬贊德蘭省）諸山城的「木剌夷國」。寶祐六年（一二五八年）攻陷報達（伊拉克巴格達），滅黑衣大食（阿拉伯帝國阿拔斯朝）。開慶元年（一二五九年），旭烈兀分兵三路，侵入敘利亞。次年春，旭烈兀接到蒙哥死訊，留下大將怯的不花繼續征進，自率其餘蒙軍退返波斯。當旭烈兀正擬東返故鄉時，忽必烈與阿里不哥先後自立爲汗的消息傳來，旭烈兀決意觀望，遂建帳波斯。

忽必烈與阿里不哥異口同聲宣稱旭烈兀是自己的支持者，旭烈兀的身價於是成倍增長。膽大心細的忽必烈不惜再破陳規，以大汗名義將黃金家族的公共財產波斯地區畫歸旭烈兀，藉此換得旭烈兀的聲援。旭烈兀毫不客氣，雷厲風行地自稱伊兒汗（意即大汗的屬民），在東起阿姆河和印度河，西面包括小亞細亞大部分，南抵波斯灣，北至高加索的廣大地區建立伊兒汗國，建都蔑剌哈（今伊朗阿塞拜疆馬臘格），任命各省長官。接著，旭烈兀遣使指責阿里不哥，並幾度遣軍東向，威脅支持阿里不哥的窩闊台後王海都。

伊兒汗國像一筆交易就這樣戲劇性地在忽必烈授意，旭烈兀動手下繪製在蒙古的新地圖上。

忽必烈與阿里不哥不共戴天的第二個碩果是促成欽察汗國由半獨立走向獨立。儘管勝利者忽必烈收穫到冊封欽察汗即位的權利。

欽察汗國奠基於朮赤，成型於拔都，獨立於別兒哥。朮赤的離心傾向曾使父親暴跳如雷，但朮赤的次子拔都卻全然不顧祖父的激憤，繼續沿著離心的道路高歌猛進。由拔都統率的長子西征本是黃金家族的共同事業，但所征服的包括過去鐵騎所至的東起也兒的石河，西到斡羅思，南起巴爾喀什湖、裡海、黑海，北到北極圈附近的遼闊區域，西征結束後都淪爲拔都及其十三位兄弟的

內蒙古出土的草原汗國時代文物——帶支架的鐵鍋。內蒙古呼和浩特市清水河縣出土。鑄鐵鍋為鼓腹，上飾六耳。鐵鍋架為三足支架，腹部火膛製成鏤空網格圖案，此為蒙古人烹煮肉食之器。

世襲領地。拔都在伏爾加河下游薩萊（今阿斯特拉罕附近）紮下了牙帳（將帥所居的營帳），朮赤系後王，拔都的十三位兄弟像群星拱月般地團聚在金帳周圍，形成半獨立的欽察汗國。

拔都幫助蒙哥登上汗位，在打擊窩闊台、察合台兩系勢力的同時，乘機占據河中地區。曾主持蒙哥即位儀式的別兒哥寶祐五年（一二五七年）繼拔都登上朮赤兀魯思的汗位。他名義上仍對蒙古大汗稱藩，但他卻不再履行黃金家族的義務，蒙哥南征時我們已很難尋找到朮赤系後王的從征軍隊。到忽必烈與阿里不哥挑起戰爭時，對汗位別兒哥顯得十分冷漠，他周旋於拖雷後王兩兄弟之間，只唱調和宗親的高調。儘管他似乎從感情上傾向於草原氣息較濃的阿里不哥，並在所鑄的貨幣上稱阿里不哥爲大汗，但他卻不發一兵一卒去給疲憊不堪的阿里不哥。

一如對待旭烈兀，阿里不哥宣稱別兒哥同意自己爲蒙古大汗，而忽必烈也向別兒哥派去急使，翹首以待別兒哥承認既成的事實。

阿里不哥歸降忽必烈後，忽必烈向別兒哥派去急使，徵詢處置阿里不哥的意見並邀請他來參加忽里臺。別兒哥圓滑地回話忽必烈：「合罕，旭烈兀和全體宗親們所作出的決定是正確的。我們也一定在牛年（咸淳元年，一二六五年）出發，在虎年（一二六六年）走完全部路程，在兔年（一二六七年）出席忽里臺」。

但實際上別兒哥沒有時間分身，他正手忙腳亂於與旭烈兀和阿魯忽的戰事。

不管怎麼說，別兒哥寧願忽必烈大汗致以口頭上的尊重，但卻不想在蒙古帝國地圖上丟失那怕是一小塊草地。對欽察汗國的統御，忽必烈只能保留一種象徵性的權力，再也無力從朮赤後王所屬軍隊中抽簽徵調一兵一卒用於新的征服戰爭了。

忽必烈與阿里不哥逐鹿汗位的第三個碩果是促成察合台封地或兀魯思的私有化，並逐步向獨立汗國方向發展。

察合台的最初封地是從畏吾兒境一直延伸到河中的草原地區，而中亞的河中農耕地區和城廓地帶——中亞地區東起吐魯番盆地，西至阿姆河，北達塔爾巴哈台山，南抵阿富汗——則是黃金家族的共同財產，由蒙古大汗直轄，大汗委任官員，所得收益由黃金家族成員共享。

窩闊台時，察合台恃汗兄、諸王之長的身分，企圖吞併城廓地區，遭到窩闊台斥責。但隨後，窩闊台將從畏吾兒之地到阿姆河沿岸的諸城廓交付察合台管轄，但大汗仍派大臣駐鎮中亞諸城。

蒙哥時期，在河中、訛答剌、畏吾兒地、忽炭、可失哈耳、氈的、花剌子模和今費爾干納地區之間的遼闊地域設立別十八里等處行尚書省，直屬汗廷，管理察合台封地的兀魯忽乃仍留居在草原地區的城廓。這時，朮赤後王勢力已伸至河中地區。

忽必烈在開平一稱汗，便著手控制原屬汗庭的河中地區，這是中亞最富庶的地域。但他所派的察合台後王被阿里不哥擒獲，阿魯忽從兀魯忽乃妃子手中奪取汗權後，將別兒哥在撒馬爾罕、不花剌和河中地區的守軍全部殺死，接著便發生了我們已熟悉的阿魯忽倒向忽必烈，阿里不哥向阿魯忽開戰並據有察合台駐帳地阿力麻里的事。

忽必烈爲爭得阿魯忽的支持，故技重演，以蒙古大汗的身分將東自按台山（阿爾泰山），西至阿姆河的土地委付給阿魯忽，鼓勵他去發展自己的勢力。

阿魯忽敗阿里不哥於居避後忽炭（今和闐）。收集失散的軍隊後，事業復振，並向別兒哥再度開戰，洗劫了訛答剌。

阿里不哥向忽必烈交械後，忽必烈對古老的忽里臺仍心存幻想，遣使徵詢如何處置阿里不哥並同時邀請阿魯忽。阿魯忽最關心的是自己的利益，他對忽必烈的使者說道：「我是未經大汗和兄長旭烈兀正式同意繼承察合台之位的，現在全體宗親們聚集在一起，正可判定我能否繼位，我願意前去參加忽里臺」。

清掃了阿里不哥勢力之後，忽必烈力圖直接控制原屬汗廷管轄蒙哥時所設的別十八里等行尚書省之地。於是，「忽必烈合罕命一支大軍前往阿姆河岸，使一切居於這一地區的打算獨立的宗王統統從交通線上撤走，這樣合罕的使臣可以沒有任何一點困難地往返於旭烈兀大王與大汗之間。」同時，阿里不哥所據的察合台封地的東部也被忽必烈接收。

在忽必烈將觸鬚伸向中亞的同時，窩闊台後王海都也趁機向阿魯忽開戰，爭奪地盤，並聯合別兒哥，擊敗阿魯忽，進據察合台的駐帳地阿力麻里。

中亞的地理位置重要到忽必烈、海都、別兒哥都垂涎三尺的地步。欽察汗傾心於河中的富庶，而海都則想圖謀霸業，從這裡可直撲別十八里，穿河西走廊直接威脅忽必烈領地的腹心。忽必烈如果控制了阿力麻里等城廓地，那麼便可遏止西道諸王的東向，進而可對欽察、窩闊台、察合台兀魯思發號施令，並便於和伊兒汗國聯繫，形成東西相向的有利形勢。因此，由於各系的插手，察合台領地便形成混戰局面。

很不幸，歷史總是向忽必烈出難題，正當忽必烈致力於控制中亞的時候，體弱多病的阿魯忽收娶了合剌旭烈的遺孀體健貌美的兀魯忽乃後竟染病身亡。曾經掌握察合台兀魯思達十年之久的兀魯忽乃雄風不減當年，將蒙古大汗忽必烈的尊嚴棄如敝屣，擅立自己的兒子木八剌黑沙爲察合台汗。

忽必烈爲捍衛大汗的宗主權，並沿著控制中亞的戰略思路向前挺進，急需尋找另一位代言人去代理察合台兀魯思事務。效勞於忽必烈身邊的察合台曾孫八剌合和顏觀色，向忽必烈進言：「木八剌黑沙憑什麼繼承我叔父阿魯忽之位？如果大汗降旨讓我繼承我的叔父阿魯忽之位，今後我將效勞奉命於大汗。」於是，忽必烈便派八剌合去協助管理察合台兀魯思事務。

阿魯忽

阿魯忽（Alghu），察合台之孫、拜答兒之子，察合台汗國的第五任可汗。

一二五九年，察合台汗國監國攝政兀魯忽乃（阿魯忽寡居的堂嫂）的保護者——蒙古帝國大汗蒙哥去世，爭奪汗位的忽必烈和阿里不哥都派自己支持的察合台系宗王去虎牙思奪取汗位。第二年，阿里不哥支持的阿魯忽繼承察合台汗國可汗。他娶兀魯忽乃為妻，維持汗國穩定。阿魯忽不滿阿里不哥的頤指氣使，轉而歸附忽必烈。阿里不哥大怒，洗劫了伊犁河流域，阿魯忽退居于闐，後遷至撒馬爾罕。

一二六六年，阿魯忽死，兀魯忽乃立自己和哈剌旭烈的兒子木八剌黑沙為可汗。

更不幸的是，忽必烈這種放虎歸山的舉動，收益到的只是被這隻猛虎反咬一口，忽必烈強忍劇痛，噙淚弔唁著自己的失策。當然，這是後話。

海都王與大汗的戰爭。（《馬可•波羅遊記》插圖）

忽必烈與阿里不哥自戕互殘的第四個碩果是激發了窩闊台後王海都勢力的崛起，並點燃起窩闊台系攫取大汗寶座的欲望。

海都是合失的兒子，而合失則是窩闊台的第五子。蒙哥曾使窩闊台系凋零不堪，當時年僅十幾歲的海都被放逐在海押立（今蘇聯哈薩克塔爾迪庫爾干爾）。海都人極聰明，聰明到狡詐奸滑的地步，他是一個天才的軍事家和優秀的行政管理家，凡是接觸過他的基督徒旅行家，包括馬可波羅，全都對他讚不絕口。

在忽必烈與阿里不哥交戰時，海都在自己的封地正訓練著純蒙古血統的騎兵，他對游牧祖先們彎弓射箭，縱馬奔馳於草原的粗野生活方式極爲眷戀，他以能保持祖先的傳統而自豪。毫無疑問，他不欣賞忽必烈與征服地漢人的親暱。他是阿里不哥情感上的贊助者。

忽必烈在整個汗位戰爭期間對大多數蒙古諸王都滿面笑容，除了對阿里不哥及爲阿里不哥賣命的。在頒賞諸王時，忽必烈照例沒有忘記海都。阿里不哥勢衰後，忽必烈向海都遣去急使，十分有禮貌地引誘海都：「其他宗王全都到了開平，你們怎麼遲遲不來呢？我衷心希望當面會晤，我們一起把一切事情都商議好後，你們將獲得各種恩典返回」。

海都曾捎口信給忽必烈，他要求依照成吉思汗的札撒、將黃金家族征服的漢地也分給他應該得到的那一份，忽必烈則要求他來參加忽里臺。海都還記得蒙哥召開的忽里臺，他無意自投羅網，遣使致歉道：「我們的牲畜很瘦，等養肥之後，我們遵命前去。」但他牲畜三年也沒有養肥。

馬可波羅對我們說：「海都對他的伯父——大汗心存疑忌，拒絕接受這個條件。他只表示願意在自己的封地裡，向大汗稱臣納貢，而不願意到大汗的宮廷去，因爲他害怕被處死。」的確，海都寧願死在疆場，而不想死在忽必烈的智謀裡。

海都在「馬瘦」的三年裡，依托海押立，傾力馴養戰馬和蒙古戰士。很快，他便成爲窩闊台系的領袖，並恢復了被分割成數塊的窩闊台兀魯思。其大致範圍包括葉密立海流域，也兒的石河流域，阿爾泰山的一部分，其重要的首府有兩個，一個是葉密立，一個是海押立。其正西爲欽察汗國，偏西與南部則是察合台汗國。但海都不久即揮師南侵，並將行營遷至察合台的駐帳地阿力麻里。占據了原窩闊台封地全境與察合台封地一部分的海都迅速崛起，其威勢大有和成吉思汗媲美的傾向。

這時，他潛隱多年，發誓要從拖雷系奪回汗位的夙願開始破土而出。

八剌合到達察合台封地後，施展高超的陰謀技巧，廢木八剌黑沙而自立。接著率軍進攻海都，且初戰告捷，但海都卻請自己原來的宿敵——欽察的蒙古大軍，合兵反攻八剌合，八剌合不敵，退走河中。海都更加志得意滿，此時，他已不需要以馬瘦來敷衍忽必烈了。

忽必烈與阿里不哥兄弟相殘的第五個碩果是揭開蒙古帝國全面內訌——戰爭的序幕，從而使洶湧的西征浪潮停息。

因爲忽必烈的奪權，旭烈兀放鬆了對敘利亞的戰爭。大將怯的不花於是敗在埃及軍隊的馬蹄下，向西南非洲挺進的計畫遂成泡影。因爲追隨旭烈兀西征的三個朮赤後王一個因巫蠱罪被處死，另兩個也莫明其妙地仙逝；再加上已改信伊斯蘭教的別兒哥，以其初入教的狂熱，對旭烈兀大肆蹂躪伊斯蘭教聖地並擄殺「哈里發」而極爲惱怒，同時他又垂涎伊兒汗國的高加索地區，於是發動大軍，氣勢洶洶撲向旭烈兀。旭烈兀也不甘示弱，親統三十萬大軍迎擊。在這種情況下，蒙古帝國再向西擴張已成紙上談兵，西歐因此而得以長喘一氣。

景定三年（一二六二年）蒙古帝國東部忽必烈親兄弟正鏖戰得兵塵蔽日，帝國的西部旭烈兀，別兒哥兩親堂兄弟在汗國的籬笆牆邊也已廝殺得難解難分。所不同的是東部的戰爭接近尾聲時，而西部的內戰還方興未艾。

咸淳元年（一二六五年），喜

歡以各種各樣方式殺人的旭烈兀病死。他是個基督徒，這是受他母親的影響之故，因此他求助於羅馬的基督教會，企圖組織十字軍東征；別兒哥則向埃及伸出聯盟之手，幻想夾攻旭烈兀。黃金家族本已激情四溢，現在又澆上燃燒的宗教之火，結果是因旭烈兀的死而結束形同對待敵國的內戰。

阿八哈繼承旭烈兀遺志，再度與別兒哥展開激戰，結果別兒哥病死出征的途中。這是咸淳二年（一二六六年）的事。

此時，在欽察汗國、窩闊台封地、察合台封地的交界處也不清靜。三方混戰一番後，天生就具有領袖才能的海都預見到這種內耗無疑於自殺，而他們的共同敵人應是忽必烈。在徵得欽察新汗忙哥帖木兒的同意後，他向神經已瀕於崩潰的八剌合汗派去自己的兄弟乞卜察兀（窩闊台孫）去約和，儘管八剌合沉思良久，並自言自語道：「真不知道在這種和平之後隱藏著什麼戰爭。」但他還是決定接待乞卜察兀，並向乞卜察兀滿噙親情的淚花訴苦說：「我們榮耀的父輩用劍征服了世界，並遺交給了我們。爲什麼我們不享受世間的幸福，而去內訌、爭吵呢？我們家族中的其他宗王們都占有眾多大城和繁榮的牧場，而我只有這一小塊兀魯思。海都與忙哥帖木兒還因這一小塊分地反對我，要把我這個悲慘、窘迫、可憐的人趕走」。

乞卜察兀完成了自己的使命，八剌合同意握手言和。三系和好時刻，也就是拖雷系倒霉時分。忽必烈總是餵養咬自己的狗，八剌合勢力剛能達到自立，他就開始驅逐忽必烈伸向中亞的勢力。忽必烈派火你赤率六千騎兵去收復失地，而八剌合則遣三萬大軍去迎擊，火你赤有自知之明，含淚退兵，八剌合洗劫並占據了忽炭。現在八剌合又驅散了與另外兩系的戰爭烏雲，正式背叛忽必烈的時間已經成熟。

對似乎已變種的忽必烈，海都沒有點滴好感。當海都感化了八剌合並穩定了其情緒後，他攛著免除後顧之憂的輕快感，咸淳四年（一二六八年）正式舉兵東犯。

哈里發

哈里發，意為「真主使者的繼承人」，是伊斯蘭教的宗教及世俗的最高統治者的稱號，也是歷史上阿拉伯帝國統治者的稱號。在阿拉伯帝國鼎盛時期，哈里發擁有最高權威，管理著龐大的伊斯蘭帝國。

阿拉伯帝國滅亡之後，「哈里發」的頭銜，作為伊斯蘭教宗教領袖的名稱，一直保存了下來。直到1924年，哈里發制度最終才由凱末爾廢除。

忽必烈命令自己的兒子那木罕去與海都對殺。感謝馬可波羅，他爲我們繪聲繪色地講述了忽必烈與海都間的驚心動魄的最殘酷的戰爭。馬可波羅連細節也沒有漏過，他首先對蒙古的陣前禮表示驚奇，接著他便感覺到「吶喊聲和兵器的撞擊聲，震天動地，即使上帝的雷聲，也會被淹沒得聽不見。」隨著他稱賞海都刀法特別嫻熟，捨生忘死、武功高強，戰場上便開始伏屍累累，連這個冒險家也覺得慘不忍睹。最後，他萬分感歎地說：「在這一天裡，有多少婦女變成寡婦，又有多少兒童變成了孤兒。」

戰後第二天，忽必烈派來一支更加強悍的軍隊，海都察覺風向不對，勒馬撤退。忽必烈軍隊敗之於別十八里，復又乘勝追擊，長驅至海都的新巢阿力麻里。而海都則遠遁二千多里，躲避兵鋒。

這可能是忽必烈對西道諸王的最有力一擊，也可能是他的軍隊到達中亞的最遠地方。此後，那木罕就駐鎮阿力麻里了。

阿力麻里的軍事戰略地位十分重要，它位於察合台汗國的草原上，對海都及忙哥帖木兒的兀魯思均可構成威脅，足以對他們發號施令。可以肯定，這是忽必烈傲爲蒙古大汗其權威達到頂峰的時候，如果阿力麻里能夠長期占領，中亞的歷史則勢必要重寫，然而，很遺憾歷史並不遷就忽必烈。

軍事上的勝利並不能填補忽必烈精神上的空虛，那裊裊炊煙似的失落感卻反而使忽必烈更加遺憾與不安。在景定五年（一二六四年）至咸淳二年（一二六六年）三年間，忙於內戰的阿魯忽、旭烈兀、別兒哥的相繼逝世，那咸淳三年（一二六七年）齊聚開平或者和林的忽里臺，自然也像一縷青煙化爲烏有。很矛盾，的確很矛盾，忽必烈親自砸碎了忽里臺的神聖，但他卻不斷地幻想去重塑它。制度的古老使忽必烈不自在甚至憤怒，但一旦將之摧毀，並以勝利者的心情再去追憶它的時候，卻又俯就於它曾經煥發過青春的魅力下，緬懷它、嚮往它。

人們總是夾在對過去的回憶與對未來的憧憬中間，在嚴酷的現實裡掙扎。卻從不想一想，過去饋贈了什麼，而未來又是那麼難以捉摸。因此，人類用三分之一時間去回憶，用三分之一時間去幻想，再用三分之一時間去咒罵人的不古，謳歌未來的美好，痛苦得死去活來。

黃金家族內部的自相開釁，使忽必烈這位大汗、宗主也同樣將數年歲月消磨在這種歷史變奏中。與其說，他這位大汗還能統御與駕馭黃金家族眾多的後王，還不如說，他和諸王一道沉醉在對共同祖先光輝業績的回憶與崇敬中。

忽必烈的忽里臺沒能如願召開，但除拖雷系外，其他三系的忽里臺卻開得有聲有色。

咸淳五年（一二六九年）春，三系後王歡宴於塔剌思河畔的草原上，經過一星期的酩酊大醉。第八天海都首先講話：「我們榮耀的祖先成吉思汗以其明智審慎，用劍和箭征服了世界。籌畫好後交給了我們，按照父輩，我們都是至親，其他宗王也是我們的兄弟，我們之間為什麼不和而紛爭呢？」八剌合接著發言：「是啊，須知我也是那顆樹上結出的果實。窩闊台的後人是海都，察合台的後人是我。他們的兄長朮赤的後人是忙哥帖木兒，而幼弟拖雷的後人是忽必烈和阿八哈。如今忽必烈奪得了東方漢地，其境土之廣大，只有上帝知道。阿八哈及其兄弟們占有了西方，從阿姆河直到敘利亞和密昔兒的遼闊土地。這

阿力麻里

阿力麻里，中亞古城，元朝時又稱為阿里馬城，明朝時中文史籍稱為阿力馬力，曾經是察合台汗國的都城。

1219年耶律楚材隨成吉思汗西征，過天山後到阿里馬城，他說城裡種滿野蘋果，樹蔭蓊鬱，當地人操突厥語，稱野蘋果為「阿里馬」。阿里馬城即野蘋果城之意。

阿里馬城位天山與伊犁河之間（城西為伊犁河），古城已不存在。在元代，當地是中西交通的要衝，以及中亞地區重要的政治經濟中心。《長春真人西遊記》對阿里馬城有以下的記錄：「至阿里馬城。……宿於西果園。土人呼果為阿里馬，蓋多果實，以是名其城。其地出帛，目曰禿鹿麻，蓋俗所謂種羊毛織成者。時得七束，為禦寒衣。其毛類中國柳花，鮮潔細軟，可為線、為繩、為帛、為綿。 農者亦決渠灌田，土人唯以瓶取水，戴而歸」。

十三世紀初，為葛邏祿部族所居，成吉思汗西征後占領該地，成為察合台的駐地。後阿里不哥與忽必烈爭汗位，率兵占領該地，後又為海都汗所據。至元五年（1268年），才由忽必烈率軍占領。但次年該地統治者再度叛元，該地冉成為察合台汗國首都。1334年察合台汗國分裂為東西兩部，東汗國的禿忽魯帖木兒以阿力麻里為都。

十四世紀以後，因戰亂與蒙兀兒人開始定居而逐漸廢棄。

鑄銅頭盔，時代：蒙古汗國，赤峰市松山區出土，內蒙古博物院基本陳列《草原天驕》展廳。

兩個兀魯思之間則是海都你的轄境和欽察巴失地區。做爲成吉思汗的後人，也應該給我指定兀魯思，而如今你們都反對我。我想了又想，不管想了多少次，都想不通我有什麼錯。」

海都說：「是你有理。就這樣決定吧，我們將夏營地和冬營地公平畫分，遷居到草原。河中地區三分之二歸八剌合你所有，三分之一則歸我和忙哥帖木兒管轄」。

宣誓完三系後王必須保持蒙古傳統的游牧風俗和習慣後，會議最後決定，（咸淳六年，一二七〇年）春天，由八剌合率軍，海都支援渡阿姆河攻取伊兒汗阿八咕的呼羅珊，爲八剌合擴大牧場、土地和畜群。

但他們沒有忘記派出一個氣勢洶洶的使團去厲聲質問忽必烈：「蒙古舊俗，與漢法迥異。如今你留居漢地，建造都邑城廓，創設儀文制度，遵從漢法，究竟是爲什麼？」

「塔剌思忽里臺收益最大的是海都」。從大會所衍的戰爭後果我們將確信這句話不是一時糊塗所說的胡言亂語。

海都與伊兒汗阿八哈原是夙敵，海都慫恿並支持八剌合向阿姆河以西發展，既可洩憤，又能解除對自己的壓力。

咸淳六年（一二七〇年），八剌合遵約集結大軍，渡阿姆向呼羅珊躍進。海都也踐行諾言，派窩闊台孫乞卜察兀、貴由孫察拔特斡忽勒率軍從征。但海都只是裝裝門面而已。還沒有開戰，八剌合因爲祖護他的僕人揚言用匕首扎破乞卜察兀肚子的不禮貌舉動，乞卜察兀憤而率窩闊台系援軍返回海都營帳地。八剌合惱羞成怒，對你沙不兒進行了屠殺和掠殺。他的窮凶惡極的軍隊，粗魯、放肆，令呼羅珊居民可怖。阿八哈採取誘敵深入的詭計，讓八剌合洗劫了只涅平原上佈滿的帳幕。但第二天，八剌合即由高興變爲煩惱，因爲他看到了無垠的原野上阿八哈的軍隊像蝗蟲般撲來。結果可想而知，他慘敗而逃回阿姆河東部。驚慌、哀號的八剌合以致衰弱得不能騎馬，退至不花剌。

八剌合聚攏潰兵，對臨陣叛逃者大開殺戒，並邀請海都發兵征討叛軍。海都正欲乘勢翦除八剌合，這消息不啻天降喜訊，親率大軍，突然包圍八剌合營帳，八剌合驚恨而死。海都將八剌合的全部牲畜、軍隊與財產據爲己有。海都勢力急劇膨脹。

咸淳六年（一二七〇年），海都不僅是窩闊台系留在其兀魯思後王的領袖，而且他已身爲察合台兀魯思實際的主人。事實上，他已成爲中亞的眞正合罕。對忽必烈來說這是一個預示著災難的事實。

塔剌思忽里臺對蒙古帝國的影響其意義之深遠，也許不亞於忽必烈的開平忽里臺，但最起碼它不遜色於阿里不哥的和林忽里臺。當忽必烈突然感到西部壓力減輕時，八剌合正率軍西向。但這種不正常的現象，不久便得到驗證，海都已成長爲巨人。忽必烈站在大汗的高位上，環視一下蒙古帝國，他悲哀地發現：欽察與伊兒已成獨立汗國，察合台與窩闊台的兀魯思已屬海都，自從阿魯忽、八剌合將自己的勢力從河中地區驅走，中亞已不再直轄於自己。自己能發號施令的只有蒙古及東道諸王領地、漢地、畏吾兒地附近、吐蕃和大理，顯得七零八碎，猶如老和尚的百衲衣。

如果說蒙哥曾使蒙古帝國瀕於崩潰，那麼，忽必烈已使蒙古帝國分裂則變成事實了，儘管它還名義上保留著大汗的形式與帝國的光亮的軀殼。

如果說咸淳六年（一二七〇年）的蒙古帝國像一件百衲衣，那麼，其針腳便是黃金家族的軍隊，在各自的兀魯思邊界沾連著；如果說　二七〇年的蒙古帝國像一塊田地，那麼，畛域的阡陌、籬笆也依然是曾使世界爲之震顫的蒙古鐵騎。大蒙古兀魯思的確像百衲衣，也許更像春秋時代諸侯的田地。

忽必烈挑起的內戰使蒙古綿延長達四十多年的對西征服停息，而停息的結果卻改變了歐亞大陸東部的歷史。忽必烈無力組織起由黃金家族諸系參加的征服歐洲的恢宏戰爭，但他卻有能力組織起對中國南部及東南亞，甚至對日本的征服戰爭。對中亞的無力控制逼使忽必烈強烈的征服欲也只能向東南渲洩，中國的命運爲之一改。

同樣，隨著忽必烈的命運轉向及蒙古帝國的命運逆轉。人類的命運及世界歷史也隨著征服巨流，潮漲潮落。

歷史猶如一臺遊戲機，當屏幕上顯示一輛戰車鑽進死胡同時，它還會尋找新的通衢。

那麼駕駛這輛戰車的忽必烈，他會開向什麼方向呢？

第九章 鷹空萬里

令古往今來所有的偉大帝王都感到屈辱的黃河，只有忽必烈說——征服它

迄今爲止，忽必烈已與阿里不哥、海都、八刺合等草原勢力較量過，他是勝利者；直到現在，忽必烈與吐蕃、大理、南宋的軍隊及漢人世侯李璮廝殺過，他不是失敗者。

也許，忽必烈的漢人幕僚們已沾沾自喜於他們的主人已成爲蒙古和北中國無可爭議的主人翁。

但富於想像力的忽必烈並不以區區蒙古大汗和漢地皇帝而折斷他鷹般的幻想之翅。

實際上，在高山峻嶺，黃沙白雪中熬煉奔馳，在戈壁點綴草原或草原粉飾戈壁的大草原上遊牧射獵，具有驃悍勇猛的馬上民族性格的忽必烈，恰如一隻蒼勁的雄鷹，剛剛凌空奮起，在搏擊蒼天的同時，正俯瞰著歐亞大陸上的芸芸眾生以及由他們的祖先所創造的不同類型的文明。

忽必烈這隻雄鷹挾其幻想，翱翔於蒼穹，這就是他與歷代風流人物的不同之處：他在空中俯視著大地上的未來，而他們則是仰望著星空數落天際的事情。

讓我們用渺小去仰觀忽必烈的偉業。索解一下忽必烈的思想，他要在塵世確立的有兩點：在蒙古他要凌越帝國的締造者；在東亞他要功蓋歷代帝王。講究實惠的「鷹」的確爪攫了他的獵物，忽必烈用文治去超越他的祖宗，用武功去籠蓋中原歷代帝王。

那麼，讓我們追蹤一下忽必烈的思想疾風，一捕他那震憾人心的幻妄吧！

如果我們首先展覽一下蒙古帝國的粗陋與忽必烈的遺憾，或許會消彌一點對忽必烈這隻蒼鷹的誤會：誰能保證忽必烈的幻想不是癡人說夢式的臆度呢？

也許我們還沒有忘記，成吉思汗誕生時蒙古草原的混亂情況。那時，以放牧狩獵維持生計的蒙古人，還追逐著水草，過著飄忽不定的生活。將一家的許多車子在草原的宿營地按環形排列成一圈，「一圈子」百姓就是他們所有的組織規則。沒有文字，沒有曆法，更無所謂禮樂制度。當你問人多大歲數時，他會告訴你：「我生於鼠年，草已青了三個鼠年。」也就是說，依十二生肖，他三十有六。

成吉思汗統一了草原，薩滿巫師裝神弄鬼一番後，他天才性地將全部百姓畫分為九十五個千戶，下設百戶、十戶，其上則有萬戶，創建軍民合一的千戶制度。創建怯薛護衛軍制，建立一支直屬大汗的常備軍隊。將自己說過的訓話編成札撒，並任命了一名大行事官，負責刑獄、民戶，這就是蒙古國的最高行政首腦了。蒙古帝國的國家機器，除了軍隊，竟是如此簡陋。

元世祖忽必烈狩獵圖。

到了窩闊台以至蒙哥時期，國家政權機構並未因征服地的急性膨脹而複雜到令人眼花繚亂的地步。基層組織仍然是千戶制，對征服地除了設立幾個由二、三人管理的行尚書省長官、都元帥外，就是多了幾位臨時性的斷事官、經略使、安撫使。

怯薛

怯薛是蒙古帝國及元朝宿衛制度中的一個重要組織。其成員稱作怯薛歹，這個群體在元代政治社會中扮演了重要的角色。

怯薛是由蒙古社會中脫離了自身氏族而服屬於一個人的「伴當」發展而來的，他們成為主君個人的奴婢，不是屬於整個氏族，主君則予以生活上的資助和保護，而伴當則為主君擔任衛士、操持家務及統率軍隊等。成吉思汗在成為乞顏諸氏聯盟共主時，開始以此為基礎，組織了甚龐大而有分工的家務組織，已近似於後來的怯薛，其後他征服大部分蒙古，乃正式成立此一組織，到統一蒙古時，已有萬人之規模。

當時怯薛的成員怯薛歹皆為蒙古的上層分子，須依靠父兄的階級才得以進入，一方面表現出統治者對於上層分子的子弟較多信任，也代表了對權貴子孫的恩蔭，此外早期可能很重要的是等於取質於各高官貴族。

怯薛的地位甚高，為一特權的階級。其功能一方面為可汗的護衛，且是蒙古軍隊的中心力量。其次，負責王室的家事，如烹飪、養馬、醫藥，馴鷹等等，另一方面，怯薛實際上成為蒙古帝國初期的中央行政機構，掌握政治的權力。

元世祖開始，元朝成立了中國式的官僚制和皇家衛隊─衛軍，這使得怯薛的權力喪失不少，然而皇帝為了維持整個蒙古帝國以及本身和蒙古貴族們之間的關係，因此仍力圖保留了其重要性。

怯薛在元代一直都是政治和經濟上的特權集團。在任官上，怯薛歹有極好的機會任官，且多位居高官要津，加上他們多為高官之後，官職可蔭於父兄，故他們成為一統治集團。在經濟上，成吉思汗時代，他們仍有自行耕田畜牧以給養的義務，後則規定其可不納地稅，到元朝成立初期，一方面怯薛歹的農業經營並不成功，另一方面平定宋朝後國家財力較佳，因此漸直接供怯薛歹糧食，後並建立月廩制。此外，怯薛歹又經常可得到大量的賞賜，這些都使得之後的元代財政因怯薛人數的增加和腐化而陷入困難。

忽必烈即位詔原文

《皇帝登寶位詔》

詔旨節文朕惟祖宗肇造區宇，奄有四方，武功迭興，文治多闕，五十餘年於此矣。蓋時有先後，事有緩急，天下大業，非一聖一朝所能兼備也。

先皇帝即位之初，風飛雷厲，將大有為。憂國愛民之心，雖切於己，尊賢使能之道，未得其人。方董夔門之師，遽遺鼎湖之泣。豈期餘恨，竟弗克終。

肆予沖人，渡江之後，蓋將深入焉。乃聞國中重以僉軍之擾，黎庶驚駭，若不能一朝居者。予為此懼，馹騎馳歸。目前之急雖紓，境外之兵未戢，乃會群議，以集良規。不意宗盟輒先推戴，左右萬裏，名王臣僚，不召而來者有之，不謀而同者皆是。鹹謂國家之大統，不可久曠，神人之重寄，不可暫虛。今日太祖嫡孫之中，先皇母弟之列，以賢以長，止予一人。雖在征伐之間，每存仁愛之念，博施濟眾，實可為天下主。天道助順，人謨與能，祖訓傳國大典，於是乎在，孰敢不遵！朕峻辭固讓，至於再三，祈懇益堅，誓以死請，於是俯循輿情，勉登大寶。自惟寡昧，屬時多艱，若涉淵冰，罔知攸濟。爰當臨御之始，宜新弘遠之規。祖述變通，正在今日，務施實德，不尚虛文。雖承平未易遽臻，而飢渴所當先務。　舉其切時便民者，條列於後（條書見各類）。

於戲，曆數攸歸欽應上天之命；勳親斯托，敢忘烈祖之規？建極體元，與民更始，朕所不逮，更賴我遠近宗族，中外文武，同心協力，獻可替否之助也！誕告多方。躰予至意！故茲詔示，想宜知悉。

再就是窩闊台引以爲自豪的設立了驛站，打了一些水井和建造了和林城。至於制訂新稅法、普查人口、減少屠殺當然也應該算做是了不起的偉績。

當忽必烈的漢人先生陸續抵達他的營帳，當他獲知中原王朝數十品級的大小官制後，忽必烈不禁爲蒙古帝國汗顏。他一登上汗位，就十分眞誠地向天下粉飾內心的遺憾：「朕惟祖宗肇造區宇，奄有四方，武功迭興，文治多缺，五十餘年於此矣。蓋時有先後，事有緩急，天下大業，非一聖一朝所能兼備也」。

品味一下忽必烈自招的「文治多闕」的內涵，大致有三種忽必烈式的遺憾浸融其中。第一，擴張的戰爭長達五十多年，但大蒙古帝國卻沒有構建一套與龐大帝國相稱的統治機構、典章制度與駕御權術。從留守草原時代，忽必烈急切訪問治天下之道，我們可以一窺忽必烈對大蒙古國政權治術缺略的遺憾。隨著忽必烈對國家概念的深入理解，隨著對中原歷代王朝積千年統治經驗而形成的一整頓嚴密統治制度的深入了解，忽必烈將大蒙古國與之相較，其相形見絀而引起的自慚形穢愈加強烈。第二，征服地的不治與破敗。成吉思汗及其後繼者，用劍與箭摧垮了征服地尤其是河中與北中國等農耕地區原有的統治機構與政治制度，卻沒有採用相應的措施去加強統治。除了屠殺、遷民外，就是橫征暴斂，以致忽必烈較熟悉的漢地枯骨遍野、叢秦灌莽，百里而無人聲。這對漠北人已大增並逐步需要依託征服地財富的大蒙古國，無疑構成即將斷流的威脅。無論從自身還是從蒙古國考慮，忽必烈都感到羞愧與焦慮。第三，蒙古草原文化的落後。蒙古人所征服的漢地文化已達到很高的水平，一整套的禮樂制度與草原的粗魯野宴形成鮮明對比，其文字與曆法更是蒙古草原不可比擬，僅那汗牛充棟的典籍就令十分好學、尤其喜歡歷史的忽必烈汗顏不止。

作爲黃金家族的一員，忽必烈一方面爲祖宗們的蓋世武功而自豪，但另一方面又爲祖宗們的粗淺簡陋而自愧。一旦一個人因身染缺憾而急於追求完美的時候，你可以想像一下流行於二十世紀的去做整容手術的醜女的心情。也許這有些褻瀆忽必烈，但忽必烈奠基於缺憾之上的超越祖宗的理想已經凌空起飛了。

登上蒙古帝國汗位的忽必烈不再需要偷偷摸摸地去撫摸隱潛心底的理想了。他有資格，也有能力，更有理由去堂而皇之地「祖述變通」，建立一套草原諸汗或許不齒但的確是他們沒能做到的國家制度。在忽必烈看來，楷模歸楷模，超越歸超越。

如果讓我們對比景定元年（一二六〇年）。一二六四年、咸淳七年（一二七一年）忽必烈分別頒布的三份詔書，你會愈加敬仰忽必烈的超越前人的理想與勇氣。

第一份是建元中統詔。

在這份詔書中忽必烈首先招認了蒙古國「朝廷草創，未遑潤色之文」接著說明政事變通，要「漸有綱維之目。」隨之，筆鋒一轉，他提出了成吉思汗、窩闊台、蒙哥從沒有想過的「建元表歲」、「紀時書王」，目的在於「示人君萬世之傳」，「見天下一家之義」。其根據是漢人的經典《春秋》和《易》，也就是效法《春秋》的開始思想，體現《易》之「乾元」。

在漢語中「乾」的含義爲萬物之始，推而展之天、陽、君、父都是乾的變義；「元」的含義也是萬物之始，所不同的是狹義的元是指一事一物的開始，廣義的「元」則包容「乾」在內，含有天地宇宙資始萬物之長的意義。「乾元」相合，則意謂著開天地，萬物化育。

「乾」包涵的「天」意，帶有「天之性情」之意，這又與蒙古人敬天的原始信仰，不謀而合。成吉思汗對「長生天騰格里」的崇拜達到無以復加的地步。因此，忽必烈才從漢語中借用「乾元」。

我們實在應爲忽必烈的睿智與苦心鼓掌，他將蒙古人的信仰與漢人渴望新生，天衣無縫地結合在了一起。既表達了對草原天神以及依然信奉「騰格里」的蒙古人的尊敬，又向漢人展示了他決意推行漢法、創新蒙古國政治的理想，既能使蒙古人接受，又能使漢人歡欣。

在詔書中接著表達的「惟即位體元之始，必立經陳紀爲先。故內立都省，以總宏綱，外設總司，以平庶政。秉籙握樞，必因時而建號，施仁發政，期與物以更新。」的思想，讓我們充分感覺到了忽必烈渴望革新蒙古帝國政治的急切心情。同時，也昭示了忽必烈建不朽功業的雄心壯志。

或許，「中統」之本義就含有紹繼中原歷代王朝正統的含義，當然這是臆度了。

第二份詔書是改元至元詔。

景定五年（一二六四年）阿里不哥歸降，八月忽必烈頒下此詔。忽必烈將自己擺在應大授命的位置，宣布拯民莫如實惠，此時已達小康。並掩飾不住內心激動，唱道：「否往泰來，迓續亨嘉之會，鼎新革故，正資輔弼之良」。

由中統改元至元，元已大矣，至元則讓人簡直無法想像。這種革故鼎新，欲超前人的幻妄，其氣象之博大，的確令人振奮。且不論其是否已給漢地及蒙古以實

北京元大都城垣遺址公園「大都鼎盛」雕塑景區，5.8米高的忽必烈像。

惠，僅此狂言，便使人折服。

第三份詔書是建國號詔。

忽必烈隨著根據地北中國及蒙古草原經濟的恢復、政治秩序的重新確立以及軍事上的凱歌頻奏，鵬程萬里的感覺使他自豪地認爲不建國號不足以昭示他已蓋過俱往矣的蒙古大汗，咸淳七年（一二七一年）十一月他頒下建國號詔。

在這份詔書中，忽必烈這隻搏擊蒼穹的雄鷹，不僅俯瞰了蒙古帝國的偉業，而且他還傲視了中國人數千年來最輝煌的時代。其理想與氣勢達到巔峰。

他首先讚中有貶的分析了唐堯虞舜，肇從隆古的偉大，緊接著便稍露譏諷，認爲禹以夏大、湯以殷中有點淺不自量。堯舜禹湯之下，他便流露輕蔑之態道：「世降以還，事非殊古。雖乘時而有國，不以義而制稱。爲秦爲漢者，著從初起之地名；曰隋曰唐者，因即所封之爵邑。是皆循百姓見聞之醜習，要一時經制之權宜。」以龍飛之地或以受封之地爲國號，在忽必烈眼裡實在是黔首黎民村野農夫的想法，不足效法。

接著忽必烈不遺餘力雄讚成吉思汗「握乾符而起朔土，以神武而膺帝國，四震天聲，大恢土宇，輿圖之廣，歷古所無。」實際上，我們懷疑忽必烈在鼓吹成吉思汗偉大的同時正在抬高自己，因爲他隨後就說道：「既成於大業」的話，是誰成就了大業呢？當然包括他自己。

因此，他再次攫取《易經》乾元之義，建國號爲「大元」。並解釋道：「元謂之大也，大不足以盡之，而謂之元者，大之至也」。

我們眞的無法想像「大之至也」的功業。秦漢隋唐，算得了什麼呢？蒙古帝國「歷古所無」的「大業」，任何一位君主也無法比擬。草原諸汗，又算得了什麼呢？無邊無際的文治偉業，成吉思汗也爲之折服，儘管，或許他不願意看到。

是的，「大蒙古」已不足以表示忽必烈自己創造的革故鼎新後的新王朝的含義。他的奄有四海，統御萬邦，渾一天下，資始之功，「大蒙古」國怎能涵蓋得了？

忽必烈將成吉思汗建立的「也客・蒙古・兀魯思」（Yeke Mongghol Ulus，即大蒙古國，大蒙古兀魯思）改名爲乾坤伊始的「大元」，洩露了他自認已超越祖父的內心祕密，漢族史學家將建立「大元」看做是中國歷代封建王朝的正統繼承者，作爲中國大統一的重要標誌。對忽必烈來說也許只說對了一半，他寧願將中國視作「大元」的一部分，向世人誇耀其帝國的無涯無際，向草原諸王炫示他不僅僅建立了一套行之有效的國家制度，還據有吐蕃、大理、高麗，即將據有南宋、安南、占城等地。而這些正是大蒙古兀魯思諸汗不曾據有的偉績。

鷹在帝國上空盤旋，但只有能攫取食物——那怕是隻兔子——鷹才不致挨餓。

換句話說，幻妄暖孵了理想，而現實則娩於理想的母體。然而，這都需要時間的佑助。

假如人們懷疑忽必烈更名「大元」是故弄玄虛，那麼下面我們就要將鏡頭移向塵世、帝國的大地和忽必烈跋涉於文治的泥濘之路。

從景定元年（一二六〇年）忽必烈在開平金碧輝煌的新宮裡接受草原諸王和漢臣的叩拜，到咸淳七年（一二七一年）忽必烈在中都（馬上就要改名大都，今北京）發布改國號詔書，十一年零八個月間，忽必烈以全蒙古帝國的大汗，站在保佑黃金家族特權的鷲峰上，重新安裝了大蒙古帝國的戰爭機器，使之不僅依然像一輛轟鳴的戰車，而且還頗類似漢人製造的愚弄黎民的大玩具。戰車也好，玩具也罷，操縱者一人足是整個創製過程的核心意旨。

零件的關鍵部位是中樞機構。

景定元年（一二六〇年）四月忽必烈首先製造中書省。下轄六部，吏、戶、禮合為一部，稱左三部；兵、刑、工則混一為右三部，總理全國政務。最高負責人是忽必烈的兒子，實際操作員是左丞相，在丞相左、右各一名，下面還有左丞、右丞各一名以及參加政事二名。此後，又經常修修改改，不是合為四部，就是單獨抽出一個分理財賦的尚書省。

景定四年（一二六三年）忽必烈置樞密院，仍由最重要的兒子掌管。這是大蒙古帝國，大元帝國戰車的軍事樞紐，向全帝國四周擴張的鐵騎從這裡出發。只有極少的漢人因特殊原因才短暫地染指過這部分零件，其餘人員一應由蒙古人充任。

咸淳四年（一二六八年）忽必烈在帝國史上創設了草原諸汗不可想像專門負責紀律的督察機構御史臺。這似乎是專為以忠君、冒死進諫為自豪的漢人設置的。御史大夫二員下轄殿中司、察省、內八道肅政廉訪司。負責管理大小官員、朝儀、全國範圍內垂直糾察百官的任何不法行為。忽必烈對御史們說：「做賊說謊見的眼，聽的耳朵么道有來」。

除此三大中樞機關，在忽必烈身邊還設置以下三大系統：第一，主持全國釋教及吐蕃地區全部權力的宣政院，也許連忽必烈也怯讓它三分；第二，蒙古翰林院及其所屬蒙古國子監、掌管回回曆法的回回司天監、管也里可溫（景教）的崇福司系統，這是一個既不冒犯蒙古、色目人，但又能點綴文治的最絕妙的系統；第三，主要治理草原諸王、駙馬投下刑名訴訟等事的大宗正府，以及眾多涉及黃金家族享樂、供奉的特殊官衙系統，如掌管營盤打獵、標拔投下草地的經正監，掌握織染、雜造等民匠的都總管府，掌成吉思汗大斡耳朵、宮中供應的中尚監等等。五花八門，不一而足，是由小零件組成的大系統。

在稍遠之處，忽必烈與他的蒙漢回等族大臣一道摸索出一套行中書省制。行中書省簡稱行省，如果一定還要簡化，那就是今天的「省」字了。

忽必烈所設的行中書省最初只是中書省駐外地的臨時辦事處。它有兩個來源，一是濫觴於魏晉的行臺尚書省，二是接流於金人的以宰相出任地方長官的行省。但其直接來源則是窩闊台與蒙哥的燕京，別失八里等處行尚書省事。中統年間，忽必烈將他的大多數中書省宰相派駐外地，管理其下的府、路、州、縣。咸淳元年（一二六五年），忽必烈作了一個偉大的創舉，將行省做爲低於中央但高於府州的最高地方行政權力機構，常設不更，其影響之深遠一直澤及二十世紀，可能還會降至更遠更遠。

行省最高長官稱某處行省某官，在忽必烈囊取了南宋後，他共設有陝西、甘肅、遼陽、河南江北、四川、雲南、湖廣、江浙、江西、嶺北十個行省。但地名後，如河南江北後都要加上「等處」二字，其轄境之遼闊，如以今之「省」相較，今省則自然屬於小巫。行省制一方面反映了忽必烈探摸制度的艱難，另一方面也顯示了他氣魄的宏偉。

帝國最小零件是農耕地區的社、坊里。忽必烈一變草原的千戶制，下令將農村自然村以五十家畫爲一社，設社長，由通曉農桑技術的長者出任。咸淳六年（一二七〇年）初，忽必烈在北方各地農村實驗後，半年後擴大到華北諸路，滅亡南宋則將社制全面推向江南。此外，部分農村及城鎮坊里系統也與社制並行不悖。每社設有社倉、社學，鼓勵墾闢、種植，興修水利，對農業經濟的恢復忽必烈已盡了全力。同時，忽必烈也將臣民玩於股掌之上了。

在裝配帝國各級行政機構的同時，忽必烈也在維修、裝備、改良其軍事機器。

忽必烈將軍事防衛修整爲兩大系統：拱衛自己和京畿的宿衛系統和鎮守帝國各地的鎮戍系

統。宿衛軍隊由怯薛軍和侍衛親軍構成。怯薛制基本上蹈襲成吉思汗，侍衛親軍則是忽必烈的創舉。由蒙古軍、探馬赤軍、漢軍、新附軍、鄉軍構成的鎮戍軍也同樣帶有忽必烈的創意，這些軍隊除怯薛由忽必烈率領外，均隸屬樞密院。樞密院直接對忽必烈負責，沒有忽必烈的命令，一兵一卒也不能擅發。這支由忽必烈掌握的龐大軍隊遍撒帝國的角角落落，從而將大元帝國裝配成一個完整的軍事機器。

水轉連磨是由水輪驅動的糧食加工工具。根據元代王禎《農書》複製，北京國家博物館。

軍事制度的完備假如也列爲忽必烈創意新制的話，那麼，忽必烈參揉漢、蒙、金舊制而成一代之制的法律、銓選、賦役制度也應一併歸入文治的隊列。

忽必烈開國之初，治蒙古地則依札撒，治漢地則大體參用金《泰和律》。改號「大元」後，禁用此律。忽必烈雄心勃勃，多次與群臣討論頒佈新律。直到至元二十八年，忽必烈晚年才頒布了《至元新格》。忽必烈除了故意對蒙、漢、回等族分而量刑外，他基本上奉行「用刑寬恕」的原則，「天饒他一下，地饒他一下，我饒他一下。」就是忽必烈尚寬的的形象語。

景定五年（一二六四年），忽必烈省併州縣，定官吏員數，分品從官職，將任命、遷調各級官員的權力收歸中央。景炎二年（一二七七年），忽必烈又頒布《循行選法體例》，對內外官員的銓選、遷轉等做了詳細的規定。一品至五品官由忽必烈親自頒發任命書。但遺憾的是，科舉制度因忽必烈的冷淡沮泥不行，由吏入仕遂獨樹一幟，以致流弊叢生。

針對蒙古國戶籍與賦稅制度的極端混亂，忽必烈一方面屢屢下令禁止蒙古貴族擅召民戶，另一方面又進行「閱實戶口」，將帝國內的民眾按不同的職業分編成軍戶、站戶、匠戶、竈戶、儒戶、打捕戶、鷹戶、民戶等令人眼花的不同戶籍，同時又編定根據資產和丁力的多寡分成三等九甲的戶等制。

在賦稅徵發上，忽必烈改變竭澤而漁式的掠奪，不斷賑濟蠲免，並於至元十七年（一二八〇年）正式訂立南北賦稅制度，從而一改「取民未有定制」的黑暗局面。

而最令草原諸汗不能望其項背的是忽必烈大力推行重農政策。這一點也最令後世史家們所樂道。

概論忽必烈對農業的關注，大致有六項值得述至筆端：一、創制課農機構。昌定元年（一二六〇年）忽必烈便督促十路宣撫使簽派勸農官。次年，在中央正式建立勸農司。咸淳六年（一二七〇年）又立司農司，設四道巡行勸農司，同年又改爲大司農司，專管農桑水利。並規定牧民耕植、勸課農桑等有關農業方面成績列入考核地方官的主要標準。二、屢頒詔令，禁止各色軍卒及草原諸王擾民，頒詔數量之多，令人浩歎。三、廣興屯田，或以駐軍就地屯種，或以遷民就地屯種，並鼓勵蒙古人墾植。四、頒布《農桑輯要》，推廣先進的農業生產技術、指導農業生產。五、興修水利。在政府組織下，或修復或新鑿水利工程，成績斐然。六、設置糧倉、常平倉，賑濟災民，儲備種子，禁占民用爲牧地。

經過忽必烈十數年的努力倡導，被殘破的農耕地區逐漸恢復生機。漢地的糧倉增強了大元的國力，與其他汗國的捉襟見肘相比，忽必烈成功地使大元發展爲軍力、物力雄厚的帝國，這也許就是忽必烈一直能抵禦西道諸王東向與他能不喘氣地向外擴張的根本原因。

如果窮追不捨忽必烈的政績，我們最好看看忽必烈在手工業、商業、交通等方面不可一世的建樹。

忽必烈承襲蒙古諸汗擄掠各族工匠之長風，在大元帝國境內建立了一個龐大的官營手工業局院系統，爲他生產軍需與日用品。官局院基本上由工部、將作院、大都留守司、武備寺、地方政府五大子系統構成。有直屬忽必烈的，也有直屬其兒子、妻子、諸王、駙馬的。機構龐大，製造品類繁多，從印刷書籍、絲織毛氈，到製造各種殺人武器，一應齊備，任何一個王朝都無法與之一較高低。

如果允許我們打亂時空的話，忽必烈在驅掃了南宋後，還氣勢磅礴地開闢了海洋上的三條交通線。無論是航線的選擇，還是航海體系的管理與運輸量，在中國海運史上忽必烈所關的海運，都具有劃時代的意義。

不僅如此，忽必烈還重新開通了聯絡南北的大運河，並將驛站制度推向完善與高度發達。以大都爲中心，海運、河運與驛站向世界各地輻射。如驛道，東連高麗，東北至奴兒干，北達吉利吉思，西通伊兒汗國和欽察汗國，西南抵吐蕃，南接安南、緬國。秦始皇所修的御道與之相比。無論其規模，還是其遠長，全都黯然失色。

在商業上，忽必烈轟轟烈烈地將中統元寶交鈔推向整個元帝國，無論較之大蒙古國還是相對南宋與金的交會子都是一個巨大的進步。對於海外貿易，忽必烈設市舶提舉司，由官府直接壟斷。通過海、陸兩路與歐、亞、非各國展開國際貿易，將之推向中國古代海外貿易的高峰。由此，忽必烈還促成了其帝國境內眾多世界性城市的誕生。

也許以上的偉業太震憾人心，下面讓我們聽聽忽必烈的小夜曲，儘管它同樣令人著迷。

尊孔崇儒是忽必烈粉飾文治的拿手好戲。對俘擄的儒士忽必烈一概聽贖爲民，並免除儒戶差役。在地方上任命諸路提舉學校官勸學，在中央則成立翰林院、國史院，監修遼金史。

即使在眞正的文化創舉上忽必烈也仍不脫其博大渾雄之勢。景炎三年（一二七八年），忽必烈允准並支持傑出的天文學家郭守敬在南起占城、北達北極圈的元帝國轄境內設二十七所天文觀測臺、站，進行天文觀測並製訂新曆。至元十八年（一二八一年）忽必烈頒布了郭守敬等人的新曆，取「敬授民時」之意，定名《授時曆》。這是中國古代最卓越的一部曆法，它將一年

元世祖中統元年（1260年）發行中統元寶交鈔，這種鈔票發行之初，以白銀為本位，到至元二十二年（1285年）時，全國禁用銀錢市貨，「中統元寶交鈔」成為國內唯一合法的流通貨幣。「中統元寶交鈔」為樹皮紙印造，鈔紙長16.4釐米，寬9.4釐米，正面上下方及背面上方均蓋有紅色官印。正背左上方蓋黑色長條形合同印。紙質柔軟，顏色青黑。以「中統元寶交鈔壹貫文省」為例：鈔面上方橫書漢文鈔名「中統元寶交鈔」。花欄內上部正中「壹貫文省」四字，面額下為橫置錢貫圖。兩側豎寫九疊篆漢字和八思巴文，右側漢文「中統元寶」，八思巴文「諸路通行」；左漢文「諸路通行」，八思巴文「中統元寶」。

測定爲三六五．一四二五日，其推驗之精，也是人類曆法史上的傑作。

至元二十三年（一二八六年），忽必烈命札馬魯丁、虞應龍等編纂《元一統志》，氣勢奪人，「一統」的驕傲顯而易見，從而開明、清撰修《一統志》之先河。而最使人叫絕的是至元十七年（一二八○年）忽必烈說的這些話：「黃河之入中國，夏后氏導之，知自積石矣，漢唐所不能悉其源。今爲吾地，朕欲極其源之所出，營一城，渾番賈互市，規置航傳。凡物貢水行達京師，古無有也。朕爲之，以永後來無窮利益。」對這條古往今來所有的偉大帝王都感到屈辱的大河，只有忽必烈說過這樣氣勢恢宏的話，敢於企妄將黃河玩之於股掌的，同樣，也只有忽必烈。他派通曉多種族語言的女眞人都實去尋探河源，而都實也的確滿懷信心去開闢航道了。

最後，我們還要聽一聽忽必烈的另一段話。咸淳五年（一二六九年），忽必烈對帝國的臣民說：「今文治浸興，而字書方闕，其於一代制度，實爲未備，特命國師八思巴創制蒙古新字。」他要求新文字能「譯寫一切文字，期於順言達事」。

蒙古原無文字，成吉思汗建國時，以畏吾兒字母書寫蒙古語，稱爲蒙古畏吾字。忽必烈能用這種文字書寫。隨著帝國的一統，其治下民族的繁多，統一文字便自然而然爲忽必烈又一偉大幻想。他實現了，同年他頒下了仿藏文字母變化而成的蒙古字，從而成爲忽必烈法定的官方文字。忽必烈還先後立諸路蒙古字和國子學，並在大都也設立蒙古國子學，擴廣他的偉大嘗試。

當我們爲忽必烈的文治目眩神迷的時候，請不要忘了忽必烈的鷹性。

也許這些文治都是忽必烈不經意中留待後人思考的東西，在他看來，武功——創造與父、祖媲美，或著蓋過父、祖的武功——才是他的最高理想。

如果說進入農耕文明的忽必烈調整其國家的機器是出於不得已的話。那麼，身上還流淌著成吉思汗的征服欲和野蠻的忽必烈，窮兵擴張則是他的天性了。

事實上，黷武與建立不朽武

八思巴文印，陝西歷史博物館。

八思巴文

八思巴字是蒙古國元朝忽必烈時，由國師八思巴根據當時的吐蕃文字而制定的一種文字，用以取代標音不夠準確的蒙古文字。然而此時橫跨歐亞的蒙古帝國已經分裂為大元和四大汗國各自為政，因此八思巴字一直只有元朝採用，並主要作為漢字標音符號。被明朝推翻之後，八思巴字遂廢棄不用，但還在北元通行過一段時期。到了明末，蒙古高原的蒙古人被其他國蒙古民族同化，轉而重新採用蒙古文字。

八思巴字雖然在歷史舞台上出現的時間很短暫，但由於當年蒙古帝國的幅員廣闊，加上因為行軍的原因，這種文字實際上流傳的區域比常人想像中大。例如：今時今日在語言學上對八思巴字的研究最深入的，除了中國的學者以外，亦包括俄羅斯及日本的學者。當中，俄羅斯的學者主要是研究有關八思巴字跟其他中國西北的文字，如：西夏文及女真文的關係；而日本方面，由於當年蒙古人的入侵帶來了不少鑄有八思巴字的令牌及器物，這些器物都成為日本方面研究這種文字的珍貴材料。

功沒能因其炫示文治而衰退，也沒有隨其年事已高而減弱，正相反，他彷彿重新煥發了青春，將其青年時代身受的壓抑與積淤太多的暴力，全都渲洩了出來。恰如一座火山，在人們行將認爲它已死寂的時候，突然爆發了。

觀察忽必烈在掌握世界的企妄，大致有三個區域值得我們隨著忽必烈的空中鷹眼去俯視。

第一，弱宋與東南亞諸國及海外諸島。第二，由高麗而降附日本諸島。第三，控制大蒙古兀魯思的西半部，也就是由東及西的窩闊台汗國、察合台汗國、伊兒汗國、欽察汗國。

所有這些地域內忽必烈所知道的地方都排在他長長的狩獵名單上。並不是因爲我們在二十世紀去預言忽必烈已經耀兵過的地方，而是忽必烈這隻雄鷹，在咸淳七年（一二七一年）之前已經俯瞰過這些遼遠地域，並四處遣使或遣兵做過嘗試了。

忽必烈的武功是否一如他的文治令人震驚，現在，我們還無法遽論。我們唯一知道的是，忽必烈這隻鷹已從喧囂塵世振翅凌空了。

第十章 彎弓射雕

歷史總讓人逮不住誰是正義的。戰爭尤爲如此，弱者的反應往往被淹沒掉，而強者的一拳就令弱者不再聲息。

在忽必烈的鷹眼裡，南宋無疑是一隻狡猾的野兔。他本應該很早就攫食了它，但因他的旁騖而耽誤了十數年。

不過，後人在清理蒙古帝國的戰爭清單時，卻發現，這隻野兔的三窟六洞才是蒙古鐵蹄的眞正陷阱，一旦踏入則有斷腿之虞。與之頗類似的金，曾使蒙古帝國的兩位大汗在高大的城牆下徘徊了二十三年；而南宋則耗去了蒙古之鷹幾乎達半個世紀的時間。

也許，忽必烈本人的比喻最精彩，早在開慶元年（一二五九年），圍攻鄂州時，他對漢將張柔說：「吾猶獵者，不能擒圈中豕，野獵以供汝食，汝可破圈而取之。」整個南宋帝國何嘗不是躲在高牆屏障內的貪樂家豬！但是如何「破圈」卻使忽必烈絞盡了腦汁。請時時記住忽必烈這句妙語。

的確如忽必烈所言，他自己是一位獵手。他將蒙古人打獵的天才發揮得淋漓盡致。如果將亞細亞大陸關爲獵場的話，忽必烈則早已著手清掃南宋東南一隅周圍的獵物了。一個帶有忽必烈性格的大包抄、大合圍的戰略計畫漸次載入人類的戰爭史冊中，氣勢之雄偉令人歎爲觀止。

具體地說，在世界地圖上，忽必烈是這樣遣調他的獵手的：從北、西、南三個方向聚集於南宋邊牆。

首先看北部一線。忽必烈在河南、山東、陝西的根據地穩定之後，開闢了兩個戰場：一個是江淮戰場，包括淮西、淮東和膠東；一個是荊襄戰場，在宋軍重點藉漢水以襄陽、江陵鄂州爲中心防禦體系的情況下，忽必烈沿其外圍屯駐。在南宋之北忽必烈擺下河南江北行省和江淮行樞密院、荊襄行樞密院。

南宋西部，忽必烈早在寶祐元年（一二五三年）就征服了吐蕃東部，對巴蜀則藉蒙哥南征鞏固了蒙古在東川、西川的占領地。

南部，大理納入忽必烈版圖之後，他繼續向南宋帝國南鄰擴大戰果，兀良合臺征服了大理東部諸蠻，並侵入安南京城升龍（今河內），迫使安南國臣服。

在忽必烈大舉弔伐南宋之前，他已完成這舉世罕見的合圍，只有東部汪洋大海可謂網開一面，但毫無疑問那是鯊魚之腹。實際上，南宋已陷入四周包圍的境地，它以後的所作所爲只不過是困獸猶鬥而已。

我們不知道人類戰爭史上是否還有如此驚人偉略，但無疑忽必烈實現了他的夢想。

在忽必烈一步步地踐履其夢想時，南宋這隻困獸都在幹些什麼呢？說起來，讓我們爲祖先慚愧。

在馬可波羅眼中，南宋是「最宏偉、最了不起、最富饒」的國度，但統治這麼多「最」的皇帝理宗趙昀卻是那個時代最荒淫無恥、最昏庸、嗜欲最多的君主。從寶慶元年（一二二五年）登基，他一口氣做了四十年皇帝，而這四十年蒙古帝國征服了幾乎整個亞洲大陸，除了幾次蒙古大軍使他感到吃驚之外，他對蒙古的偉業毫無所知。馬可波羅稱讚他是和平的正義之友，之後，還講了一些有關南宋皇帝的佚事，在杭州西子湖畔，「他有時乘坐綢緞覆蓋的畫舫遊湖玩樂，並且遊覽湖邊各種寺廟。有時由皇后陪伴，有時則由一群宮女陪伴。在湖上尋歡作樂，這是他的習慣。」「當她們活動到疲乏的時候，就退入湖邊的叢林中去，脫去衣服，裸體投入水中，歡快地在附近游

南宋偏安於中國最富庶的地區，經濟文化有很高的成就，但繼位皇帝多不思振作，軍事弱勢最終亡於忽必烈之手。圖為龍泉窯青釉凸龍紋盤，龍泉窯於北宋始燒，直至清代，南宋為其顛峰期。

泳。君王卻在一旁觀賞，大飽眼福。」「宋王沉緬於這些嬌豔的宮娥妃子的遊樂中，消磨自己的時光，但對軍事全不過問。宋王的這種荒淫腐敗生活，終於釀成亡國之恨。」

中國的史學家則向我們透露了更令人吃驚的消息：理宗趙昀還是個狎妓的皇帝，一如他的先輩徽宗。所不同的是他直接將妓女引入皇宮，以致於大臣牟子才寶祐三年（一二五五年）正月鄭重上書道：「元夕張燈侈靡，倡優下賤，奇妓獻笑，媟汙清禁，此皆董宋臣輩環陛下素履。臣願聖明覺悟」。

十分慶幸趙昀景定五年（一二六四年）死去，但繼位的度宗趙禥卻是個十足的窩囊廢，他竟儒弱到聲淚俱下屢屢向權臣賈似道磕頭的地步，只爲了挽留這個朝廷的「救星」。但更讓人感歎的是他與趙昀相比，有過之而無不及，他的好色彷彿是專門爲後人引證皇帝荒淫而用的。做太子時趙禥就「以好內聞，既立，耽於酒色」。這是一向喜歡隱惡揚善的中國史家對他的最高評價，而且是蓋棺之論。不過蓋棺之言後，還有一小段文字，翻譯出來就是依照宋宮慣例，嬪妾陪睡皇帝後次日清晨嬪妾到宮門謝恩，並由有關人員登記年月日，以備懷孕時取驗。趙禥剛睡上龍床時，次日前去謝恩的宮娥竟多達三十餘人，實在令人驚歎。假如趙禥將他無窮無盡的激情洩在蒙古軍隊身上，不知道十三世紀的歷史會變成什麼模樣。

南宋小朝廷的皇帝如此，其大臣也被薰染得紙醉金迷、耽酒女色，最典型的可謂文臣賈似道、武將范文虎。賈似道的姊姊是趙昀的寵妃，倚攀這天經地義的裙帶關係，潑皮無賴的賈似道連連高升。其廝磨歌樓舞館的終日生活，連趙昀都羨慕得要死要活。就是這樣的不學無術之徒到理宗晚年已經是勢傾朝野的宰相了。他唯一的武功是被迫受命赴漢陽援救鄂州時背著朝廷向忽必烈簽定割地、賠款、稱臣的可恥密約。騙得趙昀率領文武百官到郊外恭候凱旋，舉行盛大歡迎典禮。殊不知，賈似道的背後就是忽必烈日後出師的藉口。

度宗趙禥時，賈似道更是炙手可熱，一手遮天，勢傾朝野。趙禥喊他「師臣」，百官則稱他爲「周公」，而這位「周公」卻日夜混跡在從宮女、倡妓、尼姑中挑選出來的群姬眾妾中，蹲在草坪與他們鬥蟋蟀玩，並說：「這就是軍國重事！」

賈似道派往援救襄陽的武將范文虎也如出一轍，坐視不救，通宵達旦與妓妾擊鞠宴飲。

賈似道隱匿軍情

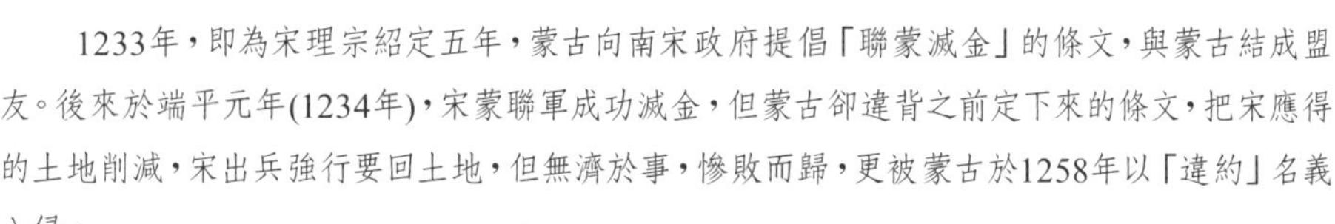

1233年，即為宋理宗紹定五年，蒙古向南宋政府提倡「聯蒙滅金」的條文，與蒙古結成盟友。後來於端平元年(1234年)，宋蒙聯軍成功滅金，但蒙古卻違背之前定下來的條文，把宋應得的土地削減，宋出兵強行要回土地，但無濟於事，慘敗而歸，更被蒙古於1258年以「違約」名義入侵。

南宋慘敗後，理宗令右丞相賈似道領兵出戰，馳援鄂州，賈似道與蒙古軍私下議和，並遊說蒙古人，表示宋朝廷會向蒙古進貢。第一次議和，蒙古並不願意。及後蒙古大汗蒙哥在釣魚城一戰中病逝，賈似道得知忽必烈會去爭奪寶座，便看準機會，與忽必烈簽訂和約，表示願意稱臣、歲奉二十萬兩銀、絹二十萬匹。

在私下議和後，賈似道與其他將領會師，並趁蒙古軍撤退時進攻，殺傷了僅僅敵軍一百七十多人。賈似道誇大戰功，連奏「捷報」，卻不報蒙古軍撤退的真正原因，向理宗報導：「諸路大捷，鄂圍始解，匯漢肅清，宗社危而復安，實萬世無疆之福」。

理宗收到情報後，令朝中的文武百官恭迎賈似道「凱旋」。之後理宗罷免丞相丁大全，從而使賈似道得以專權。賈似道與同黨編輯《福華編》，用以「歌頌」他於對抗蒙古軍時的「英勇事跡」。及後宋度宗即位，賈似道為了探測自己在朝中的地位，便在度宗面前說自己年事已高，需返鄉受福，度宗下旨准許賈似道可六日一朝，亦不用如百官般的行禮，到後來更是十天一朝。另一種說法認為不必上早朝是南宋歷代權相皆有的禮遇。

上行下效，南宋小朝廷奢風日張、政治腐敗到糜爛程度。貪贓枉法，賣官鬻爵，奔競賄賂猶如旋風，吹打著飄搖的小朝廷。物價暴漲與苛斂橫征、窮搜暴奪，猛撲百姓，致使民間雞犬不寧。總之，一切能夠亡國的條件，南宋小朝廷全都具備。

與南宋形成鮮明對比的是虎視眈眈的忽必烈，他併吞八荒的欲望隨趙宋的腐敗日益膨脹。我們依然引用馬可波羅的話，他說：忽必烈的性格和習慣與宋皇帝迥然不同，「他的全部愛好集中在軍事、爭城掠地和擴大自己的聲譽上面」。

忽必烈進軍南宋的統帥伯顏也可以一較賈似道、范文虎之流，史稱伯顏「臨戎制勝，規劃經理，英謀獨運」，對攻城野戰、山澤水陸之戰、軍騎卒伍之陣等等兵法無不嫻熟。是一位英氣逼人、驍勇善戰、權謀達變兼備的

伯顏

伯顏（1236～1295年）出生於八憐部，父親曉古台，曾隨旭烈兀西征西亞，伯顏在伊兒汗國生長，信奉景教。至元初年，受旭烈兀派遣出使大都，並受到元世祖的賞識和信任，遂留仕於元朝，並娶了宰相安童之妹。1265年成為光祿大夫中書左丞相，1274年，元大舉伐南宋，統帥史天澤因病辭退，伯顏隨遂成為征宋總帥，進展順利，1276年宋軍投降，進入臨安，元軍俘虜宋恭帝和謝太后以及很多南宋宗室和大臣，元朝改臨安為兩浙大都督府。

後伯顏又統帥大軍負責對窩闊台汗國海都汗的戰爭，元世祖忽必烈去世前，任命伯顏和不忽木等人為託孤大臣，1294年2月元世祖去世；5月，伯顏和大臣們擁立元成宗鐵穆耳登基稱帝，元成宗登基後，官至開府儀同三司、太傅，錄軍國重事，依前知樞密院事；1295年1月11日，伯顏病逝。

軍事家、政治家。像伯顏這樣的出將入相的將臣，忽必烈身邊有一大批爲他所驅遣。正是這些璀燦的群星將忽必烈的武功推向十三世紀的又一巔峰。

中統年間，忽必烈基本上是圍繞內戰建設自己的政權。改元至元後的頭五年以至到改國號的咸淳七年（一二七一年），儘管對漢人的猜忌糾纏著忽必烈，但在確保蒙古貴族特權的前提下，推行漢法，尤其是官僚系統的創設，忽必烈依然十分熱心。中央及地方諸政權的機構已粲然大備。其間，忽必烈不遺餘力地恢復凋蔽的農業，已頗見成效，一個生機盎然、蓬勃向上的新帝國已屹於南宋小朝廷的北方。

內亂已戡，並有效地阻禦了海都勢力向東延伸的忽必烈，併吞南宋的條件業已大備，剩下的只是琢磨如何「破圈」了。

馬可波羅對我們說：「忽必烈大汗不但英勇果敢，而且指揮作戰和戰略戰術上也是出類拔萃的。大家公認他是韃靼人中領兵作戰最雄才大略和戰功卓著的統帥」。在戰術上忽必烈是否出類拔萃，我們不敢武斷，但在戰略的謀畫運籌上，忽必烈的確是一流的政治軍事家。

通過對遷延四十年的對宋戰爭的痛苦回憶，尤其是對蒙哥幾乎是傾整個蒙古帝國的鐵騎大舉南伐的種種失策，忽必烈調整了他的戰略佈署，給人以耳目一新的感覺。

圍獵性的大包圍圈我們已經熟悉，儘管明清的文人對忽必烈率師親歷險障攻取大理頗不可解與摸不著端倪，並聲稱未取實效。但我們要清醒些，不要忘記兀良合臺的北上，對廣西、湖南、湖北以至四川等地的縱兵，南宋的有識之士已頗感危殆，即使是昏睡的朝廷也感到了壓力。

鞏固戰區，尤其是不再夏去秋來，而是在得地築城屯田據守，我們已有些認識。忽必烈在大力鼓勵民墾的同時，也賈勇推行軍屯。針對四川地勢複雜，南宋軍民憑藉險要削崖修築堅城固守的戰法，忽必烈一改蒙哥的拚命政策，下令築堡營寨，坐機殲敵，採取長期圍困的看似消極但實可收惠的方略，以待戰爭態勢的轉變。

展開政治攻勢。忽必烈念念不忘賈似道南宋稱臣、割江爲界、發奉銀絹匹兩各二十萬的密約，一派郝經出使簽約，再派郝經通報自己已做蒙古大汗的喜訊。但賈似道爲掩蓋「再造（南宋）之功」的眞相，甘冒蒙古軍隊的暴跳如雷，將郝經長期拘禁於眞州（今江蘇儀徵）。忽必烈對郝經猶如泥牛入海，杳無消息顯出非同尋常的關切，這成爲他隨時都可以用作出師的正義藉口。景定二年（一二六一年）秋，忽必烈就以南宋羈留信使，妄啓邊釁爲名發布措辭激烈的討伐令。他口口聲稱自己的好生與對和平的喜愛，厲聲責問南宋的小朝廷，「彼嘗以衣冠禮樂之國自居，理當如是乎？曲直之分，灼然可見。」與其說這是個動員討伐令，毋寧說這是爲興師問罪的鋪路石、或外交策略。

回憶過去最令人頭痛的是，歷史總讓人逮不住誰是正義的。大至國家戰爭，小至市井遊民的鬥毆，更可以包括古人或你自己曾經過的感情歷程。現在我們已分不清挨打的南宋偷偷摸摸使出些小動作，是還手反擊，還是眞正的失禮。就像巨人和侏儒間的有理說不清。但有一點可以肯定，人們並不總是對弱者一掬同情熱淚。對戰爭尤爲如此，當強者一再大聲喧嘩其被凌辱挨打時，弱者的反應往往被淹沒掉，而強者的一拳就令弱者不再聲息。而治史的人反而十分痛快地說：「打得好！」

忽必烈追求的效果正在於此。他屢屢採摘南宋的卑鄙之舉而去實現中國兵法中興仁義之師弔民伐罪的謀略。事實上，忽必烈成功了。數不勝數的史學論著，都極認眞的宣稱，宋元戰爭的性質已發生變化，已成爲中國歷史上王朝的更替戰爭，忽必烈統一中國値得永遠謳歌。但他們卻從不看留給漢人長達幾個世紀的心靈創傷。侵略歸侵略，客觀效果歸客觀效果。

但忽必烈屢戒將士濫殺肆掠卻

是歷史的一大進步。其目的或許不僅僅是忽必烈宣稱的好生，還有速降敵將宋城的成分在內。而對這種兵不血刃所產生的奇異效果忽必烈顯得更為熱心，利用降將從而成為忽必烈的一大國策。忽必烈利用高超的治人手腕化敵將為己用，不僅得其附帶的一城一軍，且是進而得到了整個南宋帝國，對這一權謀我們應該給予高度評價。正是在劉整、呂文煥等降將的引導下忽必烈才避免了再蹈其先人馬陷水鄉的不幸，並迅速結束了幾乎長達半個世紀的征服戰爭。這不禁使我們想起十七世紀滿族的入主中國，皇太極不惜引起部將不滿而謙卑招降洪承疇的情景。他為盲人尋找拐杖的謀略，由多爾袞發揚光大到吳三桂身上，大順與南明政權立即鼎失，這與忽必烈滅宋如出轍。從這裡我們也可以瞻仰到忽必烈的靈光。

伯顏對忽必烈的招降思想，體會最深，運用得也頗為順手。與之並行的禁屠，伯顏也深有心得，但我們也要看到鷹的食肉性，忽必烈對必要的屠城往往採取視而不見的態度，因為

劉整

據《元史•劉整傳》首段載：「劉整字武仲，先世京兆樊川人，徙鄧州穰城。整沉毅有智謀，善騎射。金亂，入宋，隸荊湖制置使孟珙麾下。珙攻金信陽，整前鋒，夜縱驍勇十二人，渡塹登城，襲擒其守，還報。珙大驚，以為唐李存孝率十八騎拔洛陽，今整所將更寡，而取信陽，乃書其旗曰賽存孝。累遷潼川十五軍州安撫使，知瀘州軍州事」。

中統二年夏，整籍瀘州十五郡、户三十萬入附，投降元朝。

關於劉整降元的原因，《元史卷一百六十一劉整傳》第二段記載説：「整以北方人，捍西邊有功，南方諸將皆出其下，呂文德忌之，所畫策輒擯沮，有功輒掩而不白，以俞興與整有隙，使之制置四川以圖整。興以軍事召整，不行，遂誣構之，整遣使訴臨安，又不得達。及向士璧、曹世雄二將見殺，整益危不自保，乃謀款附」。

至元七年（1270年），替元朝打造精良船艦、訓練水師，並與蒙軍征南大元帥伯顏圍攻荊湖軍事重鎮襄樊。元帝忽必烈於臨安決戰勝利後，派出太尉伯顏及蒙古漢軍元帥劉整為元廷納降的代表，正式接受宋廷所有軍民的投降。

13世紀波斯繪畫：蒙古騎兵追擊敵人。

他明白恩威並施才是兵法、政術之要。如對常州之屠促使杭州的速降，忽必烈就採欣賞觀。儘管如此，對忽必烈用降將、戒濫殺這一戰略轉變，我們還是要有清醒的認識，給以有限度的支持。

在用漢軍還是蒙古軍去破「豕圈」上，忽必烈雖對張柔說讓他去「破圈」。但直到咸淳四年（一二六八年），他摸索了七、八年後才眞正意識到自己當初的話是如何的千眞萬確！

蒙古騎兵最適合於在空曠的高原、戈壁、草原作戰，縱橫馳騁。得心應手的戰法是兵分數路，迂迴包抄，從不同的方向向敵人射箭、襲掠；冉麼就是急撤退，一旦敵人追擊而上，蒙古鐵騎利用其能迅速調轉馬頭之優勢的迅雷不及掩耳之勢，殺回馬槍，或是遠遁上千里。他們最忌諱與敵人混戰在一起。蒙古騎兵俯衝至村落星羅棋布，尤其是高大堅固的城池點綴其間的平原、中原，就有些勉爲其難了。但因自然屏障尚少，雖不能像在草原上任意馳騁，其遼闊的境域還可以使騎兵長驅直入，肆意蹂躪農野不成問題，而對城池最好的辦法是引誘其兵出城，對金國的燕京就是採取這種辦法攻取的。但一旦騎兵進入河道縱橫，一片水澤，丘陵起伏，地形複雜的江南、四川或者淮河下游，蒙古騎兵的威力便銳減，優勢大失。這也許是爲什麼北方強悍的游牧民族的騎兵團儘管時時長驅直入中原，如入無人之境，但卻一直不能統一中國的原因之一。最後只能以滯留中原，割淮爲界，控半壁江山而滿足。

對中國歷史非常熟悉，而且又有親身歷驗的忽必烈或許從中品味到了教訓的根源。且不說這模稜兩可的話，咸淳四年（一二六八年）六月，在中國南方轉戰長達十五年現在主攻襄陽的兀良合臺的兒子阿朮，向忽必烈奏言：「所領者蒙古軍，若遇山水寨棚，非漢軍不可。宜令史樞率漢軍協力征進」的話，卻肯定引起了忽必烈的深思。幾個月後，忽必烈下令徵河南、山東諸地附籍諸色戶充軍，次年正月便命戰功卓著的史天澤前往襄陽，主持軍事。南宋最富遠見的驍將劉整景定二年（一二六一年）因遭忌降元後，深爲忽必烈所鍾愛，在許多重大戰略問題上忽必烈都徵詢深諳南宋虛實的降將——劉整的意見。由劉整的建議，忽必烈更加堅定了用漢人攻漢地的戰略轉變的決心。

最關鍵、最重要的是忽必烈軍事進攻突破口的戰略轉變。

蒙古軍隊用了四十年的時間，直到忽必烈才找到南宋的軟腹。窩闊台和蒙哥都將主要精力放在四川，企圖繞過長江天塹，自上游水陸而下，一舉滅宋。遺憾的是四川戰事久而無功，以致蒙哥命喪軍營。蒙古與宋基本上僵持在兩淮、襄樊、重慶一線。四川地形複雜，蒙軍已吃盡苦頭，淮東深流巨浸，不利蒙古騎兵活動，一直處於膠著；淮西屏障建康，是江南的門戶，南宋派重兵扼守，城堅兵精，不可輕師雷動；而鄂漢江陵襄樊一線蒙軍屢試不果，襄陽得而復失，反而被南宋趁戰事消停之機鞏固了這一線的防禦。自忽必烈即位以來，一方面因爭位戰爭及防禦西部諸王、平定李壇叛亂使之無暇南向，另一方面忽必烈也在尋找進攻南宋的最佳方略。無疑，過去的戰略令人懷疑。

早在開慶元年（一二五九

年），杜瑛與商挺就提出過應將戰略進攻的重點由川蜀轉向荊襄，但忽必烈那時只是東路軍的統帥，無力推翻蒙哥的滅宋戰略計畫。即位後，史天澤部將郭侃向忽必烈建言：宋據東南，吳越為其根本，但其戰略要地則在荊襄，應先取襄陽。揚州、廬州等彈丸之地，置之不顧，而直插臨安，則江淮、巴蜀，不攻自破。這一建議遭到一些蒙古將領的反對，忽必烈對此建策也一直持猶豫態度。咸淳三年（一二六七年）冬，降將劉整親謁忽必烈，向忽必烈提出：「攻蜀不如攻襄，無襄則無淮，無淮則江南垂手可得。」並進一步說道：「自古帝王，非四海一家，不為正統。聖朝有天下十之七八，何豈一隅不問，而自棄正統呢？」這時忽必烈才最後下決心，興奮地當即表示：「朕意決矣！」

經過調整，忽必烈的佈署如下：川蜀方面的蒙漢軍築營與宋軍對峙，不作積極進攻；兩淮地區軍緩進，意在牽制守軍使其無力抽身西上援救；荊襄作為主攻目標，摘取襄陽後浮漢水而進入長江，克鄂州、漢陽後則水陸並下，疾趨臨安。

如果將長江比作一條蜿蜒之蛇，則兩淮建康（今南京）、臨安（今杭州）為蛇頭，巴蜀為蛇尾，荊襄則是其軟腹了。牽制蛇頭，擊其弱腹，再回頭猛打蛇頭，這一戰略戰術可謂忽必烈與其謀將的傑出作品。南宋的滅亡已為期不遠了。

一旦戰略計畫確定下來，面露輕鬆的忽必烈便著手戰術的研究了。具體戰術忽必烈也做了些調整：第一，打獵式的迂迴戰仍需採取。第二，分兵、合兵交替使用。第三，儘量避免攻堅戰，不因一城之得而空耗時日，影響全局。第四，要以迅雷之勢，使南宋不及掩耳。

咸淳三年（一二六七年）八月，忽必烈下達命令，由阿朮、劉整率軍圍攻襄、樊，揭開戰幕。漢將史天澤、張弘範也加入了圍襄樊之列。

與此同時，忽必烈加快了備戰的步伐。一向以謹慎著稱的忽必烈認真進行南伐準備工作：首先，命令軍隊沿線軍墾軍屯，保障軍糧供需。其次整肅軍紀，杜絕剽掠，按官際高低發俸錢。第三，開闢兵源，屢徵漢蒙戶為軍。第四，興煽鐵冶、製造弓矢、馬鞍之類的軍用品。第五，也是最重要的一項，即造戰船、練水軍。相比於蒙古軍的騎兵野戰，宋軍在守城和水戰方面明顯占有優勢。蒙古軍如欲取勝，必須組建水軍新兵種才能「奪彼所長」。忽必烈手諭劉整造船五千艘，加緊訓練水軍七萬；並敕命四川行省造戰艦五百艘一併交付劉整。在其它戰區忽必烈也加強了水戰的演習。忽必烈大規模建立水軍，爲實現其戰略進攻，迅速滅宋，創造了不可少的條件。

從咸淳三年（一二六七年）至咸淳九年（一二七三年），忽必烈圍困襄陽達六年之久。對南宋將領來說，既有可歌可泣的英雄事跡大肆張揚於史書，也有可憎可恨的怯懦，見死不救大書特書於史冊。如果我們不糾纏於其中的細節，那麼其中有三件事值得人們注意：賈似道的親信范文虎三次援救襄樊均以大敗、隻身逃遁而告終，而范文虎竟毫不見罪於南宋朝廷，請記住范文虎的名字。咸淳八年（一二七二年）冬，忽必烈親自命令從西域徵調亦思馬因與阿剌瓦丁，到東方製造「回回炮」巨型投石機，運至即將陷落的樊城城下，炮石爲五十至百多斤，一記「炮」轟，聲震天地，「所擊無不摧陷，入地七尺。」樊城淪陷，請記住「回回炮」，這在戰史上具有重要意義，也是人類交流殺人武器的重要事件之一；蒙古軍如法炮製「回回炮」運至襄陽城下，被震耳欲聾的「回回炮」所驚嚇，當然更重要的是攣生姐妹城樊城已失，咸淳九年（一二七三年）二月，守將呂文煥獻城投降，請務必記住呂文煥的名字。

襄樊被圍六年間，南宋朝廷都在幹什麼呢?

一手遮天的賈似道在葛嶺正大起樓閣亭榭，建半閑堂，與宮女葉氏、倡妓美尼「日肆淫樂」。他聽說戍守四川名將余玠有一條

范文虎援救襄樊三敗

范文虎是南宋權臣賈似道的女婿，後向元朝投降，擔任兩浙大都督、中書右丞等職，並參與忽必烈第二次征日之戰。

宋度宗咸淳三年（1267年），元軍長驅直下，圍攻重鎮襄陽、樊城，襄樊被困三年，賈似道一直對度宗封鎖消息，並將洩密者誅殺，「由是邊事雖日急，無敢言者」。

咸淳六年（1270年），南宋以李庭芝督軍援襄樊，范文虎不受李庭芝節制，賈似道竟命范文虎從中牽制李庭芝。

咸淳八年（1272年）三月，樊城外城被元軍攻破，宋軍只好退守內城。賈似道遣范文虎前往，文虎「日攜美妾，走馬擊球軍中為樂」。九年正月，張貴與范文虎約定在龍尾洲兩面夾攻元軍。范文虎竟違約，以風雨驚疑，退屯30里。張貴戰敗被殺。後來失守襄樊，襄樊失陷之後，陳宜中請殺范文虎，賈似道為掩飾其咎，僅降一職，出任安慶知府，後在安慶降元。

玉帶，立即命令挖開余墓，歸入多寶閣，一天不去此閣把玩搜掠來的珍寶古玩，便失魂落魄。誰敢奏言邊事，輒加訓斥。儘管他累月不朝，但他隱瞞邊事的本領卻是超一流的，趙禥對襄陽被圍竟一無所知。三年後，有一天趙禥問賈似道：「聽說襄陽已被圍三年，怎麼辦呢？」賈似道掩飾說：「北兵早就退了，陛下聽誰說的？」趙禥道：「剛才有一宮女說的。」不用交待，那宮女死定了。這是頭三年的事。

後三年的事是誰建策救襄或言兵事，賈似道統統將其罷官或擠出朝廷，而他自己派去的軍隊猶如投羔羊入狼群，有去無回。

更可笑的是呂文煥在襄陽城牆上天天望南而哭時，賈似道在臨安屢屢上書趙禥請行邊事，但他卻私下命令諫臣將上書扣留。等到襄陽城降，他反而責問趙禥：「臣始屢請行邊，陛下不許之，向使早聽臣出，當不至此」。

襄陽淪陷後，賈似道對呂氏一門眾多的戍將不作任何處置，反而包庇他們讓其繼續留於位上。太府寺丞建言軍政大策，賈似道大怒，將其一腳踢出朝廷。

咸淳十年（一二七四年）七月，風流皇帝趙禥死去。四歲的趙㬎即位，皇太后垂簾聽政，但卻引起一片爭論。孤兒寡母對禍國殃民的賈似道更加倚重了。

蒙軍占領襄、樊後，渡江滅宋擺在了忽必烈的面前。

早就渴望「掃清六合，混一車書」，再造中國的忽必烈，開始廣泛徵求群臣意見。咸淳九年（一二七三年）春天，忽必烈特別驛召姚樞、許衡與徒單公履等人問計。徒單公履說：「乘破竹之勢，席捲三吳，此其時矣！」而迂腐的大儒許衡卻以兩

回回炮

蒙古人遠征波斯時，發現當地有火炮，炮身以木頭製造，所用彈石重達150斤，射程近400公尺（《襄陽守城錄》記為250步，約391.25公尺），落地時砸地深7尺，威力甚大。至元八年（1271年），元世祖遣使到波斯，向伊兒汗國宗王阿八哈徵調炮匠阿老瓦丁和亦思馬因（Ismail）。至元九年（1272年）十一月，Al al-Din製成回回炮，在大都午門前試射成功。咸淳九年（1273年），忽必烈派遣回回炮匠至樊城與襄陽，造炮攻城。宋元襄樊之戰中，元軍即使用回回炮射中襄陽譙樓，「聲如雷霆，震城中。城中洶洶，諸將多踰城降者。」宋將呂文煥自知不敵，因此投降。

國生靈之念，聲稱：「切不可爲，應以仁義，感化宋國。」這只不過是掃掃忽必烈的興而已。

之後，忽必烈又交將相大臣們討論。阿里海牙、阿朮等人都疾言：「削平之期。正在今日」。

忽必烈於是決心趁勢伐宋，在擇帥問題上他徵詢史天澤，史天澤回奏道：「臣已老矣，作副統帥猶可。最好能遣重臣如丞相安童、同知樞密院事伯顏中的一位，都督全軍，則四海混同，指日可待」。

忽必烈採納了史天澤的意見，咸淳十年（一二七四年）初派伯顏南下，總領攻宋軍事，史天澤副之。在伯顏出征上辭時，忽必烈告諭他說：「昔曹彬以不嗜殺平江南，汝其體朕心，爲吾曹彬可也」！

咸淳十年（一二七四年）六月，忽必烈發布全帝國動員令，曉諭帝國將士：「自成吉思汗，我國就與宋國通使約和。蒙哥汗時，賈似道遣宋京詣我，請罷兵息民。朕即位以後，爲百姓生靈考慮，派郝經等前去簽約。但宋國卻負約執使，至今不釋。而且師出連年，擾我邊疆。襄陽城降後，本希望宋國悔禍，但他們卻執迷不悟，問罪之師，豈能不興？如今派遣汝等水陸並進，向宋國挺進，無辜之民，將士毋妄殺掠。有招降敵人，別立奇功者，按功遷賞，如果拒命不從及臨陣叛敵者，戮之何疑？」

我們看到這滿紙鏗鏘有力的「正義」之言，聽了這些，那個士兵不因激憤而熱血沸騰呢？這就是忽必烈的性格。

同年九月，伯顏大會師於襄陽。

依既定戰略佈署，川軍經略巴蜀，別不它顧；東道軍由博羅歡、董文炳率領，劉整爲先鋒，進取楊州；伯顏則自率主力，阿朮副之，降將呂文煥爲先鋒，由漢水浮流而下，入長江，沿江南下，直趨臨安。

九月十三日，伯顏軍自襄陽出發，復分三道而進：伯顏、阿朮將一軍趨郢州，唆都將一軍由棗陽入淮，翟文彬將一軍由老鴉山入荊南。

伯顏兵逼郢州，因郢州防範甚密，伯顏拖船入藤湖，出唐港，復入漢水，繞過郢州，順流破沙洋、新城，進圍漢陽。

誘使宋將夏貴集兵漢陽後，伯顏卻開壩引船進入淪河，徑向沙蕪口，進入長江，圍攻兵家必奪的陽邏堡。隨之，又出其不意自青山磯強渡長江進圍鄂州。

鄂州，漢陽城降後伯顏留阿里海牙率兵四萬，據守鄂州，並規取荊州等地，掃清殘敵，鞏固後方。而伯顏則與阿朮沿江分水陸兩道東下。沿江諸郡的南宋守軍，原都是呂文煥及其兄呂文德的部下，在呂文煥的勸降下，皆望風而降。

德祐元年（一二七五年）一月，伯顏與東路軍董文炳等部會師於安慶。

北軍已打至家門口，南宋朝臣，小皇帝將一切的希望都繫在賈似道身上，賈似道被迫督師迎戰，率十三萬路精兵溯江西上。自認爲絕頂聰明的賈似道故技重演，再次使出看家本領，又遣宋京向伯顏議和，稱臣許幣。伯顏十分乾脆：「渡江之前議和，尚可考慮，今已渡江，請賈似道親來」。

賈似道那有膽量去面見伯顏，只好分軍應戰。但其部將孫虎臣部，一觸即潰，夏貴部不戰而逃，賈似道見軍已大敗，逃往揚州。宋軍水陸兩軍的主力幾乎喪失殆盡。

賈似道嚇得連忙上書請遷都南逃，趙昀的遺孀謝太后不許，賈似道趕快釋放被拘禁十四年的郝經，但這並沒能乞得忽必烈與謝太后的原諒，元軍繼續進攻，謝太后則將其罷相貶循州，在押解途中，他被武生鄭虎臣擊碎肋骨而死。

元軍繼續東下，直抵建康（今南京），接著常州、鎮江、江陰等地守軍像得了傳染病似地相繼投降。進據建康後，伯顏使向忽必烈奏報戰況，忽必烈大爲高興，他實在沒有料到軍事進展如此迅速，有點不相信似的，要伯顏放慢速度，告誡道：「時暑方熾，不利行師，毋輕敵貪進」。

正當忽必烈的大軍在東南凱歌猛奏時，海都勢力趁機向東發展，襲掠西北，邊警頻傳。忽必烈爲穩妥計，寧願放慢東南戰事，急召伯顏赴都面商。五月底伯顏到達上都，忽必烈急欲伯顏率師北征，但伯顏力陳：滅亡南宋已大功垂成，機不可縱，而北邊之事，尚可徐圖。忽必烈於是同意伯顏意見，一方面要求伯顏返軍，速戰速決，一方面派兒子那木罕，右丞相安童誓師西北，抵禦海都勢力。

伯顏北覲期間，元軍進軍出現停滯。自夏至秋，竟一城不降。南宋勤王之師如張世傑、文天祥等少數抗戰派起兵響應，戰局一時呈現新機。

德祐元年（一二七五年）九月，伯顏返回建康，加緊了軍事進攻步伐。留阿朮經略淮東，從建康則又兵分三路，從三個方向會攻臨安。十一月，三路大軍並發：阿剌罕、奧魯赤率右軍蒙古步騎兵出建康，自廣德向獨松關內挺進；相威、董文炳、張弘範率左軍水師沿江入海，循海入浙；伯顏親率中

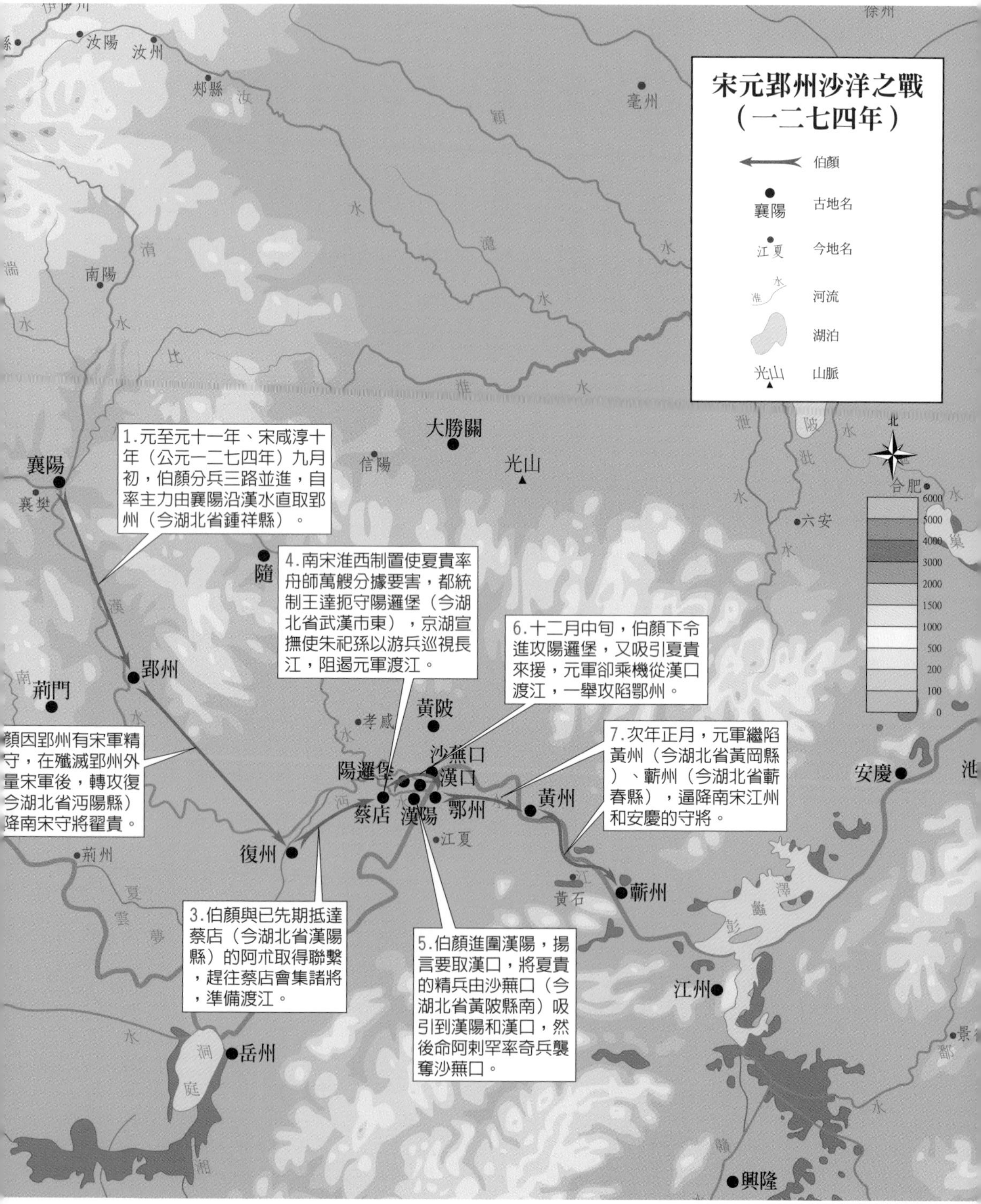

宋元郢州沙洋之戰（一二七四年）

伯顏
襄陽 古地名
江夏 今地名
淮水 河流
湖泊
光山 山脈

1.元至元十一年、宋咸淳十年（公元一二七四年）九月初，伯顏分兵三路並進，自率主力由襄陽沿漢水直取郢州（今湖北省鍾祥縣）。

顏因郢州有宋軍精
守，在殲滅郢州外
量宋軍後，轉攻復
今湖北省沔陽縣）
降南宋守將翟貴。

3.伯顏與已先期抵達蔡店（今湖北省漢陽縣）的阿朮取得聯繫，趕往蔡店會集諸將，準備渡江。

4.南宋淮西制置使夏貴率舟師萬艘分據要害，都統制王達扼守陽邏堡（今湖北省武漢市東），京湖宣撫使朱祀孫以游兵巡視長江，阻遏元軍渡江。

5.伯顏進圍漢陽，揚言要取漢口，將夏貴的精兵由沙蕪口（今湖北省黃陂縣南）吸引到漢陽和漢口，然後命阿剌罕率奇兵襲奪沙蕪口。

6.十二月中旬，伯顏下令進攻陽邏堡，又吸引夏貴來援，元軍卻乘機從漢口渡江，一舉攻陷鄂州。

7.次年正月，元軍繼陷黃州（今湖北省黃岡縣）、蘄州（今湖北省蘄春縣），逼降南宋江州和安慶的守將。

汝陽 汝州 郟縣 亳州 徐州 南陽 襄陽 襄樊 郢州 荊門 隨 信陽 大勝關 光山 合肥 六安 孝感 黃陂 沙蕪口 陽邏堡 漢口 蔡店 漢陽 鄂州 江夏 黃州 復州 荊州 黃石 蘄州 安慶 江州 岳州 興隆 池 景

汝 潁 水 渦 水 淮 水 淠 水 淮 水 比 水 淯 水 湍 水 漢 水 南 沔 泄 陂 水 水 夏 雲 夢 洞 庭 湘 水 江 彭 蠡 澤 贛 鄱 水 巢

6000 5000 4000 3000 2000 1500 1000 500 200 100 0

北

軍，出常州，水陸並進。

德祐二年（一二七六年）正月，伯顏三路大軍逼近臨安。

在戰鬥最激烈的時候，馬可波羅給我們講了一則輕鬆的笑話，他說：「皇后聽占星家說，除了一個長了一百隻眼睛的人，沒有人能滅亡宋廷。皇后十分高興，那個凡人能長一百隻眼睛呢？當她又聽到蒙古軍的統帥是伯顏，其含義就是一百隻眼睛時，才大驚失色，決定投降。」十八日，小皇帝趙㬎奉上降表，聲稱：「痛自貶損，削帝號，以西浙、福建、江東西、湖南北、二廣、四川見在州郡，謹悉奉上聖朝，爲宗社生靈祈哀請命。」二月，趙　正式上表投降，伯顏命忙兀臺、范文虎等入城接管臨安，改爲兩浙大都督府。忽必烈發布文告，宣告南京滅亡。

伯顏入臨安後，將南宋的國庫、經版圖書戶籍以及金太后、謝太后、趙㬎用海船運往大都但趙禥、趙昺卻被陳宜中、張世傑等擁出臨安，南下福建、廣東。

在臨安失守的同時，江東、江西、湖南諸路也多半被忽必烈的軍隊占領。忽必烈將大部分蒙古軍隊，包括伯顏本人抽調北上，抗禦蒙古諸王海都等的叛亂，而留下董文炳、張弘範等漢軍和少部分蒙軍繼續征進，掃清南宋殘部。忽必烈用了三年的時間，才異常艱難地確立了在四川、兩淮、江西、福建、浙江、兩廣的統治地位。

中國總是在國破家亡以後，才突然湧現出一大批留名千古的民族英雄，爲民族存亡作殊死搏鬥，其壯懷激烈、留取丹心的氣節令人可敬可仰，其彪炳青史的名字、詩句，以身殉國令人可歌可泣。請記住李庭芝、張世傑、陸秀夫、文大祥等是在這個令人爲之顫慄泣下、驕傲的時代或凜然就義或蹈海而死的。但同時也請人們深思，這迴光返照式的不正常的英雄時代，賜與歷史的是什麼啓諭？它的驟然而起與倏然而逝，賜與歷史的又是什麼民族內涵？文化底蘊？文明內質？

祥興二年（一二七九年）二月南宋咯山君臣社稷的悲劇只不過是忽必烈夢囈的一個小小注腳而已。現在，已經奄有南宋的忽必烈正翔於大元帝國的天空，尋找他的下一個獵物。無疑，與忽必烈的帝國接壤納鄰，是件不幸的事。

第十一章 思儉草辨

只要他走過，歷史的沙灘上總能留下矛盾的腳，一個向前，一個向後。

忽必烈生活在兩個顏色不同的世界裡。每一個世界裡都有忽必烈的身影，因而每個世界都因忽必烈的飄過而沾染了他的性格特點。

草原養育了他，但農野卻成就了他。反過來，他又保護了農田，並饋贈草原以眷愛。

他自奉甚儉，但又豪奢橫賞。

他破壞，但又立新。

他憎惡舊的習俗，但又嚮往返璞歸眞。

只要他走過，歷史的沙灘上總能留下矛盾的腳印，一個向前，一個向後。

走下戰場的忽必烈讓人感到和藹、慈祥、親切。他中等身材，長短適中，四肢勻稱，整個體態配合得很和諧。他眉清目秀，英氣照人，有時紅光滿面，色如玫瑰，更增加了他的儀容丰采。他的眼睛烏黑俊秀，鼻樑高直而端正。這就是馬可波羅眼中的忽必烈。

這麼慈愛的一位老人，卻有一個令人望而卻步的癖好，他喜歡獅子和小豹，他身邊常常躺著這類的動物。忽必烈將這兩種截然不同的性格天然地揉捏在一起，那麼自然，那麼和諧。

或許我們眞的應該走近忽必烈的生活，看看偉人的平凡生活，撩開那神祕的面紗。

如果我們回憶一下成吉思汗，還有忽必烈的父輩，追憶一下草原的生活，或許對理解忽必烈性格的形成，將大有好處。有關黃金家族的事情我們已贅述了許多。如果不是忽必烈鑽進了漢地及漢人圈，很可能他是道道地地的成吉思汗式的草原大汗。即使有了以後的變化，成吉思汗這顆樹上結下的果，也依然彌散著草

忽必烈豢養獅豹山貓

尚應知者，大汗豢有豹子，以供行獵捕取野獸之用。①又有山貓(loupscerviers)②甚多，頗善獵捕。更有獅子數頭，其軀較巴比倫(Babylonie)之獅子為大，毛色甚麗，緣其全身皆有黑朱白色斑紋也，③此則豢養以供捕取野豬、熊鹿、野驢及其他大猛獸之用。此種獅子獵取猛獸，頗可悅目。用獅行獵之時，以車載獅，每獅輔以小犬一頭，④別有雕類無數，用以捕取狼、狐、花鹿、牡鹿等獸，所獲甚多。惟獵狼者軀甚大而力甚強，凡狼遇之者無能免也。⑤

①此處所言之獵豹，非尋常之豹，乃小豹(guepard cheetah)，其軀腿較之尋常貓類為長，不能登樹，而其爪僅半牽縮也。說者以為此種小豹形處貓類、犬類之間，用此物以供捕獲者，不僅忽必烈惟然，昔日歐洲之君主亦有用之者。

②據Arm David之說，中國境地以內，北抵滿州諸山，西至西藏諸山，有一種山貓，名稱土豹。別有一種山貓產於西部諸省，形與土豹略同，其學名曰Lyncus Desgodini，蓋追憶西藏傳教師A.Desgodins而定斯名也。(戈爾迭說)

③中世紀時，歐洲人對於虎之形狀，似已不甚明瞭。當時有一物語書，言虎之形狀云，「名稱曰虎之獸，蓋為一種蛇也」，足以證已。所以馬可波羅誤名虎豹曰獅，蓋獅子不得有斑紋也。

④刺木學本此處增加之文云：「觀獅之捕獸，其事甚奇。君主用籠盛獅，以車載之，各以小犬一頭輔之，獅、犬甚為親狎。盛獅於籠者，恐其猛追野物不能複製。其捕獵也須逆風而行，勿使野物聞風而逃。」

⑤今日東突厥斯單之乞兒吉思人名雕曰不兒忽惕(Bourgout)，即金雕，豢以捕狼、狐、花鹿、野羊等野獸，乞兒吉思人以一良馬易一雕(玉耳書第一冊400頁)。金雕學名Aquila Chrysaetus，北京土名黑雕(見David & Oustalet撰《中國鳥類志》8頁)。

（以上錄自馬可波羅著、馮承鈞譯之《馬可波羅行紀》，台北市臺灣古籍，2003年出版。）

大汗豢養的獅子，有著漂亮的皮毛間以白、黑、紅三色紋路，這種獅子善於襲取野豬、野牛、野驢、熊、鹿、小種鹿和其他可供狩獵的野獸。（《馬可・波羅遊記》插圖）

原味，因為他的根深植於草原。

許多人將蒙古草原想像成一望無際的碧綠，流水淙淙，牧歌悠揚，風吹草低見牛羊，一派草原千里風光，猶如一幅水彩畫。如果你也這樣想，毫無疑問會遭到忽必烈的嘲笑。你想像中的水草豐美是游牧民族的最高理想，實際上在蒙古草原上只有很少的地方與你的想像吻合。除此外，坦蕩的平原布滿礫石，山巒起伏其間，沙漠也靜躺在周邊。而氣候的惡劣則更讓農人震驚。在許多地方暑浪襲人時，這裡卻是暴雨驟風、雷電轟閃，甚至會突降大雪；而有時夏季卻又突然格外炎熱，滴雨不見，枯旱連月，逼使游牧民遷移。甚至草原的一次大暴風雪或大乾旱就足以使一個強大的游牧部落衰微以致毀滅。有許多學者將草原的氣候惡劣用來解釋游牧民族帶有規律性地向農

內蒙古草原的春天，一望無際的碧綠，水草豐美是遊牧民族的最高理想。

耕地區擄掠的原因之一，並不無道理。儘管它不是終極原因。

義大利人柏朗嘉賓十三世紀中葉行遊蒙古時，對人們說：「該地區的貧瘠到了難以用言辭表達的程度，可供耕耘種植的土地不足整個疆域的百分之一，但那裡適合飼養畜群。在牲畜方面，他們非常富有，主要是羊、馬、駱駝和牛。」

蒙古人的一切幾乎都取之於畜群和野獸，吃的是肉和乳製品，燒的則是牛、馬糞。從一定意義上說，畜群就是他們的生命，因此，對動物的特殊感情，也使得他們在惡劣的生存環境中帶有獸性，他們與畜群野獸相依爲命。男人的大部分時間都消耗在狩獵、放鷹、尋覓新牧場和軍事生活中，他們的殘忍好鬥和勇敢善戰、臨危不懼，無不帶有野獸的牲性。

凡是遊歷過十三世紀蒙古草原的西方人都驚歎蒙古人極其頑強的吃苦耐勞精神。交口稱讚他們不怕任何困難，認爲「世界上沒有任何一個民族，在困苦中表現得這樣堅毅；在匱乏中表現得這樣忍耐。」的確蒙古人只用馬奶就可以維持一個月的生活，只要隨手抓到任何野獸都可以用來充飢，男人都被訓練成能在馬背上連續生活兩天兩夜，養成在馬背上睡覺的習慣。而做緊急探馬的人能夠馬不停蹄連續奔馳十晝夜，不舉火也不進餐，只用馬血維持生命。

忽必烈就是在這樣的氣氛、環境和人群中誕生、成長的。在寶祐元年（一二五三年）忽必烈三十八歲之前他沒有離開過故鄉以及他熟悉的草原生活。生存環境、生活氛圍造就人的性格，現在也許你對忽必烈嗜好豹、獅能夠理解了。

剛剛脫胎於原始野蠻社會的蒙古人，對美的追求達到狂熱的程度，對財富的渴望達到貪婪的程度，他們對美與財富的概念還滯留在金銀珠寶絲綢等奢侈品上。征服使他們突然得到了整箱的珍珠、寶石，搬不動的金銀絲織品，目瞪口呆之後以致他們迅速滑向豪奢與炫富的深淵。許多人將蒙古發動的戰爭視之爲掠奪財富，也許其基點就在於蒙古人的貪婪財富。的確，按份子分配珠寶金銀、百姓、土地也刺激了蒙古人的掠奪胃口。從成吉思汗開始，每一次戰爭、每一次忽里臺結束之後，分配財產與橫加賞賜便成爲慣例。窩闊台的慷慨奢豪在歷史上是很著名的，而他的兒子貴由一直企圖超越父親，蒙哥也不甘落後。但在橫賞的背後，我們還應看到成吉思汗以後的諸汗，橫賞都帶有鞏固統治基礎、

柏朗嘉賓

十三世紀初，成吉思汗及其繼承人橫掃了歐亞大陸，建立了空前的大帝國。一二四一年，蒙古人征服了斡羅思各公國（今俄羅斯、烏克蘭等地）後繼續西進，他們在里格尼茨擊潰了波蘭和普魯士聯軍，進而蹂躪匈牙利等地。蒙古人的擴張，震驚了整個歐洲，引起了羅馬教廷和歐洲各國君主的不安，各地紛紛準備自衛，教宗格列高利九世甚至號召組織十字軍，以抵抗蒙古入侵。一二四五年，教宗英諾森四世在法國里昂召集全歐主教大會，商議如何應付當時的危機形勢，防止蒙古軍隊進一步入侵等問題。由於教廷從波蘭和匈牙利逃回的方濟各會和道明會的修士得知蒙古貴族及其追隨者中有許多人信仰基督（多為景教徒），於是會議決定派遣教士出使蒙古，勸他們停止殺戮，不要再攻擊其他民族，並希望他們信仰基督。教廷遂組織以柏朗嘉賓為首的使團，使團由三人組成（後一人因病而返，僅波蘭修士本篤隨行），出使蒙古。

柏朗嘉賓於一二四五年四月十六日（復活節）從里昂出發，由於方濟各會初興之時，外出必須步行。柏朗嘉賓因年事已高（六十三歲）又加之身體肥胖，被獲准騎驢代步。他途經波希米亞、波蘭和羅斯（他於伊爾一二四六年二月三日離開基輔）。一二四六年四月四日，他們在伏爾加河下游受到欽察汗拔都的接見，拔都命人將教宗信函譯成俄文、薩拉森文和蒙古文後，命他們去蒙古見大汗。他們沿裏海、經巴爾喀什湖南、越過阿爾泰山進入蒙古地區。七月二十二日，柏朗嘉賓等抵達和林（蒙古上都）。八月二十四日參加新君貴由大汗的登基大典。貴由派鎮海、哈達、巴剌等大臣接待他，以瞭解教宗來信的用意以及羅馬教廷和歐洲各國的情況。不久，貴由汗召見柏朗嘉賓。柏朗嘉賓呈上教宗致蒙古大汗的兩封書信。第一封詳細闡述了天主教教義。第二封勸告蒙古大汗停止向西方進攻，並譴責蒙古士兵濫殺無辜。貴由汗於是回信教宗，對信仰基督和殺戮行為表示不解，並對教宗進行指責和威脅。從貴由的回信可知這次出使以失敗而告終，柏朗嘉賓並未達到讓蒙古大汗信仰基督、停止戰爭等目的。

柏朗嘉賓得到貴由的回信後，於十一月十三日離開蒙古，踏上歸途。柏朗嘉賓回歐洲後，將他在沿途的見聞記錄下來，寫成了《柏朗嘉賓蒙古行紀》。本書分九章，詳細介紹蒙古的地理概況、衣食住行、宗教信仰、民間習俗、大汗王室、戰略戰術、征服地區情況以及深入探討抵禦蒙古入侵的戰術等內容。此書對研究東西方文化交流有很高的價值。

籠絡人心的成分在內。但這更加速了蒙古貴族貪欲的惡性循環，以致於蒙古貴族將每一次戰爭都逕自認爲是剽掠的同義語、發橫財的機會。似乎掠奪財富與炫耀財富，已成爲他們的天性之一。

在橫賞豪奢中長大的忽必烈也不例外，其嗜利天性直接源於黃金家族的這種觀念。登上汗位的忽必烈無力擺脫這個方式，他只有遵從以前諸大汗揮霍橫賜的傳統統治術去滿足蒙古貴族的貪欲，來換得諸王貴戚對他的認可和追隨。景定元年（一二六〇年）歲末，忽必烈的賞賜清單是這樣的：異母弟末哥銀二千五百兩；諸王按只帶、忽剌忽兒、合丹、忽剌出、勝納合兒銀各五千兩，交倚帛各三百匹，金素半之；諸王塔察兒、阿朮魯鈔各五十九錠有奇，錦五千九十八斤，絹五千九十八匹，文綺三百匹，金素半之；海都銀八百三十三兩，文綺五十匹，金素半之；忽兒赤、也不干銀八百五十兩；兀魯忽帶銀五千兩，文綺三百匹，金素半；只必帖木兒銀八百三十三兩；爪都、伯木兒銀五千兩，文綺三百匹，金素半之；都魯、牙忽銀八百三十三兩，特賜綿五千斤；阿只吉銀五千兩、文綺三百、金素半之，先朝皇后帖古倫銀二千五百兩，羅絨等折寶鈔二十三錠有奇；皇后斡者思銀二千五百兩；兀魯忽乃妃子銀五千兩。這僅僅是一部分賜賞名單，而且更重要的是忽必烈規定，每年歲末都按這個數目賞賜，「自是歲以爲常」。在其他時間，忽必烈憑興趣隨時可以加賞。

供職於忽必烈宮廷的馬可波羅還對我們說：大汗選出一萬二千名貴族，賞給每人十三套衣服，以供他們節日穿。每一套都不相同，上面嵌有珍珠、寶石和其他寶物，十分富麗和名貴。他驚歎道，他這些衣服的耗費就大得無法計算。馬可波羅進一步感歎道：「大汗的窮奢極欲，簡直令世界上任何君主都望塵莫及」。

記住忽必烈的橫賜是很重要的，它會幫助我們理解忽必烈的政局以及施政、用人思想，甚至對理解忽必烈何以經戰連年也會有所補益。

此外對佛道的土木、祈祝，忽必烈也從不吝惜。戰爭使軍費的開支呈天文數字。請想想，這些錢都是從哪裡來的？

但令人奇怪的是，忽必烈的個人生活則十分儉薄，這也許來自草原匱乏財物而游牧民在生活費用上都極其節儉的緣故。柏朗嘉賓在談到蒙古習俗時說：蒙古人用肉湯洗刷碗、勺和其他器皿，洗完後仍將湯倒回鍋內，接著再喝，從不用水洗。在吸盡骨髓之前，他們絕不會把骨頭拋給狗，對他們來說，浪費是一大罪孽。

王惲介紹忽必烈時說：「臨御以來，躬行儉素，思復淳風，如輕衣而貴紬繒，去金飾樸而鞍履。至衣服等物銷織鍍呀之類，一切禁止。」王惲的話應該是可信的，他追隨忽必烈身邊多年，曾擔任御史臺的第一任監察御史。

忽必烈的節儉有時候也表現在他對親人的嚴格要求上。一次，他的兒子眞金有病，忽必烈去看望，發現鋪的竟是織金臥褥。忽必烈十分生氣，責備他親自選定的兒媳婦闊闊眞：「我總認爲你賢淑，爲什麼這麼奢華呢？」闊闊眞趕忙跪下分辯道：「平時不敢用，只是太子病了，恐有溼氣，才鋪了它。」說完，馬上撤下。另有一次，他最寵愛的皇后察必從太府監支取繒帛表裡各一，忽必烈批評妻子：「這是軍需品，是屬於國庫的，不是私人的，你怎能隨意支取？」因此，察必以後非常勤儉，常常親率宮人利用舊弓弦緝紬成衣，將廢置的羊臑皮縫成地毯。

最爲有趣的是忽必烈在大都的新宮中，從草原移種了一片思儉草，常常自警、警人。教育子孫要勤儉爲家持國，不要忘了祖宗創業的艱難，更不要背離祖宗土階茅次的淳樸作風。

這種幾乎天眞的做法也許令人們掩口偷笑，一方面豪奢無度，另一方面又節儉到吝嗇的程度。這就是忽必烈的矛盾性格。

讀歷史常常使人感歎萬千。中國的繁華似乎總給人以過眼煙雲般的感覺。杜牧筆下秦始皇的阿房宮，其壯觀那麼震憾人心，項羽一把火燒掉了，洛陽城數不清死了多少次。而貞觀、開元年間世界的大都會長安經過安史之亂和唐末的戰火，凋蔽得令人不堪忍受，重讀唐詩中的繁華猶如

元世祖后，名察必，弘吉剌氏，絹本設色，臺北故宮博物院藏。其頭飾名叫巴克塔克，是蒙古已婚婦女的傳統頭飾。

剜心般的痛惜。宋代士大夫的樂園，八方輻湊，經過靖康之難，其富庶蒸騰，也蕩然無存。燕京，金國的首都，成吉思汗將它變成了殺人的戰場。嘉定六年（一二一三年），在居庸關外，「殺的人如爛木般堆著」。到忽必烈進入燕京時，燕京的破敗猶如古城牆外的鬼市，但見「野花過輦路，落葉蕩宮溝」，已無復舊觀。成吉思汗及其繼承者對其他富庶地區的殘破已不需要我們囉嗦。

燒了再建，毀了重修，中國的黎民將精力都用在了重建家園上。每一次改朝換代都將是京城的劫難之時，從沒有人敢居於亡者的豪華宮殿裡。

忽必烈不是漢人，但他也不得不飽嚐漢人的悲哀。也許他是在品嚐祖宗恩賜他的苦果，但更有可能生處亂世，他必須在人類愚昧的河中折騰。

具有諷刺意味的是蒙古人屠了城後，卻又不得不由其後人重建並尋找百姓。歷史將忽必烈推到這矛盾的渦流，而忽必烈只好以矛盾的態度去處置。營建開平與重築燕京便充分昭示了忽必烈的矛盾心理。

爲了給自己找一個棲身的高枝，忽必烈曾煞費苦心。

營建開平時忽必烈還沒有做大汗。忽必烈的人生重大轉變，基本上都是在開平完成的。開平北枕龍崗，南瀕灤水，四山拱衛，地處一片水草豐美的草地上。聯絡和林與燕京，起了極其重要的作用。但做爲都城卻顯得底氣不足：一爲新築之城，百姓無幾；二爲一塊草地也供養不了急劇增加的各色人等；此外隨著統治重心的南移，開平也有許多不便的地方。

和林始建於窩闊台，完成於蒙哥。十分有趣，他們二位一面征服行將併入自己版圖的異族國度，一面卻又依照被摧毀的異城建築樣式，興建自己的國都。但經過忽必烈與阿里不哥的數番爭奪，和林已呈破敗之勢，而且它太靠近敵人海都的領地，實際上它已地處前線，並成爲草原諸王爭奪的暗珠。遠離漢地也促使忽必烈放棄定都和林的想法。

只有燕京勉爲忽必烈接受，但燕京卻有一個十分明顯的缺點無法滿足忽必烈的草原口味。不過，從政治上考慮，燕京的確有它獨具的魅力。忽必烈的家臣曾向他建議：「幽燕之地，龍蟠虎踞，形勢雄偉，南控江淮，北連朔漠。且天子必居中以受四方朝覲，大王果欲經營天下，駐蹕之所，非燕不可」。自古以來燕京就是中原通往遼東和漠北的樞紐，也是中原王朝抗禦北方遊牧

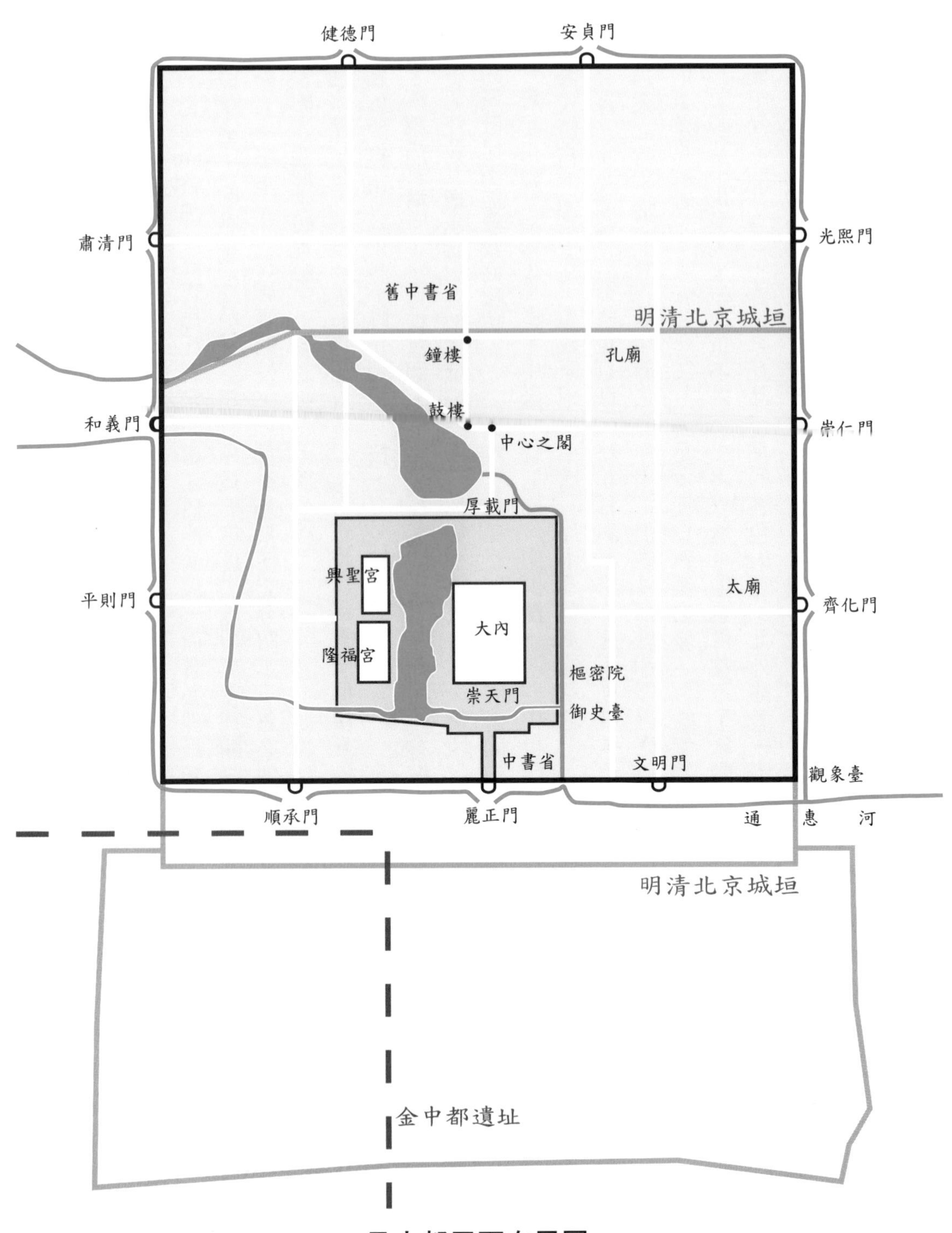
健德門
安貞門
肅清門
光熙門
舊中書省
明清北京城垣
鐘樓
孔廟
和義門
鼓樓
崇仁門
中心之閣
厚載門
興聖宮
太廟
平則門
齊化門
大內
隆福宮
樞密院
崇天門
御史臺
中書省
文明門
觀象臺
順承門
麗正門
通 惠 河
明清北京城垣
金中都遺址

元大都平面布局圖

民族南牧的軍事重鎮。在爭位戰爭中，忽必烈就是依託燕京，藉漢地豐厚人力、財力而取勝的。忽必烈隨版圖的南移與擴大、鞏固，統治中心也勢必要著眼於加強農業城廓地區的控制，李璮之亂也加速了他的選擇。景定五年（一二六四年）二月，忽必烈開始修復瓊華島，揭開營建都城的序幕。同年，因去年升開平爲上都而改燕京爲中都。咸淳八年（一二七二年）二月改中都爲大都。

爲彌補燕京的遺憾，忽必烈一方面準備闢城外的農田爲牧場，另一方面一年中仍留一半的時間在上都。這與蒙古諸汗逐水草季節遷徙的習慣相吻合，兩都制逐漸形成。

殘缺的戰車車輪、馬鞍和馬蹬雕塑，北京元大都城垣遺址公園「大都鼎盛」雕塑景區。

深究起來，兩都制的內涵不僅僅爲忽必烈顧及自己的情緒，更重要的是和林廢置以後，上都成爲忽必烈籠絡諸王、抵禦海都勢力東窺的基地，照顧草原諸王的情緒尤爲重要。實際上，忽必烈正是倚上都駕馭漠北，行使大汗的權力，憑大都君監漠南漢地，以皇帝的名義向中原腹地發號施令。這也是忽必烈調和矛盾的極妙手法之一。

咸淳二年（一二六六年）十二月，忽必烈開始大規模同時營建開平和燕京。他之所以急於修築邁超前古的兩都，還帶有以豪奢壯麗炫耀國力、張揚聲名以威震四方的政治目的。這是中原王朝的歷代開國皇帝的慣用伎倆。

不論蒙古帝國的內部分歧如何，在西歐的教皇及其他外國人眼裡，忽必烈是蒙古汗國的大汗。這個帝國橫跨歐亞，疆域之遼闊在忽必烈逐步確立大汗權威的進程中，他本人也自豪地認爲大業甫定，國勢方張，都城宮室，非巨麗宏深，不足以雄視八荒。因此在這一年開始修築兩都具有特定的政治含義。

此外，蒙古舊俗，也鉗捏著忽必烈，促使忽必烈去營建新城。蒙古人對廢棄的古城極爲嫌惡，直接名之爲「馬兀」（壞或惡的意思）；而對斡耳朵曾經駐營的地方，凡是有過任何燒過火的地方，蒙古人從不再紮帳，甚至連從舊跡上走過都被視爲不祥的徵兆。自然，全國殘破的宮殿，忽必烈無論如何是不會去觸犯忌諱的。早在新城營建之前，忽必烈駐身燕京，就下榻在瓊華島上的廣寒殿，而不是屈身於金人的廢宮。

請先看大都的營造。忽必烈的堪輿專家劉秉忠選定以瓊華島爲中心的湖區及其周圍曠地作爲新址，規劃好城池、宮闕後，由張宏略、段天祐等負責工程的具體指揮和組織。築建工作以驚人的速度進展，咸淳八年（一二七二年）三月宮城竣工，一二七四年正月宮闕告成，忽必烈十分激動，在御正殿接受朝賀。這不禁使我們想起市井無賴漢高祖劉邦嚐到做皇帝滋味後的心情。

到至元二十四年（一二八七年）工程浩大的大都新城全部告竣，以它嶄新的面貌屹立於世界的東方，其氣勢之磅礴，致使當年成吉思汗不敢仰視的金中都城簡直無法比擬。

大都城坐北朝南，呈方形，南北較長。周圍總計兩萬八千六百米，共計十一個門。比明清時的北京城大，同樣它也帶有忽必烈的渾雄氣魄。都城內套皇城、皇城中又置宮城。皇城宮城是忽必烈的活動區城，皇城以外的城區整齊畫一，共分五十坊，是百姓聚居地。

與歷代中原王朝的都城相較，其特點顯而易見：第一，城、殿布局一仿漢制，體現了《周禮·考工記》的「九經九緯，左祖右社，面朝後市」原則。建築風格、形制一效漢制，城門、坊名均從《易經》中命名，因此從總體上它是一座漢城。第二，城內由於水源充足，綠化方面顯然帶有蒙古草地方面的特色。各城牆間種植有大量樹木，甚至還闢有草場，飼養鹿、麝等動物。第三，皇宮內部佈置的基本上照搬蒙古斡耳朵裡的舊制。在正殿大明殿內，忽必烈與皇后座位並

大汗在上都城的宏偉宮殿中的御花園。（《馬可•波羅遊記》插圖）

設，左右排列諸王、貴族和怯薛官的坐床，前方備有巨大的酒甕，桌上擺放著各種傳統樂器。因此，從一定意義上它又是一座漢蒙揉合的、體現了忽必烈性格的城市。

忽必烈在大都的生活區間，主要集中在皇宮內的兩個部分：一是以大明殿爲中心，這是忽必烈處理全國政務的地方；二是以延春閣爲主體的另一組建築，是忽必烈居住、日常生活的地方。

馬可波羅在大都生活了十幾年。對「人煙百萬」的大都，他在回憶錄中作了動人的描繪。他幾乎將人類創造的美好詞句諸如雄偉奇觀、登峰造極、壯麗富贍、氣勢軒昂等等都傾瀉到了大都城上。如果人們懷疑這是馬可波羅的信口開河，但隨後的鄂多立克和伊本白圖泰對大都也表示了同樣的驚羨，大都作爲十三世紀城中雄傑，看來並不眞是馬可波羅的滿嘴雌黃了。

同樣令西方旅遊家驚歎，忽必烈苦心經營的巍峨巨勢，也沒能逃脫改朝換代的厄運。八十年後，它已成爲一片廢墟，只能供人憑弔了。

下面請參觀十三世紀末的上都。

上都的建築分兩部分。一部分是劉秉忠所建的漢式城邑，也是由外城、皇城、宮城組成；另一

大汗坐在一個由四頭象載著木製的亭子中，這個亭子雕刻精細，裏面襯有金線織的布，外面掛有獅子皮，因為大汗患有風溼病，所以行獵中這樣載運的方法是必不可少的。（《馬可•波羅遊記》插圖）

部分是蒙古式的宮帳，駐營在一個方圓二十多公里的御花園上。

與大都相比，上都給了忽必烈體味眞正草原生活的樂趣。在御花園內，溝渠縱橫，草地豐美，許多品種的鹿和山羊在這裡遊食，與牠們爲伍的還有成千上萬色白如雪的牡馬和牝馬，以及二百多種飛禽。忽必烈對這些動物禽類，異常珍愛，任何侵犯牠們自由的人都將被震怒的忽必烈處以死刑。對忽必烈來說，飛禽走獸比人更可愛。

每年的六、七、八三個月忽必烈駐蹕在氣候溫和的上都。每週他都去巡遊這座天然的御花園，他騎馬馳騁在這片草地上，帶著鷹及數頭小豹，行獵取樂。當他高興時，忽必烈放出小豹，觀賞豹捕鹿、羊的雄姿。

忽必烈的另一項娛樂活動，也必不可少，即：饒有興趣地觀賞術士表演法術魔術。忽必烈最感興趣與莫明其妙的節目有兩個：一個是烏雲密佈，傾盆大雨即將來臨，但術士們登上宮頂，一陣妖法完畢，天空卻漸漸雲開霧散，由霽轉晴。另一個節目則更不可想像，當忽必烈坐在御膳殿就餐時，不用忽必烈以及侍衛們動手，術士們就能將酒或飲料注入杯中，然後杯子在空中飛越十數步，直接到達忽必烈手中。當忽必烈飲完後，杯子又會自動飛回原處。忽必烈曾不無得意地問基督徒：「你們會這樣的法術嗎？假如能，我就改信你們的宗教」。

跟隨忽必烈到上都的還有中央機關的首腦們，在這裡忽必烈也處理政事。另外，更重要的工作是舉行蒙古傳統的祭天儀式，除蒙古人外其他族人均不得參加。忽必烈還會屢屢舉行草原諸王大宴會，宣頒成吉思汗的札撒，並讓每個與會者都說一段必力格（箴言）。

兩都制將忽必烈一分爲二，在上都他盡情表演蒙古舊俗以取悅諸王，放飛他愛好自然的天性，在大都他儘量裝出一副勤政愛民的皇帝樣子，批閱成堆的枯燥奏章，傾聽腐儒們囉哩囉嗦的說教。忽必烈留下三個月給上都，一面避暑、一面遊玩；留六個月給大都，一面過冬、一面處理全帝國的政務。另三個月忽必烈要去海濱或大草原行獵取樂。

每當春暖花開，草青地茂，忽必烈便帶領數萬人的各色隨從投入大自然的懷抱，進行遊獵大旅行。

感謝馬可波羅給我們繪聲繪色地講述了忽必烈遊獵的許多細節，假如沒有他的幫助，我們眞不知道忽必烈這三個月是如何渡過的，也許只能讀到「行獵」兩個乾巴巴的漢字。

每年春季，忽必烈便率領他的后妃、諸王、醫生、星占學家、鷹師和各類官吏、服務人員浩浩蕩蕩地從大都出發，向東北方向前進。因爲忽必烈中年就患風溼病，他的坐騎不是馬而是從東南等地進貢的大象。四頭大象共載一個木製亭子，這個亭子忽必烈稱之爲「寶盆」。其高度可想像而知。這簡直是一座移動的宮殿，亭子精雕細鏤，裡面襯著金錢織的布作墊，外面則掛著獅子皮。忽必烈的舉足一動都帶有他的個性，其胸襟之開闊由此亦略見一斑。

忽必烈坐在寶盆裡，兩旁有十二名最寵幸的侍衛，官員站在他的身旁，帶著十二隻帝國最凶猛的大隼。在四隻大象的兩旁是騎馬的隨從。當騎馬的衛士觀察到鶴或其他鳥類飛近時，便馬上稟報忽必烈，忽必烈拉開寶盆門簾看到獵物後，便命令放出大隼，而他則躺在寶盆的睡椅上，觀賞空中鷹攫獵物的搏鬥。

隨從忽必烈的還有多達一萬人的鷹師和兩萬人的猛犬看管者。忽必烈豢養有不同的獵具以狩獵不同的動物。他用豹和山獵，追逐野鹿；用獅子襲取野豬、野牛、驢、熊鹿等；用鷹專門訓練捕狼；用隼搏擊飛禽。他養的許多獅，皮毛光澤，顏色美麗，將它們關在籠內用

大汗的萬壽日，臣民們為大汗祈福。（《馬可•波羅遊記》插圖）

車運至狩獵地；他養的鷹體大有力，犀利凶猛；他還養有最少五千頭猛犬和獵狗。忽必烈十分喜歡觀賞獅子追逐野獸，獅子凶猛的氣勢和捕獲獵物的敏捷靈快，一定給忽必烈帶去許多樂趣的啓示。但給他帶去啓示最多的也許是圍獵的壯觀景象。

忽必烈將數萬人的狩獵隊伍分成許多小分隊，從左右兩個方向突進，猶如撒開大網，然後合圍，將所攏的猛犬，獅子、豹、鷹一齊放出，而忽必烈則安然地坐在他的高大寶盆上，置身於圍場中央，欣賞圍場內從四面八方撲來的獵人們的奮勇搏擊，鷹犬的迅猛追逐，其震憾人心的盛況，恐怕連忽必烈本人也難以用語言描述。由此，我們想到忽必烈滅亡南宋，其場景與這圍獵有著驚人的相似，只是獵物由猛獸換成弱宋的臣民、江山而已。

忽必烈的一切似乎都是氣勢非凡的代名詞。大狩獵的宮帳其大且豪奢也令人難以置信。這頂帳幕寬敞異常，據馬可波羅說，一萬名士兵能在裡面排列成陣，而且還留有高級官員和草原貴族們的坐席地。帳幕的入口處朝南，東邊另有一帳幕與它相通，構成一個寬敞的廳堂。它的後面是一間華麗漂亮的大房間——忽必烈的臥室。每間廳堂或臥室，用三根雕花並鏤金的柱子支撐，帳幕外面用白、黑、紅條相間的獅皮覆蓋，縫結緊密，既不透風，又不進雨。裡面則襯以貴重的貂皮和黑貂皮。這是忽必烈的寰宮，也是召見官員議事，處理緊急政務的地方。如果將它比之爲移動的宮殿，相信誰也不會反對。

在這頂帳幕的周圍還駐紮有眾多皇后、諸王、貴族、官吏、鷹師等人的幕屋，占地之廣與盛況壯觀，如果將之比爲移動的城市，相信人們也同樣不會表示疑問。

整個春天，忽必烈就消磨在令現代人無法想像的遊獵生活裡。然後他去上都避暑。

如果人們覺得忽必烈在大都的生活過於沉悶，那麼，忽必烈用大朝宴和萬壽節、元旦節補救了它。

元旦（指中國的春節）這一天是新年伊始，所有在京的官員及各類公務人員都齊聚在皇宮的殿前向忽必烈磕頭拜年。之後，忽必烈一除中原皇帝的小家子氣，他不是檢閱軍隊而是檢閱數百頭大象組成的象隊。全部大象都披上用金銀線繡成鳥獸圖案的富麗堂皇的象衣，每頭大象的背上都放著兩個匣子，裡面滿裝著宮廷用的金屬杯盤和其他器具。象隊後面緊跟龐大的駱駝隊，同樣也馱裝著各種生活器具。整個隊伍排好後，列隊從忽必烈面前走過，接受忽必烈的檢閱。

九月二十八日，是忽必烈的誕辰。這是僅次於元旦節的另一個隆重的盛大節日。所有的教徒、基督教徒、穆斯林、道士及各色人等，都必須分別虔誠地禱告他們的神主、祈求保佑忽必烈萬壽無疆，其溥海歡騰恐怕一枝禿筆難以盡述。

在元旦節、萬壽節或其他值得慶賀的時候忽必烈還舉行大朝宴。五個世紀以後，「散財童子」「十全老人」乾隆大帝的千叟宴與忽必烈大帝大朝宴的盛況相比，一定會顯得十分寒酸。參宴的人員常達萬人，只有少數人能夠入座，大部分官員乃至草原貴族都必須坐在大殿的地氈上進餐。珍饈佳肴的豐盛，超乎一切的常規。宴罷後，忽必烈開始欣賞喜劇演員的各種俏皮術和術士魔術師的各種戲法。請不要忘了，這時候必然有一頭馴良的獅子躺在忽必烈的腳下。

當我們撩開忽必烈神祕的生活，你是否會覺得那一小片思儉草是那麼的柔弱無力、弱不禁風，以致於它在忽必烈的生活中顯得可笑、可憐。

這就是忽必烈的生活與性格，荒誕卻又合理。

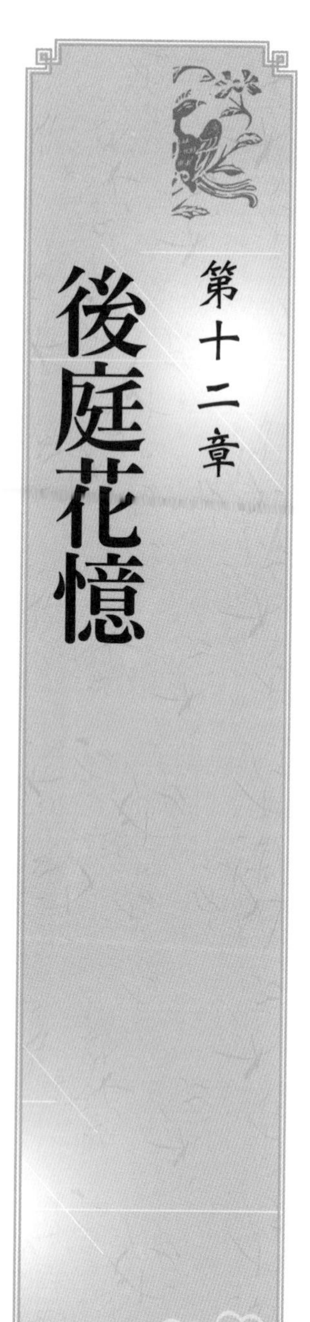

第十二章 後庭花憶

每一個成功的男人背後，必然站著一位不同凡響的女人。

女人同戰爭一樣是忽必烈生活的調味品。

同成吉思汗的粗魯和四處追逐敵人的妻子相比，忽必烈似乎在兩性戰場上顯得溫柔些。翻爛了十三世紀的史籍，也沒有尋覓到成吉思汗式的猛獸追捕獵物在忽必烈身上顯影的蛛絲馬跡。儘管忽必烈的度量弘廣、志向高遠、氣勢恢宏毫不遜色於乃祖。這倒是一個十分有趣的性心理問題。

對於女人的鑑賞以及兩性關係，不同的民族、時代和個體有不同的標準與態度。成吉思汗時代，克烈部的撒里黑汗曾說道：「我有上百個妻子，卻沒有一個稱心的；有智慧的，我領略不到她的手足；而有美麗手足的，我又領略不到她的智慧，因此，我沒有一個懂事的美人和伶俐的人兒」。這是男人的想法。同樣在成吉思汗時代，王罕兵敗後，他的部下奎帖木兒的心愛妻子，被成吉思汗賜給晃豁壇部人脫欒扯兒必，脫欒扯兒必從此也拋下眾妻，獨幸其身。成吉思汗很好奇，問她的魅力何在，這個女人回道：「女人的身體都差不多，男人強悍有力又是一家之主，妻子只不過是附庸。既然這樣，妻子就應當千方百計順從丈夫，按他的意志去操持家事。如能這樣，丈夫對她的愛就會加深」。成吉思汗也評論過女人，他說：「人們根據妻子的美德去認識丈夫。婦女應在其丈夫出去打獵或作戰時，將家裡安排得井井有條，藉此來提高丈夫的聲望。丈夫應相信妻子的貞潔，妻子則要順從夫意」。以上，有兩個標準值得注意，除了外表的美麗之外，柔順、勤勞與聰穎被認爲是女人的美德。這一點將影響忽必烈的女人觀。

蒙古男人的大部分時間消磨在狩獵和作戰中，閒暇時則生產弓箭，製作馬具和修造帳幕，女人則包攬了全部家務和提供一切生活用品：縫製各種皮貨、製作奶油等食物、搬遷營帳、照顧畜群和孩子。因此，女人在蒙古畜牧業經濟裡占據著極其重要的地位，遠非農業經濟的婦女可比。自然，要求婦女勤儉持家便顯得格外重要。這也是蒙古人實行多妻制的緣由之一。

只要能養得活，蒙古男人想娶多少老婆都不會被人非議。直到忽必烈即位，蒙古人中還殘存有搶婚制的遺風，男人需要攜大量聘禮去求見未來的岳父。舉行宴會時，女孩則逃到親戚家裡，岳父同意後說：「我女兒是你的了，只要你能找到她。」另外一種形式是通過戰爭或其他暴力去掠奪女人，在這一點上成吉思汗不僅是可憐的受害者，也是最大的值得他永遠自豪的獲益者，他母親被也速該搶來生下了他，而他的長妻孛兒帖則被搶來搶去。之後，成吉思汗帶有變態的強暴心理去征服敵人的妻子、少女。

成吉思汗大規模擄掠敵人妻女，隨著他統一蒙古草原而呈歇息之勢，只是對金、西夏及西域諸國進貢的少女成吉思汗仍照收不誤。到忽必烈時代，霸掠女子玉帛被忽必烈視為野蠻，加以儘可能的禁止，搶婚的遺風也許僅限於明媒正娶中的形式了。這可

搶婚

搶婚，乃是母系時代蒙古部落先民在族外婚制度下，施行的一種通過搶劫婦女而締結的婚姻關係。一個氏族的男子，必須在另一個氏族中搶劫一個女子，方能成婚，這往往需要訴諸武力，有時甚至要為此而流血犧牲。

這一古老的婚俗現今雖已消失，但近現代蒙古族婚俗中，卻仍舊保留著象徵性的搶婚習俗。新郎前來迎親時，新娘的女友便把新娘團團圍住，不讓新娘走，於是，迎親的新郎和陪同前來娶親的小夥子們，便只好將新娘「搶走」，這顯然是搶婚形式的遺存。對此，明代《夷俗記・匹配》條有如下記載：「時將昏矣，婦則乘騎避匿於鄰家，婿亦乘騎追之。獲則挾之同歸家，不然，則追至數百里。一二日不止也。倘追至鄰家，婿以羊酒為謝，鄰家仍贈婦以馬，縱之於外，必俟婿促獲對獲之。」看來，蒙古族婚禮中的閉門迎婿、哭嫁等習俗，也是這一古老搶婚習俗的遺留。

能就是忽必烈與成吉思汗的不同之處。忽必烈的諸后妃中除了成吉思汗替他搶到的，在忽必烈還是兒時就由成吉思汗主持婚配的篾兒乞人忽魯黑臣外，我們找不到南宋和高麗嬌美的少女，被俘的南宋金太后、謝太后，忽必烈也沒有染指。從忽必烈身上我們反而找到了漢帝文明的影子。

在婚俗方面，蒙古游牧人還有兩個現象值得社會學家們深思。

寡婦再嫁。一旦一個女人嫁出，她就永遠是夫家的媳婦了，除非她被搶走或其夫家所在部落戰敗被勝利者賜來賜去。如再嫁給其他家族的男人，在蒙古寡婦們看來，那是不可想像的。即使如願，也會遭人恥笑。但她們並不會因此而絕望，還有兩條坦途給她們的生活困境和情欲飢渴帶來曙光。一條是守竈的幼子或其他兒子在父親死後可娶除自己親生母親外的任何庶母，只要雙方都願意，如果寡婦覺得這有些難爲情的話，她還可選擇再嫁給丈夫的哥哥或者弟弟，甚至家族中其他的晚輩男人。自然這在漢人風俗裡同樣令人尷尬。

有關這方面的佚聞趣事，多得不可枚舉。成吉思汗死後，窩闊台與察合台爲爭娶庶母引起一場不愉快，窩闊台沒有向察合台申請便娶了庶母木哥哈敦。窩闊台像父親一樣十分寵愛木哥哈敦，以致引起窩闊台其他諸妻的嫉妒。察合台不知道這些，從阿力麻里遣使去請求窩闊台「父親遺留下的諸母和美妾中，請將木哥哈敦給我吧！」窩闊台回答道：「我已經娶了她，假如在這之前

女人在蒙古畜牧業經濟裡占據著極其重要的地位。圖為20世紀90年代，內蒙古草原擠羊奶的婦女。

還可以，如果你還看中了誰，我派人送去」。察合台悻悻說：「除了她，我別無所求」。最終窩闊台也沒有割愛。拖雷死後，忽必烈的母親唆魯禾帖尼拒絕了窩闊台要求她再嫁給貴由，但拖雷的另一個妻子脫忽里哈敦卻沒能爲他守節，她嫁給了庶子唆魯禾帖尼的兒子旭烈兀，旭烈兀對她很敬重，她隨旭烈兀到了波斯，並在那裡去世。她雖沒與旭烈兀生子，但她斡耳朵的其他妃子卻給旭烈兀生有子女。

一般來說，蒙古的寡婦對家族中的男人提出再娶，會表示熱情接受。這種父死子承、兄終弟及的再蘸制，多少帶有些人道主義的意味，但我們也應當看到游牧經濟的特殊性。蒙古人的眾多妻妾大都有自己的帳幕斡耳朵，一個斡耳朵實際上就是獨立的生產單位，他娶帶有承襲遺產、財富的成分。此外，多妻制使草原的女人顯得供不應求，婦女在畜牧經濟中所處的重要地位也使男人需要更多的婦女。

與寡婦再嫁並舉的婚俗還有：蒙古人除生母、親生女兒、母同胞的姐妹外，可以與自己所有的女親戚婚配。祖、父、子娶同一家的三姐妹，兩姐妹也可嫁同一家的親兄弟；表親間的婚嫁極爲正常而普遍，堂親間的結合以至聘迎同父異母姐妹也被允許。

由於這兩層姻緣，黃金家族內部的姻親關係盤根錯節，令人眼花繚亂，撕扯不清。王罕的弟弟札阿紺孛有四個女兒，忽必烈的母親唆魯禾帖尼是二小姐，忽必烈的大姨媽是祖父成吉思汗的妻子，二姨媽則嫁給了其伯父朮赤，四姨媽被汪古惕人聘去。汪古惕人戰敗後，成吉思汗到處搜尋她，圖謀占有四小姐，但沒有找到。

可能連忽必烈都爲如何稱呼親戚而苦惱的是他與正妻察必家的關係。德薛禪是成吉思汗的岳父，孛兒帖的父親，拖雷的外祖父。德薛禪有一位弟弟名納陳，兩個兒子一名按陳，一名斡陳。斡陳娶了拖雷女兒也速不花；按陳娶了窩闊台的女兒唆兒哈罕。而蒙哥則娶了按陳從孫忙哥陳的兩個女兒忽都台和也速兒；忽必烈則娶了按陳的女兒察必、按陳孫脫憐的女兒帖古倫、納陳孫仙童的女兒南必，面對這糾纏不清的親緣，我們已被搞得迷三倒四，最好還是丟開這令人頭昏腦脹的關係，這種聯姻在當時帶有非常明顯的政治目的。

蒙古的婦女和少女也像男子一樣的強悍，她們也同樣地敏捷，騎馬馳騁、攜帶弓箭和身挎箭囊，甚至還有個別的女性率軍打仗。成吉思汗的女兒阿剌海，明

阿剌海別吉

阿剌海別吉是成吉思汗與孛兒帖之三女。成吉思汗統一蒙古後將阿剌海別吉賜予汪古部，可能先後嫁給過阿剌兀思、鎮國、不顏昔班、孛要合等多位汪古部首領。她因為曾掌管汪古部事而被稱為「監國公主」，其統治汪古部至少有近二十年之久。大德九年（一三〇五年），元成宗追封其為「齊國大長公主」。至大四年（一三一一年）元仁宗即位後又加封她為「趙國大長公主」。

成吉思汗出征西域，令三女兒阿剌海別吉留在今日的包頭地域為監國公主，帝國內的一般事情由木華黎具體負責，凡遇到大的事情都得向阿剌海別吉「請示，然後才能辦理」。

一九九四年，在武川東土城鄉出土了「監國公主行宣差河北都總管之印」，這是阿剌海別吉的官印，也是她行使監國權力的有力佐證。孛要合出征西域歸來，阿剌海別吉的丈夫鎮國已經去世，成吉思汗讓孛要合襲封北平王，並娶阿剌海別吉為妻。

監國公主阿剌海別吉不愧為一代天驕成吉思汗之女，《元史》說她「明睿有智略」，「師出無內顧之憂，公主之力居多」。就是說，她聰明有智慧，成吉思汗出征時，家中沒有後顧之憂，這主要是得力於三女兒阿剌海別吉。

一二二七年成吉思汗逝世，阿剌海別吉仍然履行監國公主的職權。一二二八年，中都一帶，也就是今天的北京一帶，有信安等結夥劫掠，王楫等仍奉監國公主命令率兵前去剿滅。

阿剌海別吉嫁給孛要合沒有生兒女，孛要合的姬妾生了三個兒子，即君不花、愛不花、拙里不花。阿剌海別吉對待他們就像親生兒子一樣，非常賢德。孛要合死後，追封為趙王。阿剌海別吉死後，追封為皇祖姑趙國大長公主。孛要合和阿剌海別吉居住的王城也被稱為趙王城，就是今天達茂旗敖倫蘇木古城。

阿剌海別吉大約出生在一一六八年左右，她在今天包頭故土上生活約三十多個春秋。中外史籍卻很少提及監國公主阿剌海別吉如何「明睿有智略」，實是一件遺憾的事。

敏而有智略，號監國公主，軍國大事，以智謀偉略著稱的木華黎還向她問計。而給馬可波羅和拉施特留下印象最深的是海都的女兒忽禿倉察合，她的癖性猶如男兒，不止一次隨父出征，建立功勳。馬可波羅稱她，四肢發達，體格高大強壯，力大無窮，「軍隊中沒有一個騎士，表現出像她那樣的英勇。」不讓鬚眉的巾幗英雄在蒙古人中普遍受到敬仰。因此，強悍也被視爲婦女的健美標準之一。而在忽必烈眼裡，成熟美是一個女人必不可缺的，也許這種審美現就基於蒙古人的舊俗。

綜括起來，忽必烈對女人審美觀基本上基於三點：美貌、聰慧與成熟。他基本上繼承了蒙古人傳統的審美觀念，而他一生中最鍾愛的女人察必和南必正是集三者而爲一身的美女。

忽必烈有許多妻妾后妃，姓名

載入史籍的有九位，值得古人潑以筆墨的有蒙古弘吉剌部的帖古倫（守大斡耳朵）、察必、南必（守第二斡耳朵）、守第三、四斡耳朵的名單史說紛紜，而且漢譯名與阿拉伯、俄語譯名也大有出入。不過，基本上有這幾位：突厥化蒙古篾兒乞部的忽魯黑臣可敦、蒙古尼倫部朵兒邊部落的迭里眞可敦、蒙古許愼部落的許愼眞、蒙古巴牙兀惕部落的伯要兀眞可敦（她守第四斡耳朵）等。

馬可波羅所說的忽必烈有四個正宮皇后，就是指守四大斡耳朵的女主人。忽必烈儘管對漢文化表示傾慕，但私生活上他卻完全承繼了蒙古舊俗，在後宮他仍設四大斡耳朵，一切后妃都隸屬於四大斡耳朵。四大斡耳朵的女主人均擁有皇后的稱號，而不像中原王朝只有一位妻子享用皇后美名的特權。

但請人們不要誤會，在大都的「斡耳朵」實際上建築是金碧輝煌的宮殿，而不是人們想像中的充滿草原味和獸性的帳幕，這已有些掛羊頭賣狗肉，而忽必烈在許多事情上都喜歡這種方式。

廝磨於忽必烈宮廷的這個威尼斯人還對我們說：除四位皇后外，忽必烈的許多嬪妃都來自蒙古弘吉剌部。無疑這不準確，最起碼是不全面，也許四位皇后的侍女們主要來自弘吉剌部。每位皇后都擁有三百個年輕貌美的宮娥，還有內寢宮女等，而這些沒有名的美女，只要忽必烈有興致，偶爾偷歡也未嘗不可。事實上漢文史籍中僅記載忽必烈有十二個兒子，而馬可波羅則向我們洩露天機，稱忽必烈的正宮生了二十二個兒子，其他妃子生有二十五個兒子。而妃子的外延似乎和大元一樣無邊無際。

不過蒙古汗宮以至有元一代弘吉剌部的確是出產皇后的盛地。窩闊台就明文規定，公主是弘吉剌部的準媳婦，而弘吉剌部的少女則是黃金家族的準妻子。弘吉剌部的妙齡女子以容貌秀麗、膚色光潔而著名。忽必烈登上汗位後，每隔一段時間，就派人去這塊風水寶地挑選美女一次。而弘吉剌部美女也像海灘邊上腹含珍珠的蚌殼，總也俯拾不盡。

忽必烈的選美程序十分複雜，頗似東漢時代的選妃，所不同的，漢代是博採天下。選美大員一到弘吉剌部，就召集所有的年輕女子，審美專家對她們的頭髮、面貌、眉毛、口、唇等進行極其精細的甄別考察。按姿色分爲十六、十七、十八、二十或二十歲開外幾種類型，凡秀色可餐的當選者，由選美大員送往忽必烈的宮廷。這是第一道程序。

進宮以後，忽必烈任命另一

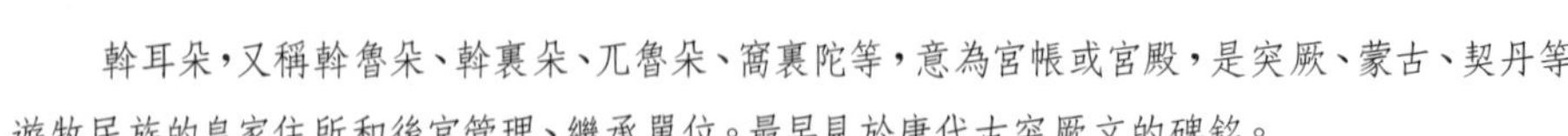

斡耳朵

斡耳朵，又稱斡魯朵、斡裏朵、兀魯朵、窩裏陀等，意為宮帳或宮殿，是突厥、蒙古、契丹等遊牧民族的皇家住所和後宮管理、繼承單位。最早見於唐代古突厥文的碑銘。

大汗的四位皇后和皇子（《馬可•波羅遊記》插圖）。

廣義的斡耳朵也指宮室建築或家眷。例如遼德宗將其建立的西遼都城命名為虎思斡魯朵。也可指「國家」，俄羅斯人在金帳汗國時代稱直接臣服的國家為大斡耳朵。

元朝建立以後，大都的皇宮為土木建築而不是帳篷，但斡耳朵的名字和制度仍舊保留。忽必烈也設有四斡耳朵，分別由他的帖古倫大皇后、察必皇后及其妹南必后、塔剌海后和伯要兀真后掌管。各斡耳朵都有自己的封邑。其後的元朝皇帝也有自己的斡耳朵，各有屬民、納稅和皇室歲賜等收入，去世後留給后妃和其皇家繼承人，元朝政府還設立了專門的三品官職以管理已故皇帝的斡耳朵，例如元成宗的斡耳朵由長慶寺管理。

批更高級的審美專家再次審核。汰選後，挑出三、四十個豔麗驚人的少女充忽必烈的寢宮。姿色稍次的分派到諸王的府邸，學習烹飪、裁剪等手藝。這在第二道程序。

選出侍宮妙女後，忽必烈再次任命年長資深的宮娥夜間認真考察她們，確認她們的玉體是否有什麼隱祕、瑕點，睡覺是否安穩，是否打鼾，呼吸的氣息是否芳香如蘭，其他玉體部位有沒有難聞的氣味。這是第三道程序。

經過如此複雜的擇優錄取後，剩下的少女們則被分成五組，順序輪流在忽必烈的內宮侍奉三晝夜。一組在寢宮內百依百順，一組在寢宮外室隨時聽令。侍奉忽必烈臥室的職責，全部由這些妙齡妍女承當，而不像中原王朝的皇帝，不陰不陽的宦官時而像幽靈地在其身邊遊蕩。

忽必烈喜歡讓二十歲以上的美女侍奉，正如他喜歡察必的成熟美一樣。由此我們可以得出結論，身輕如羽的趙飛燕如果生處忽必烈時代的弘吉剌部，肯定會在歷史上寂然無聞；令女性化的賈寶玉癡醉不能自持的林黛玉，如也生處忽必烈時代，假設選美大員一時疏忽，將之送往汗宮，忽必烈見後也肯定會大怒不止。

由於史書的大肆鼓舌，我們推斷忽必烈一生中深愛著兩個弘吉剌美女，察必自然是忽必烈的第一位寵妻。

察必不僅長得極美，媚功上乘，而且人極聰明，思維敏捷；此外還極勤儉，嫻雅柔順，具有蒙古婦女的傳統美德。這已經夠吸引忽必烈了，但她還兼備經天緯地的政治才能，具有敏感的政治嗅覺，她在蒙古婦女中無疑是出類拔萃的超級明星。

每一個成功的男人背後，必然站著一位不同凡響的女人。蒙古人創造的帝國如果沒有偉大的國母如訶額倫、孛兒帖、唆魯禾帖尼、察必，很難想像帝國的崛起能之與否，但至少忽必烈的汗位有些問題。

察必早在忽必烈還是草原諸王時就獲寵異常了。在史書上的第一次亮相就十分驚人，歷史不得

陶捧粉盒女侍圖，元代。西安市長安區韋曲耶律世昌墓出土。

不折服在她的石榴裙下。開慶元年（一二五九年）忽必烈在獲悉蒙哥已死的情況下，仍莫明其妙的南進，阿里不哥四處簽發蒙、漢兵，留守開平的察必敏銳地洞察到和林的氣候變化，遣使質問阿里不哥：「發兵是國家的大事，太祖的曾孫眞金在這裡，爲什麼不讓他知道？」依照札撒，簽軍要與諸王協議，這話問得機智非常。察必一面抵制簽軍，爭取時間；一面派脫歡、愛莫干急馳忽必烈軍營，請丈夫火速北上，問鼎汗位。

察必毫不遲疑，緊緊抓住風雲際會中稍縱即逝的機會，對忽必烈的龍飛九五之尊，起了關鍵性的作用。連她的孫子成宗鐵穆耳都特別感謝她。對她在「虎變之秋」，洞識事機，促使祖父班師鄂州，並在上都輔佐祖父踐阼的殊功，都給了高度評價。謚文中「上都踐阼詐，殊多輔佐之謀」的包含天機字句，使我們不禁好奇地猜想：她是否在忽必烈時對忽里臺還心存幻想的猶豫不決時，吹過強勁的枕邊風？

由於歷史喜歡留下大段空白，故意逗人遐想，藉而平添魅力，我們不敢遽斷，攘人之興。但《元史》稱她「性明敏，達於事機，國家初政，左右匡正，當時有力焉」這段話，我們卻敢說，這是眞的。

大都建成後，天性自然的忽必烈爲補大都的缺憾，也爲了討草原諸王的歡心，同意將大都京外的農田改闢牧場。當怯薛官將牧場的藍圖呈遞忽必烈時，察必走到丈夫前，但卻不直視丈夫，責備劉秉忠說：「你是漢人中的聰明人，皇帝對你言聽計從，你爲什麼不直言？剛定都時，如果用農田牧馬還說得過去，現在軍民業已分家，奪人生路還行嗎？」忽必烈聽後默不作聲。

我們不知道忽必烈的沉默中，潮湧著什麼？幾絲遊興失落的惱怒，還是幾分對國計民生的歉意？但毫無疑問在宰臣們面前他爲妻子的機智和聰明感到自豪和欣慰。

如果將察必的顧左右而言它式的反諫與唐太宗的長孫皇后朝服拜賀式的反諫對比，我們實在分辨不出伯仲。忽必烈喜歡聽《資治通鑑》，有一次翰林學士王思廉講到李世民怒罵魏徵，長孫皇后朝服拜賀，勸諫丈夫。忽必烈深有感觸，命王思廉到察必宮中，再向察必講一遍。忽必烈沒想到妻子的聰明，活學活用竟如此出神入化。如果他不寵幸察必的話，的確有點使後人想不通了。再對比一下兀洼思篾兒乞的美女忽蘭，爲了證明保護自己的納牙對成吉思汗的忠誠，爲了證明自己的清白而大膽的直諫，將很有韻味。忽蘭發誓證明納牙無罪，激動地說：「你如果不相信，請驗我的貞操好了！」這種直露的野語，只能挑起成吉思汗狂放的情欲。請想一想察必的柔風細雨，你是否可以體會到忽必烈對待情愛的態度？

每一個朝代滅亡以後，下一個朝代的主人總是滿懷勝利之後的興奮和樂後的不安，去總結人的失誤，探索構建萬世帝國的理想，儘管它仍免不了帝國猶如塵埃，再落失敗之河。這幾乎已成歷史的定式。

忽必烈一如唐太宗，南宋滅亡後他最喜歡談的話題便是前朝的國事。他的眉飛色舞常常使他頭腦發昏，另一方面他又時常鼓勵臣下直諫，汲取亡國者的教訓。不過，忽必烈時代沒有出現冒死逆鱗的諫臣，一方面說明儒家「流毒」的勢衰，另一方面也說明忽必烈可能更喜歡察必式的規諫，而不真正喜歡魏徵。忽必烈曾對犯顏的廉希憲就大爲不滿，質問廉希憲：「你過去在王府，對我的過失還能容忍，爲什麼我做了天子後，你卻反而倔強和不看眼色了呢？」

但聰明的察必兩次的側諫卻使忽必烈不斷深思。

南宋亡後，忽必烈大宴群臣，歡情洋溢，只有察必面色不懌，忽必烈關切地問：「今江南已平，兵戈浸息，獨你不樂，爲什麼呢？」察必憂歎道：「我聽說，自古沒有

褐釉三魚紋貫耳壺，元代，韓城市出土。貫耳，陶瓷術語，瓷瓶耳的式樣之一，器耳呈貫通的管狀，豎向粘附於瓶的直頸兩側。這件元代褐釉三魚紋貫耳壺仿自古代青銅投壺造型，直口闊腹，瓶側筒狀貫耳與足部兩側長方孔相對應，可以穿系繩帶。此瓶釉色厚潤，端莊典雅，是元代瓷器中的珍品。

千歲之國，但願我們的子孫不致淪落到這種地步。」

南宋的國庫府藏運到大都後，忽必烈將金銀珠寶等分類擺放在大殿前，派人去請親愛的妻子察必觀看，察必瀏覽後轉身離去，忽必烈十分不解，詢問她想要些什麼。察必出語驚人道：「宋人的祖先搜羅了這麼多寶物，傳給了子孫，因爲他們的子孫玩物喪志，無力守護，才盡歸我國，我爲什麼拾取呢？」

察必的遠見卓識，令人擊節而歎！

或許，這些警言妙語徒增了元帝國的悲哀，忽必烈在深思的不悅中呑咽了它。而察必的愛，才令忽必烈領略了生命的另一層涵義。蒙古的帽子沒有前簷，忽必烈射箭時，常常因爲太陽的照射而炫目，看不清獵物，一次閑聊，忽必烈說起自己苦處。細心的察必，在帽頂上縫上前簷以遮攔陽光，忽必烈戴上妻子的愛，十分高興，命令依此樣推廣到全蒙古。察必爲方便騎馬射箭還爲丈夫獨創性的作了一件前有裳而無衣襟，後面長而前面短，無領無袖的特製衣服，時人爭相效仿。在生活上，察必對丈夫付出了泛濫般的愛，而忽必烈也回敬給妻子數不清的愛。忽必烈的前四個兒子朵兒只、眞金、忙哥剌、那木罕都出自察必。由此，也可以想像到他們的愛之所深了。

十分有趣，歷史竟如此巧合，備受蒙古人敬仰和愛戴的偉大母親們訶額倫、孛兒帖、唆魯禾帖尼、察必都生了四個兒子，以致這些小馬駒們攪亂了人類的歷史。歐亞大陸的時間爲他們而流了整整一個世紀。當然，這是閒話。

忽必烈出任大汗、皇帝的第十三年，咸淳九年（一二七三年）三月，他給親愛的妻子察必戴上貞懿昭聖順天睿文光應皇后的尊號。至元十八年（一二八一年）二月，中國歷史上出色的蒙古族女政治家察必在丈夫的臂腕裡安祥地辭世。

兩年後，也許是悲痛欲絕的忽必烈出於對亡妻的緬懷，他將察必的從孫女南必領進了她的斡耳朵，由南必主持大斡耳朵，藉以平復自己的失落感，用南必的肉軀去呼喚察必的靈魂，恍視察必的幻影。但不久，六十八歲高齡的忽必烈茫然地意識到他眞的愛上了察必的替身、現實中被底下的溫柔尤物南必了。幾度失措情感的波瀾泛過，他們的愛情結晶兒子鐵蔑赤出世，晚年得子的忽必烈從此再也離不開年輕貌美溫柔同樣也富有政治頭腦的嬌妻了。

南必用她熱情奔放的青春，將垂暮、多病的忽必烈引向一片明媚的春光裡。受她激情的感染，忽必烈征服世界的欲望再度呼嘯狂湧，接連推起一系列的戰爭。

也許話扯遠了，忽必烈晚年一直寢臥南必的斡耳朵，以致宰相們經常很長時間找不到皇帝，只好請頗有政治智慧的南必轉達急事，而南必也十分樂意出任設於大元帝國最高領導階層的中轉驛站長。《元史》稱南必：「時世祖春秋高，頗預政。」

忽必烈風華正茂時，察必的政治智慧連同她嬌美的身軀，依偎在她寬厚的胸膛上；風燭暮年，忽必烈則依偎在南必同樣柔軟嬌美的臂腕裡，找到了他溫柔的歇息地。

如果人們還想聽聽忽必烈品論女性的話，那麼，最後讓我們看一看忽必烈是如何挑選兒媳的，可能這有助於理解忽必烈大帝的愛情觀。

一次，忽必烈到大草原遊獵，途中覺得口渴。縱馬馳至一座帳篷，看見一位年輕貌美的姑娘正緝搓駝絨，忽必烈走上前去討馬奶喝。姑娘溫柔地說：「馬奶倒有，但我父母諸兄都不在，我一個女子不便接待客人，請原諒。」忽必烈轉身欲走，姑娘見勢說道：「我既居此，客人來了又走，於理不宜。我父母一會兒就來，請稍等。」果然，其母親一會即返帳，並熱情地招待了他。忽必烈走後，歎息道：「誰家能娶這樣賢慧識理聰明溫順的姑娘，眞有福氣。」事隔數年，忽必烈決定爲眞金太子選妃，但臣下所奉均不稱意。一老臣獲悉這位姑娘還未出嫁，上言忽必烈。忽必烈大喜，即刻迎聘，與太子眞金完婚。這位姑娘就是弘吉剌部的闊闊眞，她用賢德、兒子改變了忽必烈身後的歷史。

馬奶桶，內蒙古呼倫貝爾新巴爾虎右旗巴爾虎博物館。馬奶其性味甘涼，具有補虛強身、潤燥美膚、清熱止渴的作用，是遊牧民族自古至今的重要飲品。

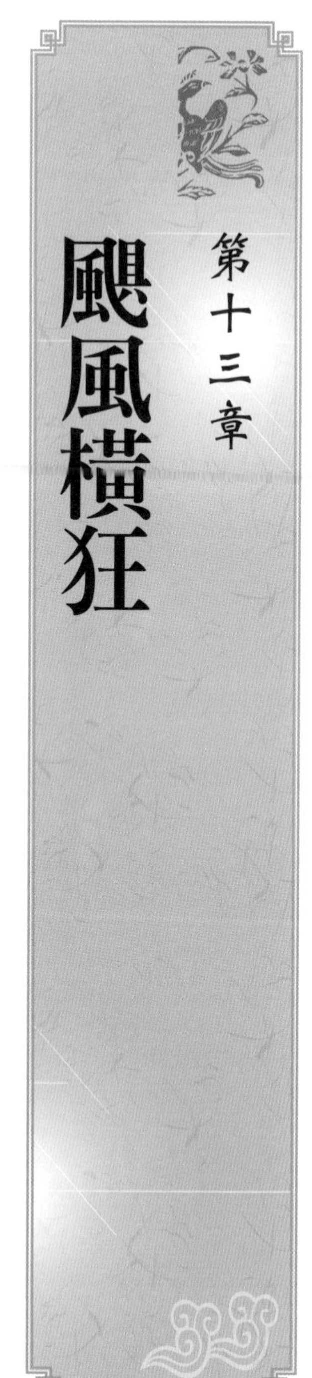

第十三章 飄風橫狂

世界征服者的遺產往往是印滿卑鄙、無恥，殺戮的歷史一頁遲遲不肯揭去。

地緣政治理論是近代國際關係的寵兒，但在古代中國的先哲們那裡，它早就爲偏愛縱橫闔捭的政治家、軍事家們所熟知了。其結果之一是朝鮮半島和中國猶如連體兒，中國本身的政治軍事衝擊波總能餘震到這個半島，每當中原王朝強盛時，它總能體驗到身邊巨人的威力，而在中原混戰時代它又常能喘口長氣。

也許十三世紀的高麗人對楊廣和李世民還記憶猶新，但現在高麗國，王氏家族感到與蒙古黃金家族打交道則更需小心翼翼。儘管如此，他們還是充分領略了蒙古人的憤怒，但景定元年（一二六〇年）王氏家族卻突然感覺到了忽必烈的溫愛，使高麗更加惴惴不安。福兮？禍兮？

嘉定十一年（一二一八年）蒙古鐵蹄以追擊契丹叛部爲名第一次踏進高麗，不久即相約爲兄弟。但嘉定十四年（一二二一年）成吉思汗的弟弟斡赤斤卻開出了一張數目驚人的索貢單，嚇得這位小兄弟的屬民將使臣殺掉了事，這天眞的舉動引來了紹定四年（一二三一年）、一二三二年、一二三五年三次瘋狂的蒙古鐵騎。淳祐元年（一二四一年）高麗國王王瞮遣質媾和，但使他莫名其妙，淳祐七年（一二四七年）至開慶元年（一二五九年）間蒙古巨變還是四次縱兵掠戮了他的國度。一二五九年王瞮只好派世子王倎入質。次年王瞮死，即大汗位只有十數天的忽必烈，採納廉希憲遣立世子倎、不用兵而得一國的建議，送王倎回（後改名王禃）國，冊立爲高麗國王，並下詔敕許高麗「完復舊

疆，安爾田疇，保爾室家」。

此後，直至忽必烈去世，蒙古與高麗的互使絡繹不絕，高麗國王或親赴或遣人歲貢珍異土產。入貢多達三十六次，「恪守臣職」，名義上奉元為君，實際上卻謀求獨立。忽必烈為進一步籠絡控制高麗，將女兒忽都魯揭里迷失嫁給王禃兒子愖，並在禃死後，冊立愖為高麗國王，通過嫁女聯姻，通過女婿駙馬，忽必烈達到了兵不血刃控制高麗的目的　在王瞰晚年，高麗一度動亂，忽必烈也一度設置達魯花赤於王京（今開城），監視高麗王族，後來忽必烈也在高麗設征東行省，任命高麗國王為行省丞相。依照成吉思汗的札撒，內屬之國，有納質、助軍、輸糧的義務，設驛，編戶籍、置長官並舉，忽必烈時代高麗基本上盡職責，負起了這沉重的義務。

高麗瓷瓶，元代，內蒙古博物院基本陳列《草原天驕》展廳。

檢討一下忽必烈的野心，高麗只是他鷹爪下的瘦兔。中統元年（一二六〇年）三月，立基未穩的忽必烈就口出狂言，稱：「今也，普天之下未臣服者，惟爾國與宋耳。」因此，他要求高麗臣服。高麗入貢後，忽必烈擺出一副醉翁之意不在酒的高姿態，至元五年（一二六八年）四月對高麗的使臣說：「回告爾主，速將軍力老實奏報，朕將派人監督。今出兵，或欲南宋，或欲日本，你們的國主必須造出能涉大海可載四千石的軍艦一千艘。」使臣分辯高麗民寡地瘠，久經兵燹。但忽必烈不喜歡聽這些，他醉言道：「爾國死者有之，生者亦有之。朕聽說：從高麗涉海，抵宋順風三日可到達，日本晨發而夕至。船上載米，下海後捕魚，難道不能成功嗎」？

忽必烈的征服野心，昭然若揭，高麗只不過是一塊降服日本、南宋的跳板而已。他吐露心聲的這一年正是發兵圍攻南宋襄、樊，揭開進攻南宋戰幕的一二六八年。

奄有四海的含義，忽必烈認爲就是連一塊蠻荒野島也要攏聚在自己的腳下，更何況黃金遍地，珍珠、寶石取之不盡的日本列島呢！忽必烈這巨鷹，在高麗上空翩躚時，其敏銳的雙眼一隻盯著南宋，一隻則俯視著日本，攫取的目光已有些讓日本不自在了。

日本是中國隔海相望的鄰邦。中國用儒學、佛釋和漢字餵大了這個小兄弟，直到元代他還沒有反咬一口。忽必烈登上蒙古大汗寶座的第六年，咸淳元年（一二六五年），忽必烈聽高麗人趙彝說：坐船可到達隔海的日本。聞言怦怦心跳了一年的忽必烈決定派兵部侍郎黑的，禮部侍郎殷宏分別擔任國信正、副使，攜帶國書通使日本。

聽聽信的內容，也許很有

上天眷命
大蒙古國皇帝奉書
日本國王朕惟自古小國之君
境土相接尚務講信修睦況我
祖宗受天明命奄有區夏遐方異
域畏威懷德者不可悉數朕即
位之初以高麗無辜之民久瘁
鋒鏑即令罷兵還其疆域反其
旄倪高麗君臣感戴來朝義雖
君臣而歡若父子計
王之君臣亦已知之高麗朕之
東藩也日本密邇高麗開國以
來亦時通中國至於朕躬而無
一乘之使以通和好尚恐
王國知之未審故特遣使持書
布告朕志冀自今以往通問結
好以相親睦且聖人以四海為
家不相通好豈一家之理哉以至
用兵夫孰所好
王其圖之不宣
至元三年八月日

元朝國信使出使日本的「國書」，元世祖忽必烈書。

意思：忽必烈在謙和中透著威儀，他說：朕想自古小國的君主還知道修鄰睦好，況我祖宗受天明命，而奄有區夏。朕一即位，憂念高麗久瘁鋒鏑，就下令罷兵，還其疆城，高麗君臣感戴來朝，名義上以君臣禮相見，但實際上歡若父子。日本與高麗交往較多，大蒙古國以來也時通中國。朕即位後，卻沒有一乘之使通好，也許是貴國還不知道，所以遣使致書，希望今後通問結好，以相親睦。聖人以四海一家，如不相通好，豈爲一家之理？較比兵戎，不知道那個好，請貴王考慮。

似乎蒙古人征服世界前總是抱著和平的態度去和各國交往，無論是花剌子模，還是南宋。信寫的都極平和，讀了之後讓人十分感動，最多最後加上一句：「如果你不理睬我的話，我將認爲你們是敵人。這句話的意思只有長生天知道。」但遺憾的是十三世紀那些沒落的王朝們都沒有讀懂最後一句話，結果自然是全世界都成了蒙古的敵人。我們不知道究竟是全世界與蒙古帝國爲敵，還是蒙古與全世界爲敵？以致上帝的子孫們不清楚，也不願意搞清楚戰爭是爲什麼而起的，正義究竟在哪裡？直到苦難的二十世紀。

忽必烈命令高麗國王派人護送黑的、殷宏前往日本。黑的等到達巨濟島，懼怕滔滔大海，轉身折回。後世的高麗人則說，高麗國相李藏用考慮到如果日本抗命不朝，必會引起征伐，那麼，倒霉的將是高麗，因此密勸黑的大海太無情無義。也許這二者兼有，但忽必烈不管大海如何，切責高麗國王負責送信。王禃從命，咸淳三年（一二六七年）九月派朝官潘阜等持書前往日本。

日本雖然欽羨漢唐文明，並常有貢使，但對於中國它一直是化外之邦，日本從來都是獨自立國。因濡染中國的儒家觀念，日本人對夷狄的鄙視一如漢儒。當時統治日本的是龜山天皇和鎌倉幕府，他們從來沒有聽說過什麼蒙古人，對這種來路不清的北狄書信，自然覺得十分可笑，在他們眼裡，南宋是眞正的天朝大國，遂將潘阜等至太宰府五個月，不予答覆。潘阜不得要領，請求回國。

第二次出使無聲無息。忽必烈以潘阜既然能夠抵達日本，可見日本可通，於咸淳四年（一二六八年）再派黑的、殷宏爲使，期於必達。忽必烈正有些惱火，王禃不敢待罪，派潘阜等陪黑的、殷宏出使。黑的一行抵日本對馬島，被日本駐軍嚴令停止前進，黑的等不想用生命表示忠誠，只好抓了兩個日本百姓回去向忽必烈交差。

急於宣威海外，企妄澤被四海、功蓋漢唐的忽必烈雖然仍未得要領，但他總算親眼看到了兩個眞正的日本人，他對塔二郎、彌二郎直抒胸臆：「貴國朝覲中國，由來已久。朕想讓貴國來朝，並不是逼迫貴國，只是爲了垂名後世而已。」忽必烈高興地命塔二郎、彌二郎遊覽燕京，向他們展示帝國的雄威，命中書省寫信給日本國，由塔二郎、彌二郎帶上，於至元六年（一二六九年）六月命高麗金有成護送二人回國。

塔二郎等一行猶如泥牛入海，杳無音訊。忽必烈翹首以待，脖子都發硬了也沒得到半點日本的消息，於是下令在高麗屯田，「欲貯糧餉以爲進取之計」；另一方面，爲愼重起見，又派女眞人趙良弼以祕書監職銜出使日本。

趙良弼是忽必烈藩邸的舊人。足智多謀，驍勇善戰，曾隨他南征鄂州，五勸忽必烈「早進正宸」，在爭位戰爭中十分活躍。邢州、關中大治，也多爲良弼之功。但王文統案發時，趙良弼遭到猜疑，竟至忽必烈要割掉他舌頭的地步，但他仍力言辯白。忽必烈派這張鐵嘴，實在得人。

忽必烈在第四次書信中已十分焦躁，他替日本辯解般地寫道：「朕與高麗已混同一家，貴國實爲鄰居，所以屢屢遣使修好，但都爲疆場之吏阻遏而沒有送到。所獲的兩個日本人齎信回國也寂無所聞。或許是高麗權臣林衍構亂的原因，貴國因此輟而不使，或許是已遣使阻梗途中，朕茫然無知。不然，像日本這樣素號知禮之國，難道君臣都不思量思量嗎？現在高麗已安，特遣使趙良弼以往。如馬上發使，請與趙偕來，親睦善鄰，豈不是美事？其或猶豫以至用兵，夫誰所樂爲也？請考慮」。

趙良弼帶著二十四個書狀官在至元八年（一二七一年）秋，舟抵日本今津島。日本人望見使船，「欲舉刃來攻」，趙良弼捨舟登岸，說明來意。今津島守兵，將良弼領入木屋，列兵圍趙，吹滅蠟燭，大聲鼓譟，趙良弼怡然自若。次日清晨，日本太宰府官員陳兵四山，召見趙良弼。趙良弼歷數不恭之禮，太宰府官員向趙索要國書，趙良弼聲稱，必須見到國王才能交遞。

趙良弼被阻在太宰府西守護所多日，其間日本方面多次索要國書，致以武力威脅，趙良弼始終不肯交出，只抄錄一份副本交給日本官員。日本官員聲稱大將軍以兵十萬來求書，趙良弼則說：「不見汝國王，寧持我首去，書不可得」。但趙良弼始終也沒能到達日本京都。

至元九年（一二七二年）初，日本派人送趙良弼回國。趙良弼遣派隨行將彌四郎等十二名日本人帶至大都，冒稱日本使者，向忽必烈交差。實際上也一如前三次使日，毫無所獲。他們沒有給忽必烈帶去日本政府對國書的任何答覆。

彌四郎等人到達大都後，忽必烈摸不著頭腦，懷疑其中有詐，請和禮霍孫去向姚樞、許衡二人說：「誠如聖算。日本害怕我加兵，所以遣發此輩窺我國強弱。應示以寬仁，不預接見」。

因此，忽必烈再派趙良弼赴日，但仍被滯留於太宰府，未能至日本國都。至元十年

趙良弼

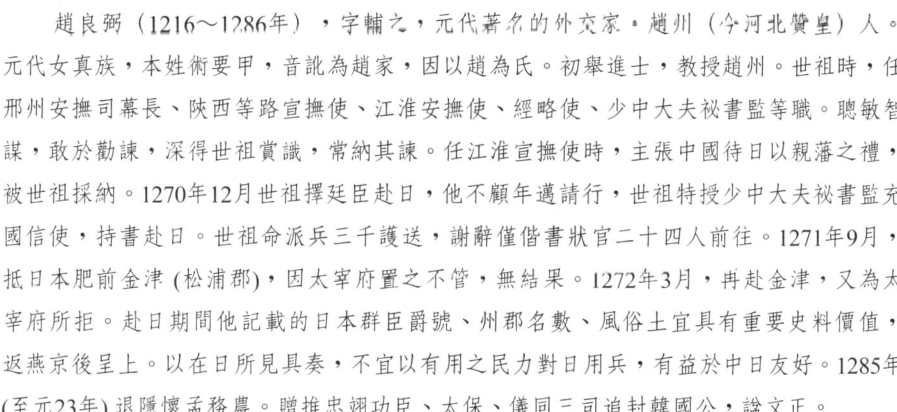

趙良弼（1216～1286年），字輔之，元代著名的外交家。趙州（今河北贊皇）人。元代女真族，本姓術要甲，音訛為趙家，因以趙為氏。初舉進士，教授趙州。世祖時，任邢州安撫司幕長、陝西等路宣撫使、江淮安撫使、經略使、少中大夫祕書監等職。聰敏智謀，敢於勸諫，深得世祖賞識，常納其諫。任江淮宣撫使時，主張中國待日以親藩之禮，被世祖採納。1270年12月世祖擇廷臣赴日，他不顧年邁請行，世祖特授少中大夫祕書監充國信使，持書赴日。世祖命派兵三千護送，謝辭僅偕書狀官二十四人前往。1271年9月，抵日本肥前金津(松浦郡)，因太宰府置之不管，無結果。1272年3月，再赴金津，又為太宰府所拒。赴日期間他記載的日本群臣爵號、州郡名數、風俗土宜具有重要史料價值，返燕京後呈上。以在日所見具奏，不宜以有用之民力對日用兵，有益於中日友好。1285年(至元23年)退隱懷孟務農。贈推忠翊功臣、太保、儀同三司追封韓國公，諡文正。

（一二七三年）春趙良弼返國。

不僅忽必烈想不通，我們也想不通，日本鎌倉幕府竟一直保持冷漠態度，堅決拒絕回答忽必烈。

忽必烈被這種冷漠的輕蔑激怒，決計用武力迫使日本帝國說話。至元十一年（一二七四年）初，忽必烈命高麗製造大小戰船九百艘，又設立征東元帥府，以忻都爲都元帥，洪茶丘爲副元帥。

行前，忽必烈三次詢問，滯留日本年餘，從而成爲專家的趙良弼。趙良弼說：「臣居日本歲餘，忞其民俗，狠勇嗜殺，不知有父子之親、上下之禮。其地多山水，無耕桑之利，得其人不可役，得其地不加富。況舟師渡海，海風無期，禍害莫測。是謂以有用之民力，塡無窮之巨壑也，臣謂勿擊便」。但被日本啞謎勾去所有理智的忽必烈，爲揚威海外，根本聽不進這中肯良言，下令在高麗簽發工匠，民夫三萬多人，速造戰船，七月份完成。由身兼鳳州經路使忻都、高麗軍民總管洪茶丘等率屯田軍，水軍二萬人，加上高麗軍五千多人共二萬五千多人準備征伐日本。

十月，忻都、洪茶丘等率蒙古軍、漢軍及高麗軍，乘九百艘戰船，從合浦（今朝鮮馬山）出發，伺襲對馬、壹歧兩島，進至肥前松浦郡，筑前博多灣等地登陸。

日本鎌倉幕府直到這時才意識到沉默的代價，急忙抽調十二萬大軍作殊死的抵抗，而無辜的日本百姓則在家祈禱。

忻都的聯軍雖然初戰小勝，但根本不知道死爲何物的日本軍，同他們的政府堅決不作回答一樣，堅決不退，元軍受阻。元軍旅不整，箭又用盡，無法補給。同時，日本人終於祈禱到神風，博多灣刮起颱風，將元戰船大部分毀壞，忻都等只得倉促撤軍。

忽必烈發動的第一次侵略戰爭一如他屢次派往日本的使臣一樣，毫無結果地狼狽返回。

忽必烈在戰爭受挫後沉思了幾個月，至元十二年（一二七五年）二月再次遣使，派禮部侍郎杜世忠、兵部侍郎何文著、計議官撒都魯丁前往日本。此時，大元帝國在南宋戰場上正突飛猛進。忽必烈志在滅宋，無暇東顧，只好隱怒不發。

從蒙古起兵朔漠以來，蒙古軍隊極少失利，直到征日之前，忽必烈還沒有打過敗仗。蒙古軍隊的偉力使人類驚歎，後人應當認眞地清理這份遺產，去索解一下個中奧祕。

忽必烈發動的征日戰爭給人的感覺猶如兒戲一般，恰像其乃祖的鐵騎從敵境呼嘯而過，倏然而逝於蒙古戰史。戰前沒有戰略準備，也沒有發揮成吉思汗騎兵戰、間諜戰的特長。除了出使日本的幾個特使之外，我們沒聽說過忽必烈還派遣過任何人到日本偵察。戰爭

日本島的財富引起忽必烈大汗的貪欲，1281年元朝組織艦隊遠征日本。（《馬可•波羅遊記》插圖）

也沒有一套戰略戰術構想，在對日本所知無幾的情況下，忽必烈僅依靠那幾百艘戰船、二萬五千衣冠不整的聯軍就倉促發動了侵日戰爭，而且也沒有委派引人注目的將軍。失敗後忽必烈也未作任何品論，這不像忽必烈的戰爭風格。這同樣也需要人們去探索個中原因。

是南宋戰事的緊張？還是忽必烈的輕敵？我們不得而知。然而，忽必烈的輕率卻使我們感覺到了蒙古人征服世界的戰爭已呈強弩之末，惡兆已經誕生了。

第一次征日的失利使忽必烈對日本沉默了六年。一方面是由於中國南方的戰事還沒有結束，直到至元十六年（一二七九年）他才確立了自己在南宋全境的形象；另一方面蒙古帝國內部又起糾紛，以海都爲首的窩闊台、察合台兩系勢力再度東犯，忽必烈抽調蒙古精銳軍隊全都用於防禦海都，征日自然擱淺。此外，戰爭也需要時間。

但忽必烈並沒有忘記這個倔強、脾氣古怪的島國。遣使的同時，他還命令高麗繼續製造戰船、兵械，屯聚糧食。剛剛踩平了南宋，一二七九年初他就命令新置的揚州、湖南、贛州、泉州四行省製造戰船。其用意，不揭自明。

日本鎌倉幕府也令人十分驚異，杜世忠等一到日本，就被捕送到幕府，戰爭勝利後的鎌倉幕府似乎已忘乎所以，或者憤怒使之喪失良知和應有的禮節，將忽必烈的所有使臣全部處死，一如既往的保持沉默。

直到四年後，有四個護送使臣的高麗水手設計從日本逃回，才帶來使臣被害的消息。至元十七年（一二八〇年）初，忽必烈獲悉使臣遇難的不幸噩耗。中國方面戰事已消停，西部防線已建立的忽必烈終於忍不住內心的狂瀾了。

忽必烈不愧爲十三世紀偉大的謀略家。如此說並不是因爲他已得手於南宋，而在於南宋剛剛覆亡後，他選擇日本作爲下一個狩獵的目標。

南宋將領的望風而降，人們還記憶猶新，荊襄以至長江沿線南宋龐大的水軍一觸即潰的情景也許人們還沒有忘記。但不要忽略他們基本上都出於呂氏門下，這一點很重要。因爲忽必烈挑來撿去選擇了賈似道的門婿花花將軍范文虎，從而給征日賦上了新意。

南宋降將所部的軍隊被忽必烈收編爲「新附軍」，崖山之戰後，張世傑、陸秀夫的具有民族氣節的將士也被整編在「新附軍」內。這是一支龐大的訓練有素的官軍，和草莽野寇有本質的區別，收編後基本上還隸屬於原南宋將領。忽必烈對這支新軍不敢掉以輕心，既不能統統殺掉，也不敢將之解甲歸田，播下四散的反抗火種。對此潛在威脅力量，忽必烈只能給他們找一個發洩屈辱的地方，而日本便是最好的獵物。

征東行中書省

征東行中書省，或稱征東行省，又稱日本行省或征日本行省，是元朝政府在朝鮮半島設立的一個特殊的行中書省，與元朝其他的行中書省不同的是，其雖設立於高麗王國所在的朝鮮半島，但高麗國並沒有因征東行省的設立而消失，因此保持很強的獨立性。行省丞相由高麗國王兼任，自辟官屬，且財賦不入都省。因此，征東行省僅在名義上受到元朝的直接管轄，與元朝其他行省性質不同。

從一二八〇年初始，忽必烈便決定選擇范文虎出征日本。並在江南搜集流散兵卒及張世傑的潰軍，強括江南壯丁從軍。七月份，又特命范文虎召集因避罪降附南宋的蒙古、回回等軍。范文虎所率的十萬征日大軍就是由這幾部分構成的新附軍。

范文虎的新附軍勝之則平添一塊新的殖民地，將潛在威脅力量拋至蠻島，並一呈大元帝國的雄威，敗之則可達借刀殺人之利，消滅了抵抗力量，鞏固了江南的富庶之地。這才是忽必烈征日的真正用意所在。揭開了隱祕之後，你就會驚歎忽必烈的一箭雙雕之計，是如何巧妙了。

再看從高麗出發的四萬征日軍。

忽必烈爲征日本特設征東行省，又稱日本行省，由高麗國王任行省左丞相，忻都、洪茶丘任右丞，駐高麗；阿拉罕（又改任阿塔海）任右丞相，范文虎任右丞；李庭、張禧任左丞，駐慶元（今寧波）。日本行省實際上一裂爲二，一在高麗，一在浙江沿海一帶。

高麗國王賰是名義上的行省最高長官，他對征日的心情似乎很複雜。時而積極，時而憂慮。高麗的政局並不穩當，反元情緒一直不斷，藉征日以撲滅反抗之火，也是王賰所求。但他也很清楚忽必烈的真正用意在於空耗高麗國力，以更易駕馭高麗。因此，他將助征日本的軍權交給高麗中贊金方慶，任命金爲征日本都元帥。金方慶曾於景炎二年（一二七七年）、一二七八年發動叛亂，是高麗國內的危險分子，遭到元征東元帥府長官忻都、洪茶丘的彈壓。王賰無疑也在打轉移潛在的威脅力量這張牌。

金方慶領高麗軍一萬人，水手一萬五千人。至元十八年（一二八一年）二月忽必烈「敕以耽羅新造船付洪茶丘出征，詔以刑徒減死者付忻都爲軍」。由此我們也可以看出忻都、洪茶丘所率的蒙古軍、漢軍都是些什麼貨色了。

至元十八年（一二八一年）正月，忽必烈發布阿拉罕、范文虎和忻都、洪茶丘率軍征日的命令。諸將到達大都，接受忽必烈的訓諭。范文虎向忽必烈請求配備騎兵和回回炮軍，忽必烈斷然拒絕。

而忽必烈說的另一句話也讓人回味無窮：「始因彼國使來，故朝廷亦遣使往，彼遂留我使不還，故使卿輩有此行。朕聞漢人言，取人家國，欲得百姓土地，若盡殺百姓，徒得地何用？又有一事，朕實憂之，恐卿輩不和耳。假若彼國人至，與卿輩有所議，當回心協謀，如出一口答之」。

忽必烈的這段話，給人們透露出三點信息：第一，掩飾自己的受辱，強調日本先來使，自欺欺人。日本來使是子虛烏有，在忽必烈之前的遣唐使倒是日本人與中國人的共同驕傲。第二，志在必得。認爲這一出征，必能得其土地人民。第三，出征行省指揮官內部不和，極不和。但忽必烈卻不管這些，只要求他們在敵人面前口徑一致，多麼可笑！

出征後，忽必烈似乎對這次大規模戰爭顯得漠不關心，不知道是他真不懂，還是他不願意操心軍務。五月，征東行省奏請改攻會師登陸島嶼。忽必烈說：「此間不悉彼中事宜，阿剌海輩必知，令其自處之」。六月，征東行省遣使奏請戰機，乘虛攻襲，忽必烈卻說：「軍事卿等當自權衡之」。對待戰爭的這種態度和進攻南宋時的縝密思慮形成鮮明對比。

這意味了什麼？

至元十八年（一二八一年）五月，忻都等率東路軍四萬，乘戰船九百艘從高麗合浦出發，侵襲日本對馬、壹歧兩島後，進抵筑前志賀島登陸。遭到日軍激烈抵抗，忻都於是退至鷹島，轉襲長門等處。

六月十八日，范文虎率江南十萬新附軍，乘戰船三千五百艘，從慶元（今寧波）啓航。抵日本平壺島，接著兩路大軍會合於鷹島。征東行省司令部設在鷹島，高級將領們也會聚於此。

本計畫從鷹島，平壺島分兵數路進取太宰府，但這批烏合將士卻在鷹島逗留了一月之久。洪茶丘與高麗軍統師金方慶仇怨頗深，范文虎的降將身分又被諸將輕視，軍令無從所出，吵攘不已，互相猜忌，互相貶低對方謀略，堅持己見。其結果是等來了再次拯救日本人的神祕颶風。

忽必烈不懂海洋氣候，征東的元帥們對海洋也一竅不通。七月分正是西南太平洋颱風肆虐季節，范文虎、忻都之流不趁颶風來臨之前，抓緊稍縱即逝的寶貴戰機，卻爭吵了達一月之久。

日本從沒有看到從海上突然飄來過十四萬大軍。鎌倉幕府雖修築了許多防禦工事，但其黎民仍不免震怖異常，奔走祈禱上蒼，渴望神風再度降臨。

八月一日夜裡，颱風突然狂作，波湧如山，驚濤駭浪將縛艦爲城的元軍幾千艘戰船擊碎擿沉，幾乎殆盡。船上軍需自不用說，士兵們哀號哭天，溺死海中不可勝數，如麻杆一般漂浮海面，這場神風共狂了五天。

但令士兵們更爲憤怒的是當風息浪靜時，十多萬士兵卻找不到了他們的統帥。忻都、范文虎等高級統帥乘高麗的幾艘堅船，可恥地拋下十多萬軍糧和武器喪失殆盡的士兵，逃向國內。

被遺棄在島上的士兵，既無船可渡，又沒有武器和糧食，其慘狀可想而知。他們哀天動地之後，冷靜下來，推舉一位姓張的百戶作主帥，率領大元帝國的棄兒，伐木造舟，製作木排，準備回國。

但鎌倉幕府不允許他們生還。立即派出大軍，前來進攻已失去抵抗能力的敵軍。八月七日，日本勁旅開到，張百戶率軍肉搏，六、七萬人被屠。剩下的二、三萬人被驅至八角島。八月九日，大元帝國的軍隊也嚐到了蒙古鐵騎分類屠戮敵人的滋味，日本將蒙古人、高麗人、北方漢人撿出，盡數殺掉，而日本鎌倉幕府將南方漢人視爲唐人，爲表示對唐人的友好，他們知恩圖報地將「唐人不殺而奴」。

十餘萬人大軍只有三人乘舟生還國內。

忽必烈轟轟烈烈，大張旗鼓發動的第二次征日戰爭就以這悲壯的結局，畫上了句號。

然而，令人更加驚詫的是，范文虎之流非但沒有被治罪，忽必烈反而相信了他們正欲進攻，突遇暴風，舟毀殆盡，議再戰，萬戶厲德彪等逃去，只好撤軍，士卒至合浦後已解散的鬼話。十餘萬蒼生就這樣被一筆勾銷於歷史！這又意味著什麼？

也許，創造偉業的忽必烈可以高枕無憂了。

然而，他又品錯了歷史。憶至元二十年（一二八三年），三百六十五天江南就燃起了二百

元代，蒙古軍隊進攻日本，遭颱風襲擊慘遭失敗。（《馬可•波羅遊記》插圖）

多處武裝反抗的烽火。我們不知道，這又說明了什麼？

但忽必烈不堪忍受幻想受挫的折磨，於一二八三年、一二八五年、一二八八年三度再置征東行省。可是，在群臣的一片規諫聲裡，在帝國黎民的一片唏噓聲裡，忽必烈不得不旋置旋罷，最後選擇無奈加上憤怒，去尋找下一個獵物。

至死，他也沒有得到鎌倉幕府的任何回答。颶風，神祕的颶風也許就是鎌倉幕府的回答，但更有可能的是，下一個世紀的中葉，鎌倉幕府爲擺脫內部危機，縱使破產的武士、走私的商人騷掠高麗、大元帝國的海疆，就是對忽必烈的最好的回話。

有明一代的倭寇惡夢，也不禁使我們想起忽必烈大帝，印滿卑鄙、無恥、殺戮的歷史一頁遠遠沒有揭去。

第十四章 先知先知

正如上帝給人以五指一樣，他也讓人們走不同的道路。

——蒙哥

蒙古人用劍和箭征服了歐亞大陸的許多民族，然而反過來，被迫屈從的民族又用宗教征服了蒙古。

但請人們不要誤會，認爲蒙古諸汗對世界性的宗教軟弱無力。而事實上，蒙古諸汗嫻熟地運用了宗教這個征服人心的最重要武器，同他們的箭劍一樣，爲他們的統治繞上了神聖的光圈。忽必烈就是其中的佼佼者。

忽必烈本人的宗教信仰十分駁雜，他是在薩滿教、聶斯托利派基督教的生活氛圍中長大的。但成人之後，他又同時吃儒教和佛教的精神食糧，而且他又極喜歡回回人的斂財，並渴望獲得道家長生的祕訣。假如一定要分辨其信仰的主流，那麼，我們只能說，他似乎對佛教中的喇嘛教派更偏愛些。

忽必烈的信仰之所以呈五花八門，追溯一下他的家庭以及他的人生道路，會使我們豁然開朗。

拖雷是薩滿教的犧牲品，自然是薩滿教的信徒。而他的信仰均來自父親成吉思汗，成吉思汗椎胸禱天的一幕肯定給兒子們留下了深刻印象。

成吉思汗時代，廣袤的天空、遼闊的大地、日月星辰、山川森林和自然現象以至靈魂都是蒙古人崇拜的對象，野獸是他們的圖騰，薩滿教是蒙古人一切精神的主宰，而薩滿則是這個幼稚的原始宗教的主人翁。薩滿集幻人、解夢人、卜人、星者、醫師於一身，他們用各自心目中的神靈，向蒙古的游牧人民揭示過去、現在、未來的祕密。其手段則主要依賴占卜，將獸胛骨放在火上炙烤，依紋理推斷吉凶。占卜的狂熱崇拜者是蒙哥，他幾乎是在占卜中消磨掉了大汗的光陰。

在這種生活環境裡，忽必烈很難逃脫薩滿教的侵襲。做了大汗後，他的聖旨總是這樣開頭：「長生天氣力裡，大福蔭護助裡，皇帝進旨」。在上都忽必烈每年都要表演祭天、灑馬奶於地的傳統節目。在大都，有五千名星占學家和占卜家，其衣食均由忽必烈供應。當忽必烈與諸王乃顏作戰時，他先命星者占卜吉凶，然後才大膽親征、出兵。而他身邊則有兩位揚名青史的陰陽星占家劉秉忠（劉子聰）和田忠良追隨左右，事無巨細，忽必烈均向他們求教。《元史．田忠良傳》向我們透露，忽必烈在圍攻襄陽、進取江南擇將、遣皇子那木罕西征、用兵日本等等重大決策時都有田忠良的插話。忽必烈丟了數珠找他，生病了找他，連生了龍孫也要考驗一下田忠良。

忽必烈的母親是著名的聶斯托利派基督徒。聶斯托利派很早就被判爲基督教的異端，屬邪教之列。但這個邪教經幾個世紀的逃難卻將基督的福音撒遍了東方。唆魯禾帖尼虔誠的結果是使蒙古帝國的汗廷擁聚了不少的基督徒。儘管蒙哥

田忠良

田忠良，字正卿，古代術數家，元世祖忽必烈謀士。忽必烈常說他：「汝識朕心」。祖先是平陽趙城人。金朝滅亡之後，遷至中山。好學，對儒家以及雜家的學術均能通曉。元朝政治家劉秉忠把他推薦給朝廷。忽必烈遣使召至，帝視其狀貌步趨，顧謂侍臣曰：「是雖以陰陽家進，必將為國用」。世祖向他詢問關於災祥之事，他都能一一作出回答。

忽必烈俄指西序第二人謂忠良曰：「彼手中握何物」？忠良對曰：「雞卵也」。果然。帝喜，又曰：「朕有事縈心，汝試占之。」對曰：「以臣術推之，當是一名僧病耳」。帝曰：「然，國師也」。

至元十一年八月，帝出獵，駐蹕召忠良曰：「朕有所遺，汝知何物，還可復得否」？對曰：「其數珠乎？明日，二十裏外人當有得而來獻者」。已而果然。帝喜，賜以貂裘。

十二年二月，帝不豫，召忠良謂曰：「或言朕今歲不嘉，汝術雲何」？忠良對曰：「聖體行自安矣」。三月，帝疾愈，賜銀五百兩、衣材三十匹。

十五年三月，汴梁河清三百里，帝曰：「憲宗生，河清；朕生，河又清；今河又清，何耶」？忠良對曰：「應在皇太子宮矣」。帝語符寶郎董文忠曰：「是不妄言，殆有征也」。

（以上均出自《元史》）

是卜筮的鍾情者，但他對妻子敬仰基督卻並不干涉，甚至給以禮節性的支持、寬容。而唆魯禾帖尼的三兒子旭烈兀，這個繼承母親衣缽的基督徒，在其妻子，曾是拖雷小妾的脫忽思的慫恿下，差一點改變了波斯的宗教史。

忽必烈是一個孝子。在母愛的襁褓裡，忽必烈對基督教義一定有較深的理解。因爲馬可波羅的大肆渲染，使我們確信，除了這個威尼斯人的一廂情願，忽必烈對基督教儘管不能達到母親的虔誠程度，但最少是寄予了尊重和寬容。當忽必烈戰敗了舉著繡有十字架戰旗的乃顏時，穆斯林們目睹十字架旗被踩在馬蹄下，趁機幸災樂禍地詆毀道：「看哪，在這種旗幟下作戰的人，已經被毀滅了！」忽必烈挺身而出，對這種不利安定團結的話，給予了嚴厲的譴責：「假如基督教的十字架沒有證實對乃顏有利，那麼它的效果就和理性和正義相符，因爲他是叛逆之賊，基督教的十字架不能給這種惡人以庇護。所以，無論是誰，都不能冤屈基督教徒的上帝」。

復活節時，忽必烈命令在大都的所有基督教徒，捧上他們的《聖經》來到他的面前。忽必烈面色莊嚴，用香薰《聖經》幾遍後，虔敬地對《聖經》行一個接吻禮，並吩咐所有在場的貴族們行同樣的禮儀。每逢基督教的主要節目，忽必烈總是照例履行公式。

忽必烈時代的大都，基督教徒至少在一萬人以上，教堂已爲數可觀。在帝國內，新疆、甘肅、陝西、蒙古、山西、遼東、東南及沿海地區都散處聚落有基督教徒，其勢力已不容忽視。

忽必烈爲管理帝國的基督教，於至元二十六年（一二八九年）在中央政府專門設立崇福寺，秩列二品，由寵臣基督徒愛薛任崇福使，管理全帝國基督教徒諸事務。在基督徒聚落的地方還設置崇福寺地方衙門機構，進行直接管理。

忽必烈對基督徒馬可波羅及其父尼羅．馬可．叔馬飛阿的厚愛和優禮人們也許已十分熟悉。當波羅兄弟覲見忽必烈時，忽必烈特別舉行了一次盛大的宴會，表示對他們的隆重歡迎；當波羅兄弟以忽必烈大使身分出使義大利返回大都時，

景教十字形青銅牌，元代，內蒙古博物院藏。

愛薛

愛薛（Ngai-Sie），1227～1308年，敘利亞景教教徒。愛薛其名據考證乃是「以賽亞」（Isa）一詞訛音。其家族世有賢名。1246年，敘利亞景教長老參加蒙古帝國貴由汗即位典禮時，盛讚愛薛其父的才名。蒙哥之母是景教徒，聞說之後堅請愛薛之父前來蒙古。因父親年高體弱，愛薛遂代父入侍蒙哥一家，受到蒙哥的親信。

忽必烈即位後，愛薛繼續得到重用。至元二十年（1283年），愛薛以譯者身分出使伊兒汗國，被其王阿魯渾留用，但是他仍然設法在兩年後回到忽必烈身邊。忽必烈因此更為信任他，任命其為祕書監卿，其後更讓其主管帝國內基督教的信仰活動。元成宗即位後，加封為翰林學士承旨、平章政事。元武宗即位後，封其為秦國公，1308年病逝於大都。元仁宗追封其為「拂林王」，謚忠獻。

忽必烈再次召集朝臣，舉行盛宴，爲他們接風洗塵，並一見鍾情般地喜歡上了高鼻樑的馬可波羅，立即將他的名字列入侍從花名冊上。

然而，我們需要知道另一點知識，忽必烈喜歡聽的是波羅兄弟父子講述的世界各地風俗民情和異鄉他邦的奇聞佚事。忽必烈殷勤地垂詢波羅兄弟西方各地的風土民情、羅馬人的皇帝和其他基督教君主、王公等人的情況。「非常希望了解這些皇帝和君主在國內怎樣位尊勢隆，國土怎樣遼闊，以及怎樣治國，怎樣立法，怎樣指揮軍事等等。他尤其關心教皇的起居和工作狀況，教會的事業，宗教的崇拜和基督教的教義」。

以上的史料，如果不是馬可波羅的胡言亂語的話，在反映忽必烈好學的同時，我們也窺知了忽必烈欲垂不朽偉業於後世的野心。

對忽必烈傾慕儒家治術，我們已經饒舌得令人生厭，並且下文還將敘及，在此我們只提醒人們一句：忽必烈對沒有形成戒律森嚴宗教儀式的儒家教義的感情十分複雜。下面我們最好還是剖析一下忽必烈皈依佛門的心理。

佛教侵略蒙古大汗的精神世界當自成吉思汗始。不過，成吉思汗業已形成其原始宗教觀，他所受影響在於祖護「和尚根底寺」，認爲和尚們是「告天的人」，目的是「我每名字裡，交祝壽念經者」，也就是讓佛陀保佑他長壽。之後的蒙古諸汗以至忽必烈無一不抱如是觀。

金元之際，中原佛教以禪宗勢力最大。禪宗僧侶海雲受到成吉思汗優渥後，至窩闊台、貴由、蒙哥時代，地位更加顯赫。從忽必烈延請海雲到漠北去講論佛法一事，我們可以看到，忽必烈在邀結名流的同時，已對佛理開始感興趣了。十一年後遇到吐蕃名僧八思巴，忽必烈被佛釋博大的教理所吸引，已不可自拔了。

佛陀以其偉大的慈眉善目之軀，讓塵世和卑微的人顯得更加渺小，佛教正是以這種不可阻擋的魅力吸附善男信女的。佛之胸懷博大與忽必烈的性格十分合拍，但忽必烈接受喇嘛教無疑還有兩個重要的原因：一是偶然的，忽必烈恰好遇到了博學宏才的八思巴，令好學的忽必烈折服。寶祐五年（一二五七年），忽必烈在藩邸舉行佛、道大辯論。八思巴以佛教首席代表參加，引經據典，駁倒道家，使忽必烈對八思巴更加傾心；二是必然的，忽必烈如欲控制吐蕃地區——當時奉喇嘛教的還有甘肅、青海一部分吐蕃勢力所及地區，捎帶上這些地方——就必須利用喇嘛教作爲統治工具。

此外，對喇嘛們高深莫測的法術，神奇的魔術，忽必烈也極感興趣，這也是忽必烈倒向佛陀懷抱的原因之一——忽必烈不止一次地強調法術的奇蹟是他信奉佛教的原因。八思巴是念咒施法的高手，它曾在忽必烈面前與以「法術」聲名遠播的葛哩麻巴哈失門法。八思巴還將得梵法祕傳的功嘉葛剌思舉薦給忽必烈。一次懷孟大旱，忽必烈命功嘉葛剌思祈雨。史書載「立雨」，另有一次他「嘗咒食投龍湫，頃之奇花異果上尊湧出波面，取以上進」，忽必烈大爲驚歎與高興。這種荒誕劇式的超自然力量，基督教與伊斯蘭教當然無法抗衡。

青釉釋迦牟尼佛，元代，北京昌平出土。這尊像頭頂肉髻微隆，面相沉靜。上身披雙領下垂式架裟，下身著裙，胸前飾有寓意吉祥的「卐」字符號。跏趺（音加夫）端坐，雙手結禪定印。臉、胸及手裸露部份不施釉，呈赭褐色。蓮座下承以束腰六棱型基座，基座上層六個棱面印各種花卉，束腰部位飾卷草紋，下為垂雲紋。體現了元代佛像注重世俗情趣的藝術特點。

因此，忽必烈早在做蕃王時就從八思巴「秉受戒法（即灌頂）」，特加尊札。」忽必烈一登上汗位，就將八思巴封爲國師，並命八思巴之弟薩斯迦寺恰納統治全吐蕃之地。咸淳五年（一二六九年）八思巴製成蒙古新字，忽必烈嫌國師的桂冠已不足以表達自己的尊禮，於是進號「大寶法王」。至元十六年（一二七九年），八思巴死，忽必烈將賜號加到駭人的地步，在「大寶法王」之上又加了「皇天之下，一人之上，宣文臥治，大聖至德，普覺眞智，佑國如意」，之下則又尊號「西天佛子，大元帝師」，致使芸芸眾生無法仰視。

八思巴謁見忽必烈圖。八思巴於憲宗三年（1253年）應召赴六盤山謁見忽必烈，備受崇敬，被尊為上師。中統元年（1260年），受封國師；至元七年（1270年）升號為帝師，授以玉印。八思巴為代表元朝中央政府在西藏行使政治和宗教職權的最高首領。

忽必烈「屈萬乘之尊，盡師敬之節」的目的十分明顯，就是爲了「因其俗而柔其人」。

景定五年（一二六四年），忽必烈在中央設宣政院，由八思巴及其子嗣領院使，管理全吐蕃地區。掌握實權的是院使，位居第一者由朝廷大臣擔任，位居第二者任用僧人，由帝師舉薦。宣政院的用人、行政原則是「軍民通攝，僧俗並用」，忽必烈採用寓政教於一的統治政策，從而將吐蕃納入中國的版圖。

爲進一步加強對其地的統治，忽必烈在吐蕃地區還建置了地方行政機構，置官吏、設驛站、籍戶口、徵稅收；並封兒子奧魯赤爲西平王，駐節鎮戍吐蕃地區，從此意義上講，吐蕃實際上也是奧魯赤及其後王的封地。

毫不誇張，忽必烈皈依佛門和極其成功的宗教政策所結的最大碩果，便是將吐蕃納入帝國轄境的名冊上。然而，我們也應該清醒地看到忽必烈受戒的惡果，致成「帝師之命與詔敕並行於西土」的混亂局面。而且從忽必烈開始，以致元朝滅亡，歷任皇帝身邊都置帝師一職，對前仆後繼的帝師們，元皇帝將之隆尊到每帝將立必向帝師受戒七次始正大位的溺愛地步。每次正衙朝會，文武百官站列，而帝師卻專席隔坐，每年宮中做佛事竟多達百餘次。忽必烈時，曾寫藏經一部，用金多達三千二百餘兩。

忽必烈崇佛的餘毒是他的子孫們比他更佞佛，以致有人說元因佞佛而亡。當然這是偏激之言，但因佞佛而耗國力卻也是事實，由此，也可以看到忽必烈偏重佛教的流毒之深之廣了。

儘管忽必烈接受喇嘛灌頂，但這並不影響他對其他宗教諸如伊斯蘭教、道教、猶太教等的熱忱。

十世紀以後，穆斯林文化逐漸從河中向忽漳河以北草原和蔥嶺以東伸展。成吉思汗興起時，極善經營的穆斯林商人出入於中國的西北和中原各地，已開始操縱游牧民族的對外貿易。隨著蒙古西征、中亞、波斯併入蒙古版圖，大批匠人和平民被掠至蒙古。蒙古諸汗允許他們保留伊斯蘭教信仰，隨之，移民浪潮到來。其上層分子和富商大賈，因其精明經營術而被蒙古諸汗和諸王看重。忽必烈就是在這種歷史大背景下接觸到伊斯蘭教的。

蒙古帝國時期穆斯林們已開始位居要津，最受諸汗愛重的是花剌子模人牙老瓦赤，成吉思汗時代他被委命河中，窩闊台時期他的兒子馬思忽惕接替其在河中的職務，而他則被委派管治中國北方，即漠南契丹地。蒙哥時代他也頗受親重，依然駐府燕京並負責征宋的後勤工作，他的子孫直到忽必烈時代仍具有一定勢力。實際上以回回人充任帝國官員，成吉思汗本人是始作俑者，他們已不單純是以商人的身分在帝國內晃來悠去了。

忽必烈將這一用人政策發揚光大，其出發點並不是因爲他對伊斯蘭教義的虔誠的愛——儘管他在伊斯蘭教的重大節日對穆罕默德也頂禮膜拜——而是忽必烈需要銀鈔，並且需要第三支政治力量來牽制漢人官僚勢力，這在李璮之亂後顯得更爲重要。團聚在賽典赤瞻思丁家族和阿合馬家族的龐大穆斯林官吏集團就是在忽必烈這種思想下登上歷史舞臺的。以致造成阿合馬擅決朝權，回回人遍處中央、地方政府要津的局面，並由此而引發了儒教、基督教、伊斯蘭教徒爭風吃醋的互相傾軋。

青白釉軍持，南宋或元朝（13～14世紀）。軍持為一種盛水器，為雲遊僧人、伊斯蘭教徒盛水洗手用具。這種外國器形大約在隋唐時期傳入中國，在中國長盛不衰，從唐代至清代的南方北方窯口均有持續生產，品種豐富，時代特徵鮮明。

事實上，忽必烈對伊斯蘭教的尊重僅僅停留在口頭上，而且因基督徒的構陷，使他對伊斯蘭教的教俗表達了他行動上的厭惡。有兩件引起忽必烈盛怒的事證明這一點。

至元十六年（一二七九年），忽必烈獲知回回人「羊非自殺者不食」的習俗，十分不滿地說：「在彼吾如也，飲食敢不隨我朝乎？」下詔禁止此俗。《史集》也記載道：一些木速蠻（元代伊斯蘭教徒的譯名，波斯語音譯，即阿拉伯語穆斯林）商人向忽必烈進貢隼、鷲，忽必烈將自己桌上的食物賜給他們，但他們卻不吃。忽必烈問他們爲什麼不吃，商人們說：「這種食物是我們所忌的。」忽必烈十分生氣，下令：凡木速蠻和尊奉聖經的人，今後不得以斷喉法宰羊，而要按蒙古人的習俗，剖開牲們的胸膛。如有違犯，就以同樣的方式把他殺死，並將其妻子、兒女、房屋和財產給予告密者。

基督教徒愛薛等人堅決推行這一詔令，藉機打擊穆斯林勢力，引誘穆斯林的奴僕告密，致使大批的穆斯林離開漢地。這份詔書被有力地推行了七年，對穆斯林是一次沉重的打擊。後來大元帝國的穆斯林顯貴巴哈丁、烏馬兒、沂都等，團結起來用大筆的錢賄賂左丞桑哥，桑哥向忽必烈奏稱．「所有穆斯林商人均離此而去，穆斯林諸國商人亦裹足不來，稅收不足，珍貴之貢品不來，如此已七年矣！皆緣禁宰羊之故。如能解禁，則商賈可至，稅入可足矣！」忽必烈這才怒氣稍息，下令解禁。

另外一次是由《可蘭經》文引起的。基督徒向忽必烈上奏說：「《可蘭經》中有：『盡殺所有多神教徒』的話。」忽必烈大怒，問：「你們是從那裡知道的？」基督徒們說：「這是從阿八哈汗處來信中獲知的。」忽必烈拿到信後召集大都的答失蠻（蒙語音譯，即伊斯蘭教士，主持伊斯蘭教誦經、祈禱及教育等宗教事務的人），詢問《可蘭經》中是否確有此句？」不哈丁承認確有此句。忽必烈說：「眞主既令汝輩盡誅異教徒，則汝等何爲不殺久耶！」不哈丁說：「時未至，吾曹尚乏此手段也。」忽必烈聞言盛怒：「我有此手段！」下令將不哈丁處死。

阿合馬、哈的等以還需要問問其他人爲藉口，諫阻了忽必烈的繼續憤怒和殺人。忽必烈召來撒馬爾罕人毛拉哈米答丁，提出同一問題，他也承認「誠有是句。」但他比較乖巧，迎合忽必烈說：「陛下非多神教徒也。因陛下以眞主之名冠詔令之首也。多神教者，乃不承認眞主，使眞主與諸明等而否認眞主者也。」

忽必烈聽到這句合心意的話，龍顏陰雲轉晴，一顆懸心放下，始將答失蠻們釋放。

顯然，一如對待儒教和儒士，忽必烈同樣懷有猜忌心理，但他又不得不利用這批商人或穆斯林。因此，他也只好自欺欺人地矛盾處之，將伊斯蘭教和穆斯林們分開對待。困惑不解地推行表面寬容、完美而實質上潛伏著危機的宗教政策。

儘管穆斯林們受到了忽必烈心血來潮式的不公平的抑壓，但蒙古帝國以至大元帝國時期依然是伊斯蘭教在中國的黃金時代。忽必烈的兩元政治也滲透到了回回人領域，他一方面極力培植回回勢力，在中央衙門和地方官府大量安插回回人，另一方面又採取抑壓防範措施。這種矛盾政策所推行的結果，儘管造成了時局的起伏，但還是形成了「元時回回遍天下」的局面，而富商大賈、勢要兼併之家的數量與勢力則更是空前絕後，還有人聲稱元時「其寺（清眞寺）萬餘」，則更令人浩歎。

忽必烈在中央設立了回回哈的司，由哈的大師（意爲法官）領銜，依回回法掌伊斯蘭教的宗教活動、回回人的戶婚錢糧等訴訟及部分刑名之事，一如崇福寺所掌。這也是一個直接管理的系統，享有較大的自決權。此外還設有回回司天監掌管回回曆法。由此，我們也可以看到忽必烈儘管對「盡殺異教徒」心懷警覺，但對回回他還是相當重視的，以致將其列入二等公民。

忽必烈與中國土生土長的道教關係比較微妙。宋室南遷、金入中原後，中國北方的道教形成全眞、眞大、太一三大教派，全眞道強調「忍辱含垢，苦己利人」；眞大則要求信徒「勿萌戕害凶嗔之心」、「虛心而弱志」；太一道則逕說「做佛不難，只依一弱字便是」。三派異途同歸，實質上所倡導的都是以柔弱爲本的順民哲學，這種教理造成的效果是：無論是中原王朝、金還是蒙古的統治者都樂於接受。

丘處機因獲成吉思汗的寵幸而將全眞道推向高峰，不僅壓倒太一、眞大諸派，佛釋、儒學也難望其項背。但丘處機死後，全眞道的弟子們卻背離了避世出俗和謙讓的初態，即如丘處機本人也恃寵而漸呈霸道，與佛釋爭奪寺院財產。蒙哥時代於是發生兩次宗教大辯論。第一次大辯論於寶祐三年（一二五五年）在和林，由阿里不哥主持，結果道教敗北。第二次大辯論於一二五七年在開平，由忽必烈主持，這是忽必烈插手道教事務的首次記載。

琉璃道士像，元代。

與會者佛釋方面有八思巴、劉秉忠、福裕等三百多人，道教有以全眞道張志敬爲首席代表的二百餘人，此處還有九流名士孟速思、廉希憲、張文謙等。儒教方面有竇默、姚樞等二百多儒士出席作證。一如和林的大辯論，道家敗北，佛家獲勝。這時忽必烈已經倒向喇嘛教懷抱，他處罰道教的方法也令人叫絕。忽必烈命參加辯論的道士其中十七人當場削髮爲僧，並下令焚毀道藏僞經四十五部，二百多處道觀改爲佛寺。忽必烈對道教的不感興趣，由此可見一斑。

但忽必烈並不因此而將道教打入冷宮，甚至他還十分欣賞道教上流人物的趨炎附勢，加以利用、籠絡與消遣。他承認並加以任命全眞、眞大、太一等教門掌教，「給以印章，得行文書，視官府」。在中央，由集賢院負責管理道教；在地方上，各教門於郡置道官一人，統領道士。

大辯論後，忽必烈從征南宋。江南正一道天師張可大及時向正在圍攻鄂州的忽必烈獻上媚眼，對忽必烈派來的祕使王一清預言「後二十年當混一天下」。忽必烈滅宋後，對張天師的預言應驗，久久不能釋懷，爲表示敬意，將張可大其子張宗演召至大都，倍加優渥，命他主持江南道教事務。

江南正一道派與北方的全眞、眞大道派不同，它以持符籙念咒作法而見長，所以馬上就取得了忽必烈信任。跟隨張宗演入京的張留孫可以說是忽必烈身邊最受親重的唯一一位道士，而他獲寵的原因主要是擅長法術。忽必烈曾「親祠幄殿」，忽然狂風暴雨大作，「眾駭懼，留孫禱之立止」。察必皇后得了急病，似乎已危在旦夕，忽必烈將張留孫請來念咒作法，並胡言亂語地將察必的夢附會一番，使得「帝后大悅」。張留孫還是個占筮家，忽必烈準備任命完澤爲宰相，召見張留孫令筮之，張留孫當場表演，奏請忽必烈大吉：「願陛下勿疑」。滅宋後，張留孫還向忽必烈建言以黃老治天下。張留孫以法術爲忽必烈驅邪禳災，被忽必烈升爲玄教宗師，領集賢院事。賜尙方寶劍。眷隆之盛，令北方道教門派忌妒非常。

對以施法有名於北方的太一道，忽必烈也興致頗濃，聞名而羅致蕭輔道，命他掌太一道。後又建太一宮由李居壽主持，爲忽必烈「祠醮」。全眞、眞大道教門派在忽必烈時反被冷落。

不過，忽必烈過去一直未將諸道派列入顯教，其揚釋抑道的傾向愈來愈明顯。至元十七年（一二八○年），釋家再度控告全眞道，忽必烈將全眞道士誅殺、劓刖、流放十幾人。次年，忽必烈命佛家諸派，正一、全眞、眞大諸道與翰林院文臣考證道藏諸經眞僞。這是道教在元朝的最大一次厄運。

僧道論辯達幾十天之久，結果，很不幸，道教經典除《道德經》外，其餘概被判爲僞經，釋家再次請求焚經。忽必烈裝扮出一副非常敬重眞理的樣子——這是忽必烈的一貫作風，只要你能講出個他心服的道理，忽必烈一定會寬恕你。應該說這是忽必烈的「美德」之一，他並不以金口玉言爲重——他對與會者說：「道家經文，傳訛踵謬並非一日。若遽焚之，道徒未必心服。道家聲稱火燒不死、水溺不死，請當場試驗一下。如果並非如此，再焚不晚」。忽必烈治人的智慧令人歎爲觀止，他不僅讓你死，還要讓你口服心服。建議後世的政治家傾陷他人時向忽必烈學習，而不要學秦檜的莫須有。

於是，忽必烈命道教諸門派各推選一人，佩帶符籙入火。張宗演驚恐失色，他不想用生命表達他的信仰，他還沒有對宗教狂熱到昏頭的地步，馬上承認：「此皆誕妄之說，臣等入火，必爲灰燼，實不敢試，但乞焚去道藏」。也許我們現在明白了道教爲什麼在中國一再受到排擠，在苦行僧們的佛釋進攻下節節敗退的原因。它除了給躺在病榻上的奄息之人以幻想飛簷走壁、大鬧天宮、長生不死之外，似乎並不能給予人們其他的精神食糧與寄託。因此，它也無法驅散中國百姓多如牛毛的偶像膜拜。自然它也無力獨步中國人的精神世界。消極避世本身就值得商榷，再加上滿嘴四濺的謊言，則更加顯得醜陋而又可鄙了。

忽必烈占盡天下眞理，下令除《道德經》外，其餘道家諸經一概焚毀，禁止醮祠。雖然這份詔令並未認眞執行，但明代人還是編出了一份《缺經目錄》。從此，道家愈顯萎靡不振。同時，我們也應沉思一下，爲什麼中國歷史上武功極盛帝王都喜歡焚書？譬如秦始皇、清高宗。

對待宗教信仰，忽必烈繼承了乃祖遺風。蒙古人基本上持萬物有靈觀念，但「天」已開始至高無上。不過，「長生天」還沒有發展到排他性的程度，蒙古鐵蹄就踏入眾多世界性宗教了。因此，成吉思汗對外來宗教兼容並蓄，而又不溺陷其中。蒙哥曾說過：「我們蒙古人相信只有一個上帝，賴他以生，賴他以死，我們誠心敬奉他。但是，正如上帝給人以五指一樣，他也讓人們走不同的道路」。

道德經與道教

《道德經》，原名《老子》，由戰國時期道家學派整理而成，記錄了春秋晚期思想家老子的學說，是中國古代先秦諸子分家前的一部著作，為其時諸子所共仰，是道家哲學思想的重要來源。也是中國歷史上首部完整的哲學著作。

《道德經》常會被歸屬為道教學說。其實哲學上的道家，和宗教上的道教，是不能混為一談的，但《道德經》作為道教基本教義的重要構成之一，被道教視為重要經典，其作者老子也被道教視為至上的三清尊神之一道德天尊的化身，又稱太上老君，所以應該說道教吸納了道家思想，道家思想完善了道教。

忽必烈則說得更好：「人類各階層敬仰和崇拜四個大先知。基督教徒，把耶穌作爲他們的神；撒拉遜人，把穆罕默德看成他們的神；猶太人，把摩西當成他們的神；而佛教徒，則把釋迦牟尼當作他們偶像中最爲傑出的神來崇拜。我對四大先知都表示敬仰，懇求他們中間眞正在天上的一個尊者給我幫助」。

在忽必烈對波羅兄弟解釋他爲什麼不改信基督教時，他道出了內心的眞跡。忽必烈說：「我爲什麼要做基督教徒呢？你們自己可以看出，基督徒沒有法術，也不會創造奇蹟。而佛教徒卻能夠爲所欲爲，當我坐在飯桌前，飯廳中的杯子，會自動斟滿酒而供我飲用，他們會呼風喚雨，並且還能變幻許多類似的奇蹟」。

「如果我改變了信仰，成爲一個基督教徒。那麼，朝廷中的貴族和不信這種宗教的人，將問我有什麼充分的理由接受洗禮，改奉基督教。他們會說基督教的傳教士表現過什麼非凡的力量，顯示過什麼奇蹟呢？同時佛教徒也聲稱他們所表演的奇蹟，是由於他們自己的聖潔和佛的神力」。

「對於他們的提問，我無法回答。他們會認爲我是陷在可悲的錯誤之中。而那些佛教徒，憑藉他們高深莫測的法術，施行神奇的魔力，很容易就把我置於死地」。

實質上，人類的先知，在忽必烈心目中，只有爲他禱告時才成爲先知。而眞正的先知，是他自己。

第十五章 大都驚雷

給中國文明注射的強心針，可悲的是：往往是落後的毒液。

在中國的史書裡，每個朝代、每個帝國必有奸臣。奸臣似乎沒有國界、民族之分。蒙古大汗、大元皇帝忽必烈身邊的第一位奸臣是中亞花剌子模費納喀忒人阿合馬。

將阿合馬列入〈奸臣傳〉本不需要爭論，但假如忽必烈在天之靈拜讀了宋濂的《元史·奸臣傳》，他會覺得有欠公允。如果讓忽必烈去寫阿合馬傳，他一定會從漢法派和「富國」理財派的長期鬥爭的角度去索解阿合馬一生的功勞。忽必烈站在自己的立場上去俯瞰不同族屬的矛盾，可以肯定，他要比宋濂理解得透徹。

忽必烈是崇尚實際的政治家，他附會漢法自實效始，疏遠漢人也自實效始。中統建元前後，忽必烈採用了儒家治術中的積極部分，也就是治國實踐部分。義、利在忽必烈的初期政治生活中都具有重要的意義，儘管他身邊的漢人儒士所持理論各不相同，但總體來說，姚樞、竇默、許衡儒學義理之流與王文統法家言利之輩均能爲忽必烈所接受。

李璮之亂攪亂了忽必烈的用人、施政思想。言義的儒流、言利的王文統等輩都迅速爲忽必烈嫌棄，但精明的忽必烈並未因此而中斷汲取漢法中的治國精華，所以他依然沿著附會漢法的道路去實現建立國家機器、國家政權的目的。直到改國號大元的至元八年（一二七一年），忽必烈一直在這條道上蹣跚其步。

對於迫切需要建立的中央、地方政權機構，忽必烈還抱著熱心的態度，而那些對蒙古帝國可有可無的漢制，忽必烈一如對待漢儒頗顯冷淡。對漢人猜疑自然也存疑了漢法，忽必烈有一種信仰被玷辱的感覺，痛苦地接納著不得已而爲之的漢制。因此忽必烈附會漢法便呈退退進進的猶豫狀態。

滿腔熱情去再造蒙古大汗的漢儒們也被兜頭潑上一盆冷水。理想的幻滅和在被懷疑、被牽制的氣氛裡忙忙碌碌的漢儒，也痛苦地品味著現實。景定五年（一二六四年）左右，忽必烈還沒有從猜忌中喘過氣來，致使中統年間「忝處朝端，謀王體而斷國論」的漢儒群的一員王惲發牢騷說：皇上「今則曰：『彼無所用，不足以有爲也。』是豈智於中統之初，愚於至元之後哉？」罵完忽必烈的愚，王惲承認，儒已處於「用與不用之間」。

政治搖擺的惡果是蒙古舊制過多地積澱到新政權中。如分封采邑制、遍及各生產領域的驅奴制、手工業中的官工匠制、商業領域中的斡脫制、朝會慶典的濫賜橫賞制、貴族世襲的選官制、後宮中的斡耳朵制、怯薛制、貴勳投下制、遍布全國的達魯花赤命官制以及各項民族歧視的法令，都被原封不動或稍加改造後搬到忽必烈新政權的各個角落。中原王朝本來就有不少的奴隸制觀念。中國的奴隸制發展不充分，因此造成秦漢以來的封建政權很容易就接承夏商周的奴隸制觀念，現在突然又湧進大量蒙古游牧民族的奴隸制度，忽必烈的施政思想就不得不引起漢儒的不滿了。

阿合馬

阿合馬，元朝色目人，元世祖忽必烈時的近臣之一，出生於費納喀忒（今烏茲別克境內），官至宰相。

阿合馬在位期間主要掌理財政，他以清理户口、推行專賣制度、發行鈔票（時稱交鈔）等方式來增加收入，元征服南宋之後，他又在江南實行發鈔和藥材限制專賣政策，使元初的財政收入大為增加。但他種種財政措施引起其他大臣不滿，武官王著聯絡僧人高和尚，趁世祖北往上都（今內蒙古境內）時，假傳太子之命召喚留守大都的阿合馬，然後設計將阿合馬刺殺。

傳統史家對阿合馬之評價都相當負面，如《元史》就把阿合馬收錄於「奸臣傳」，有「益肆貪橫」、「內通貨賄，外示刑威」這些陳述。然隨著研究深入，後世對阿合馬之評價也不再極端，蓋因阿合馬在任內主要是改革稅制，整頓財政，被指貪污也是當時正值元初，漢人為四等人，地位最低，出任宰相的是色目人，不管證據虛實都會被視為貪橫暴虐。

令人遺憾的是中國封建社會的強心針不是更先進的雇傭工資的資本主義制度，而是逆流而施的更落後的奴隸制，中國文明後期的發育遲緩便可想而知了。推究中國封建社會爲什麼延續那麼長和爲什麼十七世紀後的中國反而大大落後於後起的西方文明，請不要忘了忽必烈，也不要忘了中國封建社會原本就是一個大雜燴。

誰也不會否認忽必烈的偉大，但請也不要忘了忽必烈大汗前後的蒙古貴族給中國文明注射的落後毒液，其餘毒甚至到了二十世紀初還使中國文明感到陣痛。

忽必烈搖擺政治的另一惡果，是以剝削爲能事的西域商人登上帝國的歷史舞臺。王文統之流的言利要員，退出新政權後，高談闊論的漢儒鄙薄理財，因此也無力肩負起籌劃帝國龐大開支的重任。他們理想中的仁政與忽必烈的急需相去太遠太遠，這樣便出現一個講求實效，忽必烈認爲能富國裕民的空檔。忽必烈除了利用漢儒去建造文職官僚系統外，就必須尋找能給他帶來財富的第二支官吏集團，並用這支勢力去牽制已使自己不放心的漢人集團。很自然，以善於理財經營、以回回人爲主體的色目人便成爲忽必烈塡空的最佳選擇。因爲蒙古騎兵雖然在攻城掠地、殺人、強暴掠奪上都很在行，但對經商和治理國家卻令人不敢恭維。

於是，在忽必烈的支持下，以阿合馬爲首的色目官僚集團粉墨登場，勢力迅速膨脹。

阿合馬勢力的崛起與驟衰，基本上反映了忽必烈時代至元十九年（一二八二年）前的政局走向。二十年間以咸淳七年（一二七一年）左右爲分水嶺，可分爲前後兩個時期：前期阿合馬悄然崛起，後期阿合馬獨擅朝政。

阿合馬的背景材料極少，他不是靠顯赫的家族和卓著的戰功進階的。在中統二年（一二六一年）他還是個默默無聞的小人物。據中外史籍的零

元代鐵鏵犁、鐵鐮（來源：烏蘭察布市），內蒙古博物院「中國古代蒙古民族」草原天騎展廳。

星記載，阿合馬很可能是中亞費納喀忒（今蘇聯烏茲別克塔什干西南錫爾河右岸）的商胡。在蒙古西征時被弘吉剌部按陳擄爲家奴。十分機靈的阿合馬在察必還是個姑娘時就獲得了她的歡心，所以察必在出嫁忽必烈時作爲陪嫁的媵人而進入忽必烈的生活，供職於察必的斡耳朵。

也許就是因爲察必的緣故，忽必烈才覺得阿合馬是可倚重的心腹。中統元年（一二六〇年），阿合馬被忽必烈任命爲上都開平同知兼太使。次年五月派他到燕京去檢點萬億庫的貨物。阿合馬以忽必烈的財政管家身分，到達燕京後，提議立和糴所，充塡倉廩，頗具成績，其理財才能從而被忽必烈賞識。中統三年（一二六二年）十月，李璮、王文統之變後，阿合馬借東風、乘忌雨，被忽必烈倚任爲中書左右部的長官，並兼諸路都轉運使，阿合馬從此掌握了財賦大權。在此任上，阿合馬幹得十分出色，他主要幹了三件事：一是將治鐵之利攏爲國有，由官府興煽治鐵，然後賣農具給百姓，使忽必烈的國庫迅速充實。二是整頓鹽法，促使官鹽的銷售堅挺於帝國，獲利甚豐。三是整治規畫了有關財賦方面的規章制度。阿合馬一系列充盈國庫的措施無疑使急需大量軍用物資、糧餉的忽必烈極爲高興，比起漢儒的滿嘴仁義道德，阿合馬的實政自然使忽必烈更爲歡心。

中統五年（一二六四年），忽必烈撤中書左右部併入中書省，改任阿合馬爲中書省平章政事。中書令是眞金，並不理事，平章政事之上是左、右丞相。在短短的四年間，阿合馬以奴僕的身分被忽必烈超遷到宰相的高位，其速度之快令同僚望塵莫及。

至元三年（一二六六年）正月，忽必烈立制國用使司，阿合馬以宰相位兼領使職。至元七年（一二七〇年）忽必烈爲籌措進攻南宋的軍需，撤銷制國用使司，特別成立尚書省，綜理天下財用，原屬中書省的六部及天下行省都歸隸尚書省。尚書省的權力膨脹至中書省根本無法抗衡的程度，中書省雖然存在，但僅是備員而已，而忽必烈任命的尚書省長官就是阿合馬。

阿合馬在忽必烈的支持下，在中央迅速達到炙手可熱的地步，至阿合馬領尚書省事，其權勢被推向高峰。

實際上，忽必烈的一次改組中書省等中央機構，都爲阿合馬鋪墊了一塊權力的基石，中統五年（一二六四年）阿合馬進階宰相位後，首先排擠了與他同級的廉希憲、商挺，接著次年忽必烈罷免了中書省的所有宰相，包括漢人張文謙和漢化較深的線眞、耶律鑄、賽典赤等。任命木華黎曾孫安童爲中書右丞相、伯顏爲中書左丞相。在此之前的中書右丞相線眞、史天澤根本無法與阿合馬的能言善辯抗衡。在忽必烈面前阿合馬常常顯露自己的生花妙舌，將史、線二人常常駁得無言以對，只好訥言不語，忽必烈更加「奇其才」。至元七年（一二七〇年）的建尙書省與至元九年（一二七二年）正月的併尙書省於中書省爲阿合馬的氣焰方張再添柴薪。

以漢人儒士與漢化較深的少數族人組成的漢法派和以阿合馬爲首的、有忽必烈撐腰的理財派在這一時期進行了多次較量。

阿合馬任職中書左右部時，忽必烈對待漢人的態度已頗顯冷漠了。此時阿合馬的勢力已令中書省官員忌憚。因爲權力與贓物的分配不均，阿合馬黨徒間發生內訌、互相攻擊。忽必烈「命中書推覆，眾畏其權，莫敢問。」處處學習魏徵的「廉孟子」挺身而出，「窮治其事」，將所查結果如實上報忽必烈，忽必烈下令杖阿合馬，罷左右部。這是阿合馬第一次敗陣於漢法派。

但阿合馬因禍得福，忽必烈已離不開這位財神爺，不久反而拜阿合馬爲宰相。隨後又專門爲阿合馬立制國用使司，在阿合馬任制國用使時，至元五年（一二六八年）漢法派與理財派再次交鋒。在一群漢法派的建言下，忽必烈決定完善政權機構，在中央設御史臺，於各道設提刑按察司。對於彈劾監察百官的機構設置，自然對阿合馬是一種限制，對這種威懾，專總財制的阿合馬立即提出反對：「庶務責成諸路，錢穀付之轉運，如今再設御史臺及下屬機構，繩治其上，怎麼幹事？」廉希憲力爭抗辯：「立臺察內則彈劾奸邪，外則察視非常，訪求民疾，自古如此。如果撤去，促使上下專恣貪暴，事情就好辦了？」阿合馬瞠目結舌，無言以對。

在此之前，十八歲的安童任相前後，對附會漢法，忽必烈已心懷動搖。安童少有大志，十三歲時就是忽必烈的四怯薛長，出語驚人，尤讓忽必烈吃驚。安童深肖曾祖木華黎，與許衡、姚樞等漢儒關係密切，對採行漢法持積極態度。安童可算是漢法派的重要人物。安童入相後，上書建言十事，但卻引起忽必烈的大怒。理財派阿合馬之流又趁機構陷中書省行事「大壞」。忽必烈怒從天降，準備懲治中書省的宰相們，漢法派惶懼異常。姚樞冒險奏諫忽必烈說：「中統以來，附會漢法、承繼祖制已取得重大成就，本應繼續光大，比美先王，臻於至治。以陛下的才略達此寬綽有餘。但近來臣下卻聽說陛下聖聽日煩，朝廷政令日改月異。樹剛栽下，就撥移別處；屋剛建成，就復折毀。遠近臣民，不勝顫懼。臣恐大本一廢，遠出難成，實為陛下憂慮。」忽必烈認眞咀嚼了這一番忠懇之言，怒氣漸息。姚樞的「大本」說穿了就是漢法，在理財派的節節挺進下，看來漢法確有廢置之虞了。

阿合馬排擠安童沒能得逞，接著因圍困襄陽，急需籌備軍需，至元五年（一二六八年）廷臣議設尚書省總理財政，以阿合馬平章尚書省事。阿合馬企圖架空安童，向忽必烈建議宜升安童為三公。忽必烈還眞當做回事，交諸儒議擬意見。漢法派商挺倡言道：「安童為國家的柱石，如為三公，是崇以虛名而實奪之權，決不可行。」忽必烈還不想在南宋未下就將漢法派摒棄，只好作罷。

阿合馬的理財能力在帝國群臣中的確是超群拔萃的，連漢法派對阿合馬的個人才能也沒有提出過疑意。蒙古人有一個特殊的愛好，他們非常重視口才的培養，每次聚會每人都要說一段箴言妙語。忽必烈也十分推崇能言善辯的人，阿合馬便具有口才天賦，而且他還足智多謀。「急於富國」的忽必烈「大驚其才，因授以政柄，言無不從。」將進攻南宋的一切軍需調度大權全部委託給阿合馬。

安童

安童（1248～1293年），元朝政治家，蒙古翁剌亦兒氏，木華黎四世孫。

安童少年時即隨同忽必烈征戰，忽必烈稱帝后，即任命其為四怯薛之長，掌管宿衛。至元二年（1265年），安童被任命為中書右丞相。在任丞相期間，安童深受儒家思想影響，積極協助忽必烈推行漢法，在權力爭鬥中扳倒了阿合馬。

至元十二年（1275年），輔佐北平王那木罕出鎮阿力麻裏，防禦察合台汗國和窩闊台汗國的進攻。次年，部將叛亂，將其綁獻於金帳汗國的忙哥帖木兒，忙哥帖木兒又將其轉送窩闊台汗國的海都，直到至元二十一年（1284年），方才被放還。

被放還後，安童逐漸失去忽必烈的信任。至元三十年（1293年），安童去世藉軍事行動幾乎全攬了帝國中樞權力的阿合馬，驕橫剛愎，決策行事從不諮文中書省。尚書省設置後，阿合馬根本不依銓選舊例，擅將親信黨徒、子侄親戚充委其間，致成中書省形同虛設。從而激起了中書長官安童及顧問許衡等漢法派的強烈反對。

安童向忽必烈一再訴苦：阿合馬的尚書省事中書省一概不知；阿合馬擢用私人，不由部擬也不諮會中書省；阿合馬分管各路民政和財賦，還插手刑事案件。阿合馬的種種驕縱，連忽必烈都為之面紅？感到此奴有點過分，撫慰已被架空的安童說：「汝所言是。豈阿合馬以朕頗信用，敢如是耶，其不與卿議非是。」但阿合馬將忽必烈的話置若罔聞，甚至反駁道：「事無大小，皆委之臣，所用之人，臣宜自擇。」這句話使我們堅信，忽必烈一定有事無巨細全部委託阿合馬的意思。不然，機巧的阿合馬是不敢觸忤主子的。安童無可奈何，只好向忽必烈請求：「自今以後，唯重囚犯和任命上都總管兩件事，交移臣理，其他全部委付阿合馬」。忽必烈馬上滿口答應。

耿直、古板但極有學問的許衡屢次被阿合馬排擠出朝。許衡雖迂闊，但敢直諫，說心裡話，不怕死。至元七年（一二七〇年）許衡得知阿合馬任命其子忽辛為樞密院僉書以主掌兵權，激辭進向忽必烈：「國家事權，兵、民、財三者而已，今其父典民與財，子又典兵，不可。」忽必烈大為不滿，反問許衡：「卿慮其反邪？」許衡毫不怯弱道：「彼雖不反，此反道也。」阿合馬火冒三丈，反誣許衡避辭利祿，是「欲得人心，非反而何」？

阿合馬多次伺機報復，舉薦

真金

真金，元朝第一位皇帝元世祖忽必烈之嫡子，第二位皇帝元成宗鐵穆耳之父，母察必皇后（昭睿順聖皇后弘吉烈氏）。娶蒙古弘吉剌部出身的闊闊真為正妻。

中統二年（一二六一年），元世祖下詔封皇子真金為燕王，領中書省事。

至元十年（一二七三年），元世祖冊立真金為皇太子，故人稱真金太子，並統轄中書省。

至元二十二年（一二八五年），有御史奏請元世祖禪讓給真金，阿合馬餘黨塔即古等人得悉此事後便借理算為名封存御史台奏章，把此事上報給元世祖。結果元世祖大怒，真金由此憂懼不自安，以是致疾。

至元二十二年農曆十二月十日（一二八六年一月五日），真金去世。元世祖在悔恨之餘，立真金之子鐵穆爾為皇太孫。

許衡出任中書左丞，以便藉事傾陷，許衡力辭不就。後許衡聽從朋友勸告，爲避免夜間「卒有橫逆」，向忽必烈力請告老還鄉。

以阿合馬爲首的回回人勢力異軍突起，其前十年阿合馬先掌財賦大權。進而控制了朝廷中樞政權。在阿合馬的幕後，實際上的操縱者是忽必烈，阿合馬勢力消長，基本上反映了忽必烈對待漢法的態度。至元七年（一二七〇年）以前，忽必烈之所以沒有令阿合馬囂張到爲所欲爲的程度，是因爲他還需要建立適應漢地的封建專制官僚系統。而修補「文治多缺」又不是阿合馬集團所能勝任的，因此，對歷代典章制度爛熟於心的許衡之流雖一再辭呈還鄉，或一再被罷相，但過一段時間忽必烈仍不得不再安車召回。但帝國的政權建設一旦大體草就，許衡之流實質上已陷入飛鳥盡，良弓藏的危地了。故而，在下一個階段的兩派鬥爭中，漢法派迅速敗下陣來。

至元八年（一二七一年）忽必烈改國號爲大元後，阿合馬的擅權進入新的歷史階段，直至至元十九年（一二八二年）阿合馬被殺。

後十年的朝廷政局與忽必烈時代前期相比，出現實質性的根本逆轉。後十年阿合馬只栽過三次跟頭，一次是尚書省被撤，一次是真金毆打了他，另一次是阿合馬被王著用銅錘砸碎腦殼。除此之外他一直春風得意。相形之下，漢法派凋零得連忽必烈都不堪回首。

至元九年（一二七二年），在中書省的一派牢騷聲中，忽必烈也覺得中書、尚書兩省並置，職掌不清，冗員太濫，他還沒有見過如此臃腫的宰相集團。因此忽必烈決定將兩省合而爲一。阿合馬揣摩到忽必烈的心意，雷厲風行，奏請以安童爲太師，企圖藉此撤中書省而盡攬政權。阿合馬擔心適逢入京參議其事的山東東西道提刑按察使陳祐提出異議，私許陳祐任尚書省參知政事，條件是隨聲附和。但頗有漢人良知的陳祐在討論兩省合併的會上卻力言中書省乃國家政本，不可廢罷，並批駁阿合馬議立太師之位是徒具虛名。漢法派群起力言痛諫，忽必烈於是撤尚書省併入中書省，但阿合馬仍任平章政事。安童乘此疾風，向忽必烈控告：「阿合馬、張惠挾宰相爲商賈，以網羅天下大利，厚毒黎民，困無所訴。」並揭露其黨羽劣跡，忽必烈仍取安撫手法，說：「若此者，徵畢當顯黜之。」但這只是說說而已，阿合馬的宰相照做不誤。

這是以安童爲首的漢法派最後

一次垂死般的回擊。自此，漢法派的命運便直轉逆下，一發不可收拾。

改組後的中書省宰相，伯顏、史天澤主持南宋戰事，許衡辭職，廉希憲和耶律楚材子耶律鑄被罷，實際上主持中書省工作的是右丞相安童，左丞相忽都察僅列名而已。剩下的哈伯、張惠等都是阿合馬的同黨，漢人中只有張易和趙璧。趙璧此時已老病纏身，拜平章政事後竟毫無作爲，而張易則「視權臣（指阿合馬）奸欺，結舌其傍」，雖有不滿，但只潛沉心病，表面上則唯唯諾諾。至元十二年（一二七五年），安童終於被擠出中書省，忽必烈命他陪北平王那木罕去出鎮阿力麻里，名爲重邊，實爲罷相。一二七六年，趙璧病死。二人走後，中書省卻沒有做相應人事調整，中書省右丞相虛懸至一二八一年。中書省的權力實際上已落入平章政事阿合馬的囊中。

在朝廷中還能走動的舊日幕僚，僅剩下張文謙、張易、趙良弼三人而已。其餘的大批金蓮川幕僚，大多亡故：劉秉忠、史天澤於一二七四年、一二七五年相繼去世，接踵其後的是姚樞、許衡、竇默、董文炳、廉希憲、王恂、李德輝等人。碩果僅存的幾位，結舌其傍以謀自保的張易拋開暫不管他，趙良弼先是忙於出使日本，返國後簽書樞密院事。在蒙古人一手壟斷的樞密院工作，實際上無施展能力的機會，我們不知道什麼原因，「良弼屢以疾辭」。張文謙爲人「剛明簡重」，「數忤權佞」，遭到阿合馬的猛烈轟擊。阿合馬再次奏請撤諸道按察司，這實際上是踢御史中丞張文謙的飯碗，同時也擺脫臺諫機關的牽制。張文謙力爭，悉陳利害，才在忽必烈游移不決中保下監察機構。他也爲自身的生命擔憂，「力求去」。至此，漢法派已一敗塗地。老病的忽必烈終於感覺到身邊清靜了許多，只剩下阿合馬動聽的讒言了。

思索一下漢法派覆亡的原因，對蒙古人、漢人來說，都意味深長。

首先是漢化問題。

游牧人入主農耕定居的漢地，如果企圖保持長久統治，就勢必要採擷駕馭農耕文明的權術，而積累了上千年權術勢、霸王道經驗的一整套統治術則是現成的。凡是從北方和西北俯衝到中原的少數民族無一不遇到這個問題，所不同的只是如何取捨漢法。游牧民族和漢人相比，人數很少，進入漢地，採行漢法很容易消失到漢人的汪洋大海裡。如何保留本民族的個性、統治和特權，又不被漢人同化，則很難把握。

從匈奴開始追溯：匈奴強盛得連中華第一皇帝秦始皇都不得不抽調二十萬大軍去築兩種長城；將劉邦圍困七晝夜，對呂后的污辱她也只好強咽，但他們沒能在漢地建立統治。最起碼有一個原因是單于們沒有體味到的——他們的汗廷缺少漢人。這個不大不小的因素還可以推之到魏晉南北朝時期的五胡，還有隋唐的突厥，但鮮卑的拓跋氏是個例外，因爲孝文帝在洛陽推行全面的漢化。而其餘則不是將漢人堅決拒之門外，便是迅速漢化，他們一建立政權，三四任帝王甚或更短便從史籍上消失。西夏基本上採取閉關鎖國的神祕主義，嚴禁本族文化外播，但文化進口也很少，偏居一隅自樂。遼、金的開國祖、宗都以不喜歡讀書而自豪，靠武功爭得天下，但不久他們便將漢人的智慧視爲源泉，並成功地推行了南北分治、兩面官制。但很遺憾，也令漢人惋惜，從接受漢化的那 位皇帝起，帝國衰勢就開始到來。

這一謎團一直使人困茫無解。漢儒們則非常自豪於「以夏變夷」，其實連他們也不眞正清楚原因所在。然而，事實上，我們應該從農耕文明創造的漢法本身去尋找原因，漢文化十分龐雜，既滿含精華，也泛濫著毒素。在少數民族統治者飢不擇食接納精華時，他們連毒素也吞咽了。而雜儒本身已失去朝氣，毒氣愈變愈濃，它教給人民的懶惰般的安逸，及時行樂式的不思進取，詩文昌盛帶來的懦弱正是游牧民族的天敵。

忽必烈頭腦十分清醒，全面改行漢法便意味著全面漢化。全面漢化的命運將同遼、金一樣。對漢化忽必烈十分警惕，他處處以金世宗爲楷模，既採用漢法中的治術，但又倡導國俗，遏制漢化

《耕織圖》，出自元代農學家王禎《農書》。

的速度。兩都制和大遊獵本身就帶有這種性質。儘管忽必烈作了許多努力，而實際上進入中原的蒙古人，草原的落後習俗與漢文明的腐朽消極成分已經擁抱，特權的庇護溫床已垂下帷幕，結合的後裔是蒙古草原的淳樸、強悍和蓬勃向上的進取精神向奢侈、腐化、懦弱和惰怠轉化。

而漢化是漢儒們挾帶而來的，忽必烈排斥、猜忌、疏遠與打擊漢儒，在一旦確立了國家政體之後，便不難理解了。

其次是漢儒本身問題。

理學時期的道學先生今天已是個貶義詞。但有關道學家的笑話都是從他們的時代流傳下來的。神經還正常、又講究「實惠」的忽必烈對許衡等的那一套迂腐不切實際「王者仁政」殊不可解，反感到常常大怒。

忽必烈崇喇嘛教而薄禪宗，徒單公履投其所好，至元八年（一二七一年）建議實行科舉制時譬喻說：「儒亦有是（佛），科舉類教（喇嘛教），道學類禪。」忽必烈聞之震怒，召姚樞、許衡與耶律鑄廷辯。恰巧董文忠從門外過，忽必烈發洩道：「汝日誦《四書》，亦道學也。」忽必烈還說過：「漢人惟務課賦吟詩，將何用焉！」對漢人不務實用的風習，忽必烈的鄙薄之情溢於言表。

對「廉孟子」希憲，忽必烈也發過怒。因廉希憲拘泥於詔書，釋京師重囚匿贊馬丁，忽必烈大怒道：「汝等號稱讀書，臨事乃爾，該當何罪？」廉希憲被罷相後，忽必烈得知希憲整日在家讀書，不滿地說：「讀書固朕所教，然讀之而不肯用，多讀何爲」？

許衡、姚樞也有許多迂闊濫調，根本無法解決關乎國計民生的實際問題。對忽必烈來說，空談等於犯罪。對漢儒的疏遠不能不說，漢儒本身也有不可推諉的責任。

第三，元廷費用浩繁問題。

忽必烈的帝國不是處於只有牛拉輦車的開國時期。它是以豪奢巨賞而著名世界的蒙古帝國的延續。因爲忽必烈繼位的不合法性，忽必烈發賜例賞便更殷勤。維繫貴族的奢侈需要銀兩；大興土木、建兩京需要銀兩；而連綿不斷的戰爭更需要銀兩的幫助。各項支出像一群螞蟥附在乾瘦的帝國身上。

忽必烈只能保證百姓不致餓死，但他不能仁慈到攻打南宋的軍隊不向百姓搜糧刮稅的地步。時值滅亡南宋的前後，壓倒一切的是增強軍力、保證財用。腐儒無力擔起重任，忽必烈只有依賴經營規劃有方的理財派。

阿合馬通過興治鐵、鑄農器官賣、增鹽課、括戶口、增稅、推行鈔法、濫發交鈔、清核諸官府、追征逋欠等手段使帝國財政得以應付，爲忽必烈解決了許許多多的難題。忽必烈自然會喜歡、倚重這個財神爺。忽必烈就曾這樣評論、稱道他的宰相：「夫宰相者，明天道，察地理，盡人事，兼此三者，乃爲稱職。阿里海牙，麥朮丁等，亦未可爲相，回回人中，阿合馬才任宰相」。

言外之意，除阿合馬外，再無堪任宰相之臣了。實際上中書省的權力也正是掌握在回回人手中。因此，儘管漢法派一再抗議、揭露阿合馬，但忽必烈毫不爲之所動。甚至在漢法派凋零後，忽必烈還幫助阿合馬打擊異己。

鳩聚眾多的因素，我們想，漢法派不覆亡反而是歷史在開玩笑了。

從至元九年（一二七二年）阿合馬以平章政事入主中書省，直到至元一九年（一二八二年），阿合馬除了向忽必烈的國庫輸滿天下財貨，博得忽必烈的心賞目悅外，天下良田、美女和銀鈔也源源不斷流向他本人的庫府。這也許是忽必烈不願聽到的。

氣焰薰天的阿合馬在忽必烈的庇護裡，其不可一世的表演主要集中在：援引奸黨，將郝禎、耿仁舉薦到中書省，陰謀交通，專事蒙蔽主子忽必烈；在帝國權力各要津處，安插子侄，他的二十幾個兒子遍布帝國權要之處，甚至連他的家奴也長期掌握著大都的兵權；廣占良田，「民有附郭美田，輒取爲己有」；漁獵各式美女，只要是他看上的漂亮女人，不管是少女還是少婦，決逃不出他的魔掌，他最文明的伎倆是許封美女父親顯爵，而最缺乏人道的是將部臣的母親、妻子、女兒全部凌辱、蹂躪；他還傾陷忠良，黨同伐異，只要對他稍不恭敬，那麼此人最起碼會身陷囹圄；大量收納賄賂，甚至截留獻給忽必烈的貢品。

阿合馬橫行霸道的結果是帝國的臣民怨聲載道，對他深惡痛絕，憤恨至極；忽必烈也覺得其權力的無邊無際，有失自己的面子。

忽必烈覺察到阿合馬不僅能給自己帶來財富，也可能招致巨禍。於是決定裁減阿合馬的專擅，將皇太子眞金推到阿合馬的面前。眞金的思想是道道地地的儒術的翻版，他對阿合馬的橫徵暴斂、驕恣枉法早懷厭惡，只是礙於父面、未敢發作。當接到父汗令他參決朝政的詔命後，他做的第一件事就是用弓敲打阿合馬，當阿合馬滿臉傷痕跑到忽必烈跟前時，忽必烈問：「你的臉怎麼了？」阿合馬囁嚅而改口道：「被馬踢了。」眞金當場揭穿他：「你說得眞無恥，這是眞金打的。」眞金感到父汗沒有發火的意思，接著幹第二件事：當著忽必烈的面，狠狠將阿合馬毆打多時。從此之後，阿合馬見了眞金像貓一般溫順，或者像老鼠一般溜掉。

被逼退到絕崖邊上的漢臣終於脫穎而出兩位勇士。一位是具有古士俠風、疾惡如仇的益都千戶王著，一位是王著的朋友僧人高和尚。王著冒著殺頭危險偷鑄了一個大銅錘，發誓要爲民除害，爲國摘奸；高和尚則詐稱身懷絕技，能役鬼助戰，遙控敵人，取得樞密副使張易的信任。

至元十九年（一二八二年）二月，忽必烈帶著眞金等家眷、鷹師及其他隨從例行前往上都。大都只有阿合馬留守，處理政務。王著、高和尚決意趁機行事。經過周密布置，十七日，王著矯傳皇太子眞金令，命中書省備辦齋品供物，稱眞金要回都作佛事。中午，王著又遣崔總管通知張易發兵，於當夜會聚東宮。同時，王著本人親自馳告阿合馬率中書省留守官員到東宮等候眞金；又分遣一部分敢死隊前往居庸關控守，另一部分敢死隊則簇擁皇太子的儀仗，浩浩蕩蕩，向建德門進發。

阿合馬覺得事出蹊蹺，但又懾於眞金的雄威，仍如期趕往東宮，不過，他還是不放心，就派中書右司郎中脫歡察兒帶數騎前去窺伺。脫歡察兒出建德門十里。碰到王著假扮的皇太子大隊人馬，盡被王著所殺。

入夜二更時，王著的僞太子大隊人馬在燭光旗影中抵東宮西門。守衛東宮的高觿與尚書忙兀兒、張九思和張易均集兵東宮，準備迎候，高、張二人有些疑惑，派人詢問。王著等見闖西門不成，轉趨南門。至東宮南門，阿合馬和中書省官員正在恭候。假眞金傳令阿合馬率省官上前，責備了阿合馬幾句，王著立即將

青銅秤錘，元代，延佑三年。元朝官方製造的標準衡器部件。

阿合馬拽到一旁，抽出銅錘，砸碎其頭。一代奸佞，登時斃命。

接著又傳呼中書省左丞郝禎，郝禎也莫明其妙地被殺。右丞張惠比較幸運，僅被傳來囚禁一旁。

樞密院、御史臺、留守司的官員們遙望著前面燭光下影影綽綽晃動的身影，忙忙碌碌，似乎飄滿了殺氣，個個噤口摒聲。眾人正迷迷瞪瞪之際，從西門砲到南門的張九思從宮中方喊一聲：「叛賊！」留守司達魯花赤博敦聞聲徹悟，持梃飛身上前，將馬背上的假眞金擊墜，轉身命令衛兵弩箭齊射。王著的部眾四散奔潰，而王著本人則挺身請縛。次日清晨參與謀亂的人大多被處決。高和尚逃到高梁河，也被捕。

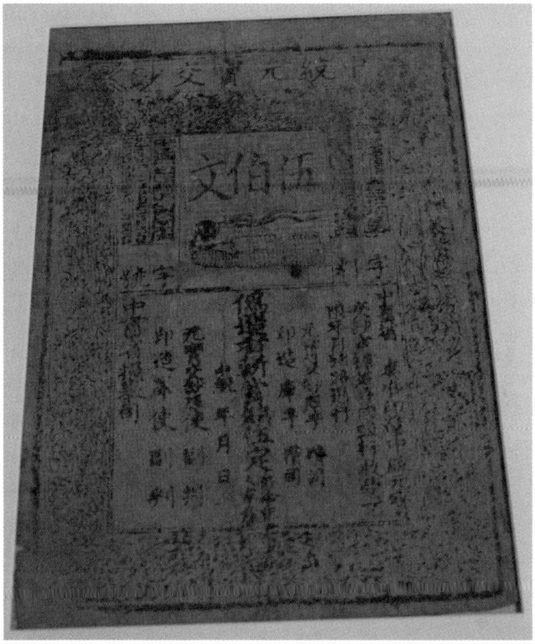

中統元寶交鈔五百文，元朝，中國國家博物館文物。中統元寶交鈔的面額有2貫文、1貫文、500文、100文、50文、30文、20文、10文共9種。

正駐帳察罕腦兒的忽必烈，聽到因自己放縱寵幸而與阿合馬一道催生的帝國驚雷後，驚愕了半天，但他隨即便從震怒中清醒。立即回鑾大都，同時派孛羅、和禮霍孫等箭馳大都鎮壓亂黨。二十二日，王著、高和尚被誅於市，張易也被處以極刑。王著臨刑，凜然自若，大呼：「王著爲天下除害，今死矣，異日必有爲我書其事者」！

大都暴動在忽必烈內心掀起了狂瀾巨浪，洶湧的大潮拍打著他的一個個問號。阿合馬爲什麼被殺？王著等人不惜拋顱灑血意味著什麼？張易的神祕表演爲什麼沒被戳穿眞相？張易的幕後是否還有他人？層層疊嶂疑謎使忽必烈如墜五里雲霧。

忽必烈冷靜之後，收拾一下叢聚的疑點，再次施展他超人的政治天才。他不斷地想：阿合馬雖然激起了絕大多數漢人的憤怒，但他顯然是自己的替罪羊。如果自己也在大都宮中，後果簡直不堪設想。對阿合馬應該厚葬，藉以撫揉回回以致整個色目人的驚悖，以防掌握著帝國各處權柄的色目人因恐懼而四濺的憤怒和報復。漢人的暴亂已使帝國群情激昂，決不能讓叛亂也蔓延到色目人中。因此破費巨額金錢、派遣達官貴人去隆重埋阿合馬是值得的。王著、高和尚死有餘辜，但張易則更令人心寒。幕後策畫人顯然是張易，不然王、高無法調動那麼多軍隊，王、高本人之所以能在宮廷走動也多得張易的引薦，而且最直接的理由是張易不僅率右衛指揮使顏義的軍隊前往東宮，還知道，最起碼是在高觿的一再追問下說過「皇太子來誅阿合馬」的話。由此推斷張易知悉王著的密謀，不能算冤枉張易。很可能是掌握著帝國一部分軍權，而且對大都、宮城、皇城都非常熟悉的張易爲王、高策畫了具體的暴亂計畫。不處張易極刑不能洩自己心頭之恨，也不足以平色目人之忿，但更重要的是要殺雞儆猴，威懾漢人官僚不要再想入非非。對王、高、張最好是將他們的肉做成醢醬，分發給漢人官僚及其他有疑問的人，這不亞於劍架肉脖的威嚇。

心理戰是現在最合適的辦法。看來這次暴亂非常有組織，除首惡外，多達上千人，甚至能將東宮的儀仗、印信都調拔出來，其中有不少是漢人總管、千戶，所以能順利穿過大都城門、宮城門而進入太子宮。眞金會不會眞的與這次謀亂有涉，因爲他是最討厭阿合馬的。不，不，兒子是自己的骨肉，他怎麼會幹這種傻事呢？除了兒子，在帝國內還能信任誰呢？或許，不，肯定張易的背後還有的更大

景德鎮窯青白釉戲劇舞台人物紋枕。元代戲劇流行，此瓷枕雕鏤成戲台形式，戲台上珠簾漫卷，眾多演員正在演出一場戲劇。此枕鏤雕精細，集建築、舞台與瓷塑藝術於一體，表現出元代戲劇藝術的面貌及景德鎮窯工高超的製瓷工藝。

的人物，張易的老同學，過往甚密的張文謙就值得懷疑。這一次比王文統案更複雜、也更危險，再次慶幸，自己沒有在大都。而且我還聽說，王、高已約定許多城市，在大都得手後，舉烽火爲號，殺盡一切有鬍鬚的人。只是因爲大都的王、高太愚蠢，沒能成功，這是一次流產的李璮叛亂案，已是無疑的了。對其他城市也要去搜捕，不過這太困難，叛黨沒有暴露啊！對，有個極好的辦法，將張易的首級傳示四方各城。太妙了，一舉數得。停一下，張易的頭在大都還有用處，這可是試金石。問一問別的人，先找典瑞少監王思廉密談，問問他事先知道否？王思廉不清楚，不，這不可能，已經反了，怎麼還不清楚呢？他所說的反、叛、亂，那些惹人頭痛的區分，顯然是爲了給更多的人開脫，並害怕事態擴大。這是值得注意的一個問題。暫時存疑。不知道張易所作所爲，王思廉能否供出張文謙的線索。王思廉一口咬定張文謙不知道，並且藉口是二張關係不好，意見不合。這些漢人們太不可思議了，這些話能搪塞誰呢？不過，張九思的話也值得注意，他說張易僅是不察賊詐，幫助了王著，罪當死，但說張易參預賊謀，則肯定沒有。這，這都是爲什麼？大都的市民甚至典衣酤酒，歡顏形之於色，以致市面上三天都買不到酒，退休的高級官員王惲還寫了一篇〈義俠行〉，王磐則寫了一篇〈鐵椎銘〉，看來問題更加嚴重，如果處理不當，是否會引起漢人的全面爆發呢？江南已經不靖，大都及契丹地再起叛亂，不可想像。最好問問眞金，眞金也說張文謙不知道暴亂的事，而且主張對張易一案不再審理，免傳首四方。連兒子都不支持自己的想法，看來，兒子成熟了！是的，阿合馬既然已死，爲什麼還要自尋麻煩去惹怒漢人官僚呢？對，大規模清洗也不是上計，不如也乘勢安撫，秋後算帳不遲。平衡是很重要的。那就將張易的頭擱下吧！

第十六章 政潮危瀾

人生的意義或許就在於自我搏鬥。忽必烈與理想中的忽必烈搏擊了一生，時而因翩翩幻想而咽不下塵世，時而因嚴酷現實而仆倒於理想的墓地。

風雲際會成就了他，但也毀了他。忽必烈一向自負地感覺：理智教會了自己聰明，但因聰明也阻撓了盡情發揮，激情曾燃燒了自己的慎重，但也正是激情而使自己馳騁到帝王之巔。

現在，阿合馬被憤怒宰殺了，王著等人的生命被自己毀掉了。但令人椎心的是，自己最親重的人卻背叛了自己，而一向投之猜疑的人卻無意中證明了自己的錯愛。世界全顛倒了，理智與激憤蕩皺一池春水，我不知道垂釣什麼？

阿合馬被隆重埋葬幾天後，忽必烈要找顆大鑽石裝飾他的皇冠，他清楚地記得兩位商人曾進奉過，但他沒有找到。大出忽必烈意料這顆鑽石在阿合馬的妻子張滕哲處，而且陪伴這顆鑽石的還有兩張人皮。據人透露，用這兩張人皮置神座上，詛咒、擺布他人極靈驗。當然這種巫術是天方夜譚式的笑話，但對巫術癡迷的忽必烈馬上意識到，自己過去對阿合馬言聽計從，或許就是中了這可惡的邪術。

忽必烈內心的激浪狂作不亞於得知阿合馬被殺時的掀浪翻天。信任甚至超過兒子，倚重蓋過任何臣僚的阿合馬也上下其手，蒙陷自己，那麼還有誰能讓我信任呢？人心的險惡，世道的冷酷，親情的背叛爲什麼一再重演？僅阿合馬截留貢品一端尚可理解，而群臣揭露了阿合馬堆積如山的奸惡行爲，尤其是巫蠱一事，其可惡之極已不是語言所能表達的了。看來，「王著殺之，誠是也！」

忽必烈用行動表達了他的惱

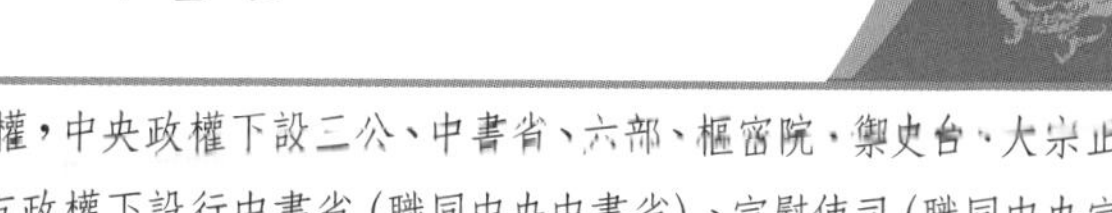

中書省

元朝官制分為中央政權和地方政權，中央政權下設三公、中書省、六部、樞密院、御史台、大宗正府、宣政院、太禧宗禋院和儲政院；地方政權下設行中書省（職同中央中書省）、宣慰使司（職同中央宣政院）、諸路萬户府、諸路總管府、散府、諸州、諸縣和諸軍。

元代以中書省總領百官，與樞密院、御史臺分掌政、軍、監察三權。由於尚書省時置時廢，門下省不復置，故中書省地位較前代尤為重要。中書令通常由皇太子擔任。中書省除為決策機構外，還負責直接管轄首都大都附近的腹里地區。在腹里地區以外，在全國各地設置有行中書省，簡稱行省，初為中書省派出機構，掌管所轄地區內的軍政事務，「行中書省」概念其後發展成為省級地方政府。

怒：下令掘墓剖棺，對阿合馬的屍體進行屠戮，扔到通玄門外，放縱群狗，任憑撕咬。而聚觀的百官士庶的歡呼雷動，稍稍平息了心靈遭到重創的忽必烈的劇痛。

對阿合馬家族來說厄運僅僅開了個頭。忽必烈的憤怒迅速波延到回回人頭上，禁止回回等西域民族私自宰羊的禁令更加嚴厲的推行。接著忽必烈的怒火直接燒到了阿合馬家族和他的同黨頭上，整個帝國的政治也被烤得吱吱亂響。

四月，忽必烈全面改組中書省，和禮霍孫被任命爲中書右丞相。忽必烈不便也不忍心手刃自己辛辛苦苦營建起的阿合馬黨徒集團和帝國的理財庶政，於是交給和禮霍孫，由他去替自己點燃除舊佈新的怒火。

和禮霍孫上臺的前幾天已召集了中央各部、臺、院等高級官員，口誅筆伐之後，抄沒了阿合馬府邸的所有家貲，其數量之多連忽必烈都爲之浩歎。接著，將阿合馬同樣也犯了滔天大罪的四個兒子分批處以活剝皮的刑罰。

對其同黨，首惡郝禎也剖棺戮屍；耿仁、撒都魯丁處死；張惠、阿里等革職。還專置黑簿，以登記阿合馬在全國的同黨，共列七百一十四人，在中央和地方分批清洗，其中一百三十二名被革職罷官，此外念之尙無明顯過惡，仍預留任，但將妻女獻於阿合馬的決不遷就。對阿合馬隨心所欲濫設的二百零四所官衙，除三十三所確有資帝國機器運轉，其餘悉罷。裁汰了一大批冗官濫員，整頓鹽法、鈔法、稅法，鈎考萬億庫和全國平準庫。

重新起用舊臣也是和禮霍孫的

一項德政。耶律鑄被任命爲左丞相；樞密院的副使又添了張文謙和商挺；董文用成爲兵部尚書。一大批雨後春筍，漢儒的新人被安置在政府的要津。在短短的一年內，和禮霍孫的改弦更張令人耳目一新。許多官員忽必烈連聽都沒聽說過，以致忽必烈對新政府產生了一種陌生感。

正當忽必烈冷眼旁觀和禮霍孫走得越來越遠時，忽必烈被一封匿名信突然驚醒。早在匿名信到達大都之前，忽必烈已經爲江南群盜遍起而憂慮不安。忽必烈認爲王著的大都暴動與懲治阿合馬餘黨，勾起了江南的懷舊情緒。江南的趙宋大有死灰復燃的勢頭，是與北方漢人的騷動互爲表裡的。至元十九年（一二八二年）十二月，中山人薛保住給忽必烈寫了一封匿名信，聲稱有支武裝義軍準備攻入大都，劫救被囚禁在大都的南宋宰相文天祥。忽必烈的不祥感覺被印證後，他的第一個反應便急忙把南宋廢帝瀛國公趙㬎遷往上都，他已預見到這支漢人義軍是醉翁之意不在酒。忽必烈的第二個反應是將自己一直不能釋愛的文天祥拉到大都鬧市問斬。斬斷漢人幻妄匡復宋室的邪念。

忽必烈非常欽敬文天祥的偉大品格，對文天祥的才幹也非常欣賞，同時他也極想利用文天祥這塊招牌。忽必烈將無數手段使

文天祥雕塑，杭州。文天祥（1236～1283年），字宋瑞，一字履善，號文山，南宋廬陵（今吉安）人，南宋末大臣、民族英雄，抗元兵敗被害，封信國公，有《文山先生全集》傳世。

盡，派各色降將、南宋小皇帝、甚至親自出馬去勸降文天祥，都沒有改變國破家亡的文天祥以身報國的決心。現在，忽必烈已意識到，既然這面旗幟不能飄揚於大元帝國的上空，那麼寧願撕裂它，也不能讓它在江南獵獵迎風。

匿名信使忽必烈的內心再次發生地震般的撼動。只要有些許風吹草動，漢人的民族情緒都有可能激動，這是最可怕的。看來，填補阿合馬消失之後的政治勢力要重新審視，而實際上和禮霍孫已偏離了自己的預定航道，和禮霍孫企圖將政治回復到漢儒那一套理論上去，已對江南、北方漢人的騷亂起了推波助瀾的作用。

但是對站在和禮霍孫背後的兒子眞金，怎麼辦呢？這一定要愼重。

對兒子，自己灌注了過多的愛。眞金是淳祐二年（一二四三年）出生的，那時自己剛剛起家，對漢儒的蠱惑，還激動不已。眞金十歲那年自己就命他跟隨姚樞、竇默學習《孝經》，以後王恂成爲他的專職家庭教師，而自己帳幕中的其他幕僚都或多或少地影響過這個孩子。幕帳中濃烈的漢儒空氣，誘蝕了這個孩子。他已經擺脫了草原的思維方式，而更多的沾染上了漢家風習。眞不知道這是否是好事！

兒子已能獨立思考，但他卻不再理解他的老子了。

沒想到，培養兒子的結果卻是在異化自己，他學習的那一套將無補於裕國足民，更不能維持龐大帝國的再造武功。他和漢儒們攪在一起的結果只能是自陷泥沼。

的確，眞金的想法太幼稚、太單純。他的人生經歷和從各種險灘中闖蕩出來的忽必烈相比，太簡單畫一。他所擁有的只是一堆愛民仁政的理論，他的經驗猶如一隻大螞蟻攀沿在忽必烈老謀深算的牆上，其渺小不値一提。儘管他十分熱情，有朝氣、胸懷壯志，而且參與感愈來愈強。

如果給予眞金以更多的施政機會，付給他充足的時間，或許他能將自己接受的全盤儒家思想，全面推向治理帝國的實踐中去。但實際上這太困難，因爲忽必烈不允許兒子成爲自己的異己勢力。儘管忽必烈愛兒子，也逐步培養兒子。

眞金步入政壇得力於漢儒幕僚。但同時也受蒙古舊俗的影響。當阿里不哥謀取汗位時，十六歲的眞金在蒙古人眼裡已是個不可輕視的草原後王了。兒子在草原游牧民族裡具有極爲重要的地位，無論是金、遼，還是後來的清，開國的最初支柱都是這些諸王，他們靠家族的人丁興旺和兄弟子侄們的赫赫神功而拓土開疆、構造帝國，蒙古黃金家族也不例外。在爭位戰爭中，忽必烈命眞金鎮戍燕京，就是爲了「示以形勢」。

漢儒們對忽必烈稍稍失望後，便將附會漢法的厚望寄託到忽必烈的下一代諸王上。而生性忠厚，對儒家的歷代帝王故事「洒然動容」的眞金，自然是漢儒們的重點進攻對象。景定五年（一二六四年），在漢儒幕僚的合力擁戴下，忽必烈封眞金爲燕王、守中書令，兼樞密院事。之後，漢儒們毫不氣餒，輪番勸駕，尤以姚樞的鼓舌最勤、最有影響力，屢次提出「建儲副以重祚。」認爲「太子國本，……建皇儲於春宮，隆帝基於聖代。俾入監國事，出撫戎政、絕覬覦之心，一中外之望，則民心不搖，邦本自固矣！」忽必烈也感覺到大汗提名，而諸王參加的忽里臺認可的雙重選舉制是蒙古帝國內部政局震盪的重要因素。在對忽里臺已經失望的情況下，於咸淳九年（一二七三年）正式下詔冊立嫡長子眞金（長子朵兒只早死）爲皇太子。

儘管眞金被立爲皇太子，但一如既往，忽必烈並沒有有將實權轉授給兒子。只是到了阿合馬勢力惡性膨脹到朝政已失衡的情況下，至元十六年（一二七九年）十月忽必烈才決定接受漢法派拐彎抹腳的建議，下詔規定：今後凡軍國大事先啓奏眞金處分，然後再上報皇上。而一反過去忽必烈已處置過了再報告眞金。兩年多後，阿合馬的倒霉，雖然眞金並未側身其間，但他的主政實際上則爲王著等人的暴動創造了一些寬鬆的空氣。

眞金也仿效乃父，做太子期間也積累了一批儒臣，形成了自己的儒臣官屬和怯薛班子。毫不受其他思想干擾地汲取了節用、愛民等等儒家思想和帝王之術。這與忽必烈的思想本源龐雜形成鮮明對比。東宮春殿建成後，有人建議鑿石爲池，眞金非但拒絕反而詰問那人：「古有酒池肉林，爾欲吾爲之耶？」眞金已異化到喜歡屬下讀漢書而厭學習蒙古文

八思巴文漆碗，元代。八思巴字是元朝忽必烈時，由國師八思巴根據當時的吐蕃文字而制定的一種文字，自從元朝頒布八思巴文後，皇帝的蒙古文聖旨皆改用八思巴字拼寫，學界稱為八思巴字蒙古文。

字的地步。

在清洗阿合馬餘黨，改弦更張的一年內，前臺拋頭露面的雖是和禮霍孫，而幕後導演實際是眞金。眞金曾明確告訴和禮霍孫：「汝任中書，誠有便國利民者，毋憚更張。苟或阻撓，我當力持之。」並激勵新派儒士：「汝等所學孔子之道，今始得行，宜盡平生所學，力行之」。

但眞金太幼稚了，他錯以爲孔子之道眞的到了可行的時候。和禮霍孫推行的那套仁政措施，一點也不合忽必烈的口味。

忽必烈自有高招。至元二十年（一二八三年）的暮鐘還沒敲響，匿名信就送到了忽必烈的宮中，處置完南宋遺君、遺臣後，忽必烈決定再旁觀一段時間。

即將進入古稀之年的忽必烈，從中年起身體就多感不適，特別是經歷了察必去世、大都宮變等事件後，健康狀況迅速惡化，他因多年的風濕關節病的折磨，行動已頗感不便。從至元二十年（一二八三年）起，忽必烈開始深居簡出，以前有阿合馬爲他搜集帝國的情報，現在他開始依賴近侍了。經歷了一系列令人不敢相信，但的確眞的發生了的背叛事件後，忽必烈也只有將信任寄予這些跟隨自己多年、忠貞不渝的護衛隨從了。這批近侍主要是怯薛人員，與歷代宦官相比，他們的活動範圍則寬廣得多，他們既效力內廷，但同時又多供職外朝，將近侍充作耳目具有十分便利的條件，這可能是連兒子都受到懷疑的最好選擇了。

不，忽必烈還有一條通衢可連接外朝，那就是南必。至元二十一年（一二八四年）正月，忽必烈將年青美麗的南必納入後宮。不久，中書省的相臣就只能面見南必而很少能看到皇上了。

忽必烈對眞金、和禮霍孫又隱忍了將近一年，他感覺到新的中書省不能滿足自己耀兵海疆的欲望，這批人怎麼反而使國庫愈來愈空了呢？看來眞金對理財也一竅不通，並且使朝臣對言利之事默緘其口，這麼大的帝國如果沒有銀鈔的支持怎麼能支撐得下去呢？誰能相信國家因阿合馬的死就突然變窮了呢？

南必皇后

南必皇后，弘吉剌氏，元世祖忽必烈的第二任皇后，納陳孫仙童之女。至元二十年（1283年），納為皇后，繼察必皇后守正宮。當時元世祖年老，宰相、大臣常常不得與皇帝相見，南必皇后就頗能干預朝政，宰臣都通過皇后奏事。南必皇后有子一人，名叫鐵蔑赤，是忽必烈最年幼的兒子。

發賜例賞不能停止，江南、西北需要大批軍隊鎮戍，征日本、征緬甸、占城的軍隊正嗷嗷待哺，難道中書省充耳不聞嗎？更可恨的是和禮霍孫竟倡議那毫無實用價值、只能引導讀書人在空談的科舉制。

至元二十一年（一二八四年）末，忽必烈接見了精通多種民族語言、喜談錢財富國的桑哥，桑哥推薦大名人盧世榮，稱盧世榮很富才術。盧世榮本人就宣稱能救鈔法、增課額，上可裕國，下不損民，忽必烈聽後極爲興奮，他急需的就是這種理財奇才，他認爲並不是國之不富，而只是缺乏既能使百姓豐衣足食又能使國家富裕的理財治國人才。現在，盧世榮這顆新星耀起輝芒了。

十一月，忽必烈召見了盧世榮。一席密談，奏對之間，忽必烈大爲欣賞。幾天後，忽必烈親自召集以和禮霍孫爲首的中書省宰相們和盧世榮廷辯，專門辯論帝國的理財和急需解決的問題。在忽必烈的親自主持下，已接受了忽必烈的尚方寶劍的盧世榮口若懸河的滔滔強詞，使和禮霍孫等省官瞠目結舌。忽必烈大爲興奮，當即罷免了中書省右丞相和禮霍孫、右丞麥朮丁、參政張雄飛、溫迪罕，而耶律鑄上個月已被撤職了。解散原宰相班子後，隨即組建新的中書省。被海都拘留八年剛剛放還元廷的原中書右丞相安童官復原職，擢升盧世榮爲右丞相，以下的宰相們均由盧世榮推薦，計有：左丞史樞，參政不魯迷失海牙、撒的迷失，參議拜降。忽必烈將大元帝國做爲實驗品交給了盧世榮。

昏爛鈔印，元代，杭州西湖出土，浙江省博物館。

盧世榮本是大名商人，因賄賂阿合馬而被任命爲江西榷茶運使，後因罪罷職。他本是阿合馬的同黨，他的驟被顯用，反映了忽必烈對真金、和禮霍孫極度不滿的狂躁心態，以及急於聚斂財富的不正常心理。這實際上是對兩年來的改弦更張的否定，給了眞金一當頭棒喝。

父子矛盾這時已有些表面化，眞金發牢騷說：「財非天降，安得歲取贏乎？恐生民膏血，謁於此也。豈惟害民，實國之大蠹」。雖然這話是衝盧世榮而發，但矛頭卻直指忽必烈的治國方針、政策。

毫無人望的盧世榮也十分清楚自己的處境。他是漢人，已先天不足；沒有奇功異勳，幾乎是從黔首驟升至宰相位，遭輕蔑與忌妒在所難免；阿合馬死後，理財已是奸詐、盤剝百姓的代名詞，人人避之不及；以眞金爲首的漢法派正虎視眈眈，更何況既要斂聚就必然見罪帝國各方。因此，盧世榮除了抱住忽必烈這條粗腿之外，別無選擇，最多再施行一些口頭上的仁政堵堵群臣之口。

忽必烈內心比盧世榮更明白帝國的積怨所在，所以給了盧世榮從未有過的大權，他總是說：「便益之事，當速行之。」安童請示問題，也總是問：「世榮的意見如何？依世榮

元代的寶鈔制

元初曾仿行宋、金舊制，由各地自行印造會子、交鈔，互不流通。世祖中統元年(1260年)十月，始發行中統元寶鈔，面額凡九種：二貫文、一貫文、五百文、二百文、一百文、五十文、三十文、二十文、十文，以銀為本位，每二貫折合白銀一兩，可用來交納賦稅。中統鈔不限時、不限地，在全國始終通用。同時，實行純紙幣制，禁止金銀和銅錢流通。後不斷申嚴此禁，規定一切支付各種賦稅一概用鈔至元二十四年(1287年)，為整頓財政金融，又發行至元寶鈔，票面印有：「偽造者處死，首告者賞銀五錠，仍給犯人家產」，面額共十一種：五文、十文、二十文、三十文、五十文、一百文、二百文、三百文、五百文、一貫、二貫。至元鈔一貫折合中統鈔五貫，兩者並行流通，終元之世不廢。元代鈔法號稱完善，其特點為：⑴管理機構健全。中央由戶部主管，下設寶鈔總庫掌貯藏，印造寶鈔庫掌製作，燒鈔庫掌焚毀昏爛寶鈔，地方設寶鈔提舉司。⑵注重穩定物價。各地設平準庫，給鈔一萬二千錠為本，用作調劑物價，維持鈔值，並負責買賣金銀，倒換昏鈔，掉換昏鈔收工墨費，焚毀昏鈔派官監臨。⑶準備基金充足。各地領取新鈔，必須先交金銀為本，集中全國現銀於國庫，旨在安定人心。⑷法制周詳嚴密。除偽造首謀及參與偽造者並處死外，還立有分用偽鈔罪、改鈔補鈔罪、阻滯鈔法罪、奉法不虔罪、不昏為昏罪，等等。偽造處理細則，見於《元史．刑法志．詐偽》的，即達12條之多。其時鈔法細密，由此可見一斑。

言」。故意作出一副傾力保護世榮的姿態。

盧世榮也很精明先入爲主地說：「臣之行事，多爲之所怨，後必有譖臣者，臣實懼也，請先言之」。忽必烈也滿懷憂慮和愛意，說：「你說的對，想沒有開話，那有這種道理。你不要防朕，但飲食起居、日常生活，要非常謹慎小心。斷腿的狗，他人嫌棄，主人豈能不愛？你所言所行，朕自愛重。今後出門，要增加隨從，讓安童調撥從人，居家門戶也要謹謹防衛」。忽必烈對盧世榮的倚眷竟達到如此地步，同時也說明了忽必烈內心也十分虛弱，連他都無法保證盧世榮是否會被暗殺，成爲第二個阿合馬。此外，從反面也反映了忽必烈倚用盧世榮的阻力之大，斂財聚貨委實已不得人心了。

實際上漢法派確有行動。盧世榮任相還沒有十天，曾以彈劾阿合馬而著名的崔彧，就上奏盧世榮不可爲相，忽必烈卻將之罷職了事，以示對盧世榮的優渥。

忽必烈對盧世榮的信任甚至達到言聽必信的盲目程度。盧世榮奏請設規措所，這是他獨創的新名詞，忽必烈簡直不知道是什麼意思，也無從安排官名，後來才弄懂是「規劃錢穀者」，當即允准。盧世榮又奏請：「天下能規運錢穀者，向日皆在阿合馬之門，今籍錄以爲污濫，此豈可盡廢。臣欲擇其通才可用者，然懼有言臣用罪人。」忽必烈不假思索，回道：「何必言此，可用者用之。」於是一大批阿合馬黨人被重新起用。更令我們爲忽必烈感歎的是，盧世榮準備提拔阿合馬黨人宣德，連忽必烈都覺得過分說：「宣德這個人，許多人言其惡。」盧世榮說：「他聲稱能歲辦鈔七十五萬錠，所以才任命他。」忽必烈竟聽憑盧世榮提升這個搜刮地皮的無賴。

從這幾段故事性的小插曲，我們眞切地觀賞到了忽必烈急於親吻鈔票欲望。

盧世榮宣稱他的立法治財，能使國庫成倍增長，又不擾民，都是些什麼魔術呢？實際上都是些陳詞濫調：無外乎整治鈔法、增加課稅、加強各領域的官營斂財。同時，他還推行某些減免賦役、惠民生計的措施。事實上，許多具體辦法無法付諸實踐，而且惠民與斂財本身就相牴觸。但這些形同一紙空文的建議書，其用意卻是值得讚賞的，盧世榮眞的是一個懷抱既富國而又不擾民天眞想法的幻想家。因爲他理財而幹了很少幾件壞事就將他列入〈奸臣傳〉，平心而論，有點冤枉。

幻想家遲早會碰到現實的壁

崖。忽必烈幻想盧世榮能給自己帶來豐收與富裕，本已是雙重的空談。而盧世榮在幻想之上卻又添增了小人得志的通病：肆無忌憚，便更令人爲之惻隱，並發出同情而達到能夠給於理解後的憤怒。

盧世榮得位數月便蔑視安童並奏殺與己意見不合的左司郎中周戢，引起以眞金、安童、玉昔帖木兒等帝國巨臣的全面反攻。至元二十二年（一二八五年）四月，監察御史陳天祥首先發難，痛劾、揭露盧世榮趨附阿合馬和貪贓的種種舊日罪行，並大肆攻擊其現行措施，指責盧世榮「始言令鈔法如舊，鈔今愈虛；始言能令百物自賤，物今愈貴」以及協迫諸官府增數包稅、擾民生計等等。我們再平心而論一下，四個多月就苛求盧世榮兌現諾言是背離常情的。但強大的輿論的確使忽必烈也產生了幻想灰飛煙滅的失望感，更何況洶湧的不滿潮流還是順應爲妙。犧牲盧世榮，還可以再找第二個斂聚天才，而且盧世榮也的確不孚人望。

經過安童及一批御史、老臣、儒士等的極力彈劾，盧世榮雖有巧舌也無力自辯，被論罪下獄。同年十一月，忽必烈又想起盧世榮，但中書省的漢人卻聲稱，再養著盧世榮，「徒廢廩食」，忽必烈也變得吝嗇到不近人情的程度，「誅世榮，刲其肉以食禽獺。」

從阿合馬死至盧世榮覆亡，朝廷政局一直動盪不安。盧世榮雖然當政時間不長，但其最直接的惡果是使一度受到壓抑的阿合馬理財餘黨東山再起，這股勢力攬

鈞窯鏤空座四獸面雙螭耳瓶，元，1970年內蒙古呼和浩特東郊元代豐州城遺址出土。此瓶有一對螭耳，四面凸起獅紋。通體掛天青色釉，但釉色不勻。釉層較厚，燒製時流於底部，俗稱「流釉」。瓶上有大塊紅斑，是此處釉料中的含銅成分在燒製時還原而成。其形碩大雄渾，是元代鈞窯產品中的精華。鈞窯的窯址在今河南省禹縣境內，屬於北方青瓷系統，釉色以青藍為基調而變化。

得忽必烈心神不寧。

本來忽必烈認爲既罷盧世榮，漢法派該心滿意足了。但出乎意料，眞金這顆新星的升空，和自己的退縮防線，卻反而激起了漢法派的頭昏腦脹的熱望，竟干涉起皇上的私生活，風傳南臺御史曾上書稱自己春秋年高、體弱多病，請禪位眞金，並建議南必不宜干預外朝，這不是逼我退位嗎？漢儒們得寸進尺到如此地步，眞是大逆不道、膽大妄爲！儘管僅爲風聞，但無風不起浪。是可忍，孰可不忍？

眞金聽說這件事後，無疑於五雷轟頂。如此重大事情，這南臺御史竟視爲兒戲，可惡可恨，這不是將我推向火坑嗎？本來形勢已夠複雜、惡劣，父皇對自己的所作所爲已極爲不滿，只是礙於面子沒有發作。現在，如何是好？唉！怎麼辦？

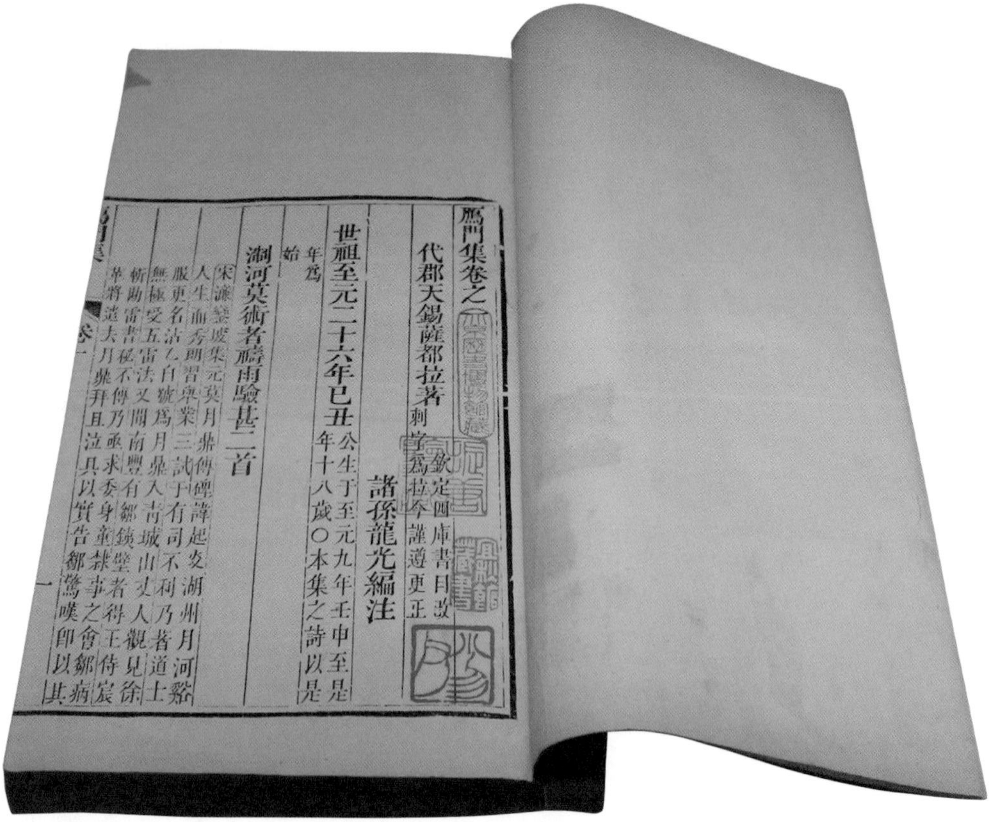

《雁門集》，元代薩都剌著，清乾隆五十年刻本。薩都剌，字天錫，號直齋，色目人，一說是蒙古人，元朝著名詩人。元代出現了一批能用漢文寫作的少數民族詩人，薩都剌是其中的代表人物。

幸虧擔任御史臺都事的保定人尙文將此章扣壓，沒有送達父皇手中，如果送達那一切全完了！

本就體弱多病的眞金從此一病不起。

只有阿合馬的餘黨得知這件事後，歡笑雀躍，認爲總算找到了報復的機會。上可除眞金，下可陷一大批漢法派。於是，答即阿古散馬上奏請忽必烈請收內外百司吏案牘，因爲省、院、臺內外監守對錢穀多有欺隱。

忽必烈得奏後，以爲良機已到，心照不宣，遂下令諸有司，不得阻撓，將鉤考矛頭直指御史臺。派大宗正薛徹干去御史臺搜羅案牘。

尙文大聲驚呼：「事危矣！」

原來與御史大夫玉昔帖木兒、中書右丞相安童商議的留章不與肯定不能奏效了。在這萬分危急時刻，尙文向玉昔帖木兒獻計說：「這個黨棍是想上危太子，下陷大臣，流毒天下之民，其奸謀惡毒至極。不過，我已搜集了答即古阿散的贓罪，不如先發制人，到皇上處告他爲阿合馬餘黨，罪跡累累，或許僥倖能救太子。」

玉昔帖木兒與安童商議後，計無從出，只好取尙文計去冒險了。於是二人搶先在忽必烈面前陳述事情經過，並揭發答即古阿散的罪狀。忽必烈一聽，果眞如此，大發雷霆，指著二人，厲聲呵責道：「汝等無罪耶？」

安童惶然說：「臣等罪過，不敢逃辭。但這批奸黨，已是上了黑簿的刑餘之人，他們如此動搖人心，必有惡圖，宜選重臣領導鉤考，排除紛擾。」

忽必烈看到眞金並無即位取代的意思，怒氣稍解。冷漠地說：「那就照你們說的辦吧！」

不久，答即古阿散與其同黨坐奸贓論死。當然，這得力於尙文的幫助。

至元二十二年（一二八五年）十二月阿合馬餘黨蔡仲英、李蹊被處死。

同月，幾天後，四十三歲的眞金也因憂懼而溘然長逝。

眞金之死，忽必烈悲痛異常。自己是那麼地愛兒子，培養他、教育他，而結果卻是兒子死在自己的雄威下。

也許，我們從七十高齡的忽必烈的老淚縱橫裡，獲悉了些許悔恨的信息。但還有一點，也請不要忘記，從此忽必烈再沒有對手了。

第十七章 鷹折天涯

海洋與熱帶雨林對蒙古人來說是災難的象徵。

一旦征服欲在一個民族紮根、茁壯，則很難清除因自豪而致驕狂的人性病竈。除非這個民族遇到更強的民族而碰得頭破血流或因內部的腐爛而無法攏聚激情時，它才會痛定思痛，轉而去緬懷流逝的偉業。

忽必烈鷹翅底下曳著的大元帝國，實際上已兼有無法馴服熱帶森林、海洋的神祕莫測和難以自持的情緒，只是因爲忽必烈鷹性的強勁和歷史慣性，它才盡力一搏。

但毫無疑問，從征服巔峰跌下的武功，已是強弩之末了。儘管忽必烈還雄心不已。

從十三世紀六〇年代，蒙古帝國因內戰頻繁，向西方擴張已露出疲憊的消沉。但在東方，忽必烈將蒙古帝國的武功推向了巔峰。覆亡南宋成爲蒙古鐵騎武功中的「珠穆朗瑪峰」。

隨著向巔峰的攀援，忽必烈將蒙古帝國改名爲大元帝國，名義上仍覆蓋著蒙古帝國時期的其他汗國。然而，實際上，它僅包括忽必烈軍力所能揮鞭的地區。這是忽必烈的明智選擇，以後的戰爭不再是蒙古黃金家族的共同事業了，所征服的疆域都只列在忽必烈個人的名下，當然，軍隊也只由忽必烈個人籌措。

大致在忽必烈得位不久，東南亞諸國就上了忽必烈狩獵的名單。但因南宋這個最大的獵物還未得手，忽必烈還無暇顧及這些獵物。屏障南宋一被清除，忽必烈就盯上這些獵物，而且隨著視野的開闊，南海諸島國也使忽必烈心癢不已。

這時的忽必烈已不再是草原諸王時的忽必烈了。他除了繼承成吉思汗以來蒙古人的征服激情

西藏日喀則定日縣，珠穆朗瑪峰。珠穆朗瑪峰為喜馬拉雅山脈主峰，是世界第一高峰，峰頂位於中國與尼泊爾的邊界，北坡位於中國西藏自治區定日縣，南坡位於尼泊爾薩加瑪塔專區。

和掠奪欲望，還全盤接收了中原歷代強盛時代天朝大國奄有四海、八方來貢的自傲，以泱泱大邦正統自居的忽必烈重彈了宣德海外、綏化八荒的陳年舊調，二者結合的結果使忽必烈在野蠻的激情上又添撒了皇恩浩蕩的自豪感。垂名後世、揚威青史是那麼地誘人，忽必烈認爲不征服海外諸國，不足以表明功蓋秦皇漢武，也難以渲洩自己的剩餘激情。

滅亡南宋使忽必烈的廣博知識庫裡增添了新的內容。偏居東南一隅的南宋與海外諸國國際貿易達到空前的繁盛，追求舶來品已成爲皇室臣下的風尚。宋末，掌握著海外貿易大權的是泉州阿拉伯商人蒲氏，這一家族和海外諸國有著密切的聯繫。伯顏的大軍抵臨安後，至元十三年（一二七六年）蒲壽庚降元。忽必烈馬上任命他爲閩廣大都督兵馬招討使，不久又升遷江西行省參知政事。通過蒲壽庚忽必烈獲得南宋所有的海船和經營海外的知識，也許這些就是蒲壽庚獻給忽必烈的禮物。

忽必烈對海外的黃金、象牙、香料、珍珠、玳瑁等異域寶貨垂涎欲滴，他順著蒲壽庚這條通道向海外摸去。忽必烈重用蒲壽庚的目的就是爲了「使爲我扞海寇，誘諸蠻臣服。」至元十五年（一二七八年）三月，忽必烈立福建行省，將蒲壽庚同唆都升爲行省左丞，鎭撫瀕海諸郡。九月，忽必烈洋洋自得地對蒲壽庚、唆都說：「諸蕃國列居東南島砦者，皆有慕義之心。可因蕃

蘇合油

蘇合油，為蘇合香樹所分泌的樹脂。具有通竅，辟穢殺蟲，開鬱化痰，行氣活血，利水消腫等功效。

蘇合香有固體之丸狀，有液體之油露。丸狀者，或係煮煎香料之後所餘渣滓之團結物，即一香丸也。《舊五代史》卷58崔協傳，載任圜之言，以為朝廷不相李琪而用崔協，「舍琪而相協，如棄蘇合之丸，取蛣蜣之轉也」。液體之蘇合香，又稱蘇合油，接近今之香水。《元史》卷209安南傳，載世祖中統三年詔，要求安南國自次年始，「每三年一貢，可選儒士、醫人及通陰陽卜筮，諸色人匠，各三人，及蘇合油、光香、金、銀、朱砂、沉香、檀香、犀角、玳瑁、珍珠、象牙、綿、白磁盞等物同至」。蘇合油，明代又稱蘇合香油。《明史》卷320之朝鮮傳，載永樂元年四月，「復遣陪臣李貴齡入貢，奏芳遠父有疾，需龍腦、沉香、蘇合香油諸物，齎布求市。帝命太醫院賜之，還其布」。

船人宣布朕意，誠能來朝，朕將寵禮之。其往來互市，各從所欲。」同年，爲驍勇善戰，爲忽必烈平定江南出了大力的唆都因爲和蒲壽庚這條海上鯊魚同游大洋，忽必烈將唆都從福建特別召回，進一步了解海外知識，並面授機宜，《元史》稱「帝以江南既定，將有事於海外，升（唆都）左丞，行省泉州，招諭南夷諸國。」忽必烈再次發出「有事海外」的信號。

至元十六年（一二七九年），忽必烈開始向海外各國派遣「招諭」特使，一抖其威風了。

忽必烈向東南的推進分兩部分：由水路主要是踏波濤而至占城和爪哇等南海諸國；由陸路則出雲南行省和湖廣行省歷險障而深入安南、緬等王國。

忽必烈的觸角最早伸入東南領域的是安南。忽必烈親征大理後留下兀良合臺經略西南諸蠻，安南始與這個北方巨怪接壤。兀良合臺先使後兵，侵入安南京城升龍（今河內），屠城後九天即因溼熱退兵。景定元年（一二六〇年）忽必烈即位後，再次遣使誇耀武功、威脅利誘，並通知安南：「祖宗以武功創業，文化未修。朕纘承丕緒，鼎新革故，務一萬方。念卿昔在先朝已嘗臣服，遠貢方物，故頒詔旨，諭爾國官僚士庶：凡衣冠典禮風俗一依本國（指安南）舊制」。

景定二年（一二六一年），安南國主陳光昺（陳聖宗）遣使報聘，「乞三年一貢」，忽必烈還無暇南顧，爲和平處之，封他爲「安南國王」。次年忽必烈開列了一個索貢單：儒士、醫人及通陰陽卜筮、諸色人匠，各三人；及蘇合油、光香、金、銀、朱砂、沉香、檀香、犀角、玳瑁、珍珠、象牙、綿、白磁盞等物。

但對這一大堆名詞，安南似乎並沒有兌現。至元六年（一二六九年）忽必烈逼迫安南執行臣服的「六事」，即：君長親朝，子弟入質，編民數，出軍役，輸納稅賦，置達魯花赤。但陳光昺卻拿出忽必烈中統元年（一二六〇年）的詔書，巧妙地加以回絕。之後，雙方就臣服六事打了十年嘴官司。

之所以沒有加兵安南並不是因爲忽必烈有耐性，而是江南還十分不靖。至元十四年（一二七七年）陳日烜繼其父位，沒有請示忽必烈，忽必烈聞之大怒，斷然不予承認，進而威脅道：「若果不能自覲，則積金以代其身，兩珠以代目，付以賢士、方技、子女、工匠各二，以代其士民。不然，修爾城池，以待其審處焉」。

至元十八年（一二八一年）十月，忽必烈詔命成立安南宣慰司，並冊立陳遺愛代爲安南國王。忽必烈親手擂響了戰鼓。這一年，忽必烈的

吉州窯玳瑁釉執壺，南宋至元代（1127～1368年）。上海市博物館藏。

外事活動十分繁忙：征日大軍已經前進，成立了占城行省，唆都為行省右丞，封占城原國主孛由補剌者吾為占城國王；與爪哇已經通使，忽必烈命爪哇國王親自到大都朝見，被拒絕，雲南行省接鄰的緬，雙方已發生戰爭衝突，雖已相安，但使節仍往返不斷；此外，忽必烈對其他諸小國也加緊了使節攻勢。

對南方的戰事，忽必烈給予了足夠的重視。與安南、緬接壤的帝國南方，忽必烈擺下了雲南、荊湖占城兩個行省，並派去了兩個能征善戰的兒子：一個是第六子忽哥赤（忽哥赤於至元二十四年（一二八七年）被部下毒死，忽必烈命忽哥赤子也先帖木兒襲封），鎮戍大理、鄯闡、交趾，封雲南王；一個是第十一子脫歡，駐鎮湖廣，封鎮南王。凡是忽必烈遣派兒子的地區在他的心目中都是非常重要的。南宋滅亡後，忽必烈將湖廣行省分封給了脫歡，將雲南行省分封給了忽哥赤後王。實際上，從某種意義上講，這兩個行省就是忽哥赤後王和脫歡的兀魯思。

經過兩年緊鑼密鼓的戰事準備，忽必烈在江南大造戰船和抽簽軍隊完畢後，至至元二十年（一二八三年）忽必烈吹響了全面征服緬、安南、占城的戰爭號角。

對這一斜入大洋的東南亞大半島，忽必烈從三個方向派出三支大軍攻進森林蔽日、毒瘴惡霧彌漫的熱帶氣流肆虐的領域。

首先請將視線移往雲南、緬國方向。

至元八年（一二七一年）忽必烈在大都聽取了雲南大理等路宣撫司關於緬國的匯報，並接見了緬國使者价博。兩年後忽必烈派往緬國的使者因入宮面見緬王不肯脫靴而被處死。一二七七年緬王討伐叛逆而派遣士卒象騎四、五萬眾輕率地進犯了雲南行省，從而惹怒了忽必烈。大概緬王不太清楚這位北方巨怪的性情和蒙古人震驚西方的武功。

蒙古軍隊擊潰了緬王的象隊，並於十月由雲南宣慰使都元帥納速剌丁率蒙古、摩些、爨僰族軍隊近四千征緬，但因天熱而未深入緬境。

石炮彈，元代，內蒙古錫林郭勒盟正藍旗元上都出土，內蒙古博物院基本陳列《草原天驕》展廳。

四川的戰事收尾後，忽必烈從四川抽調了一萬人換防雲南，交由諸王相吾答兒，責命他率領大軍，於至元二十年（一二八三年）九月，以緬王不降、殺使爲藉口出征緬國。這次侵入緬境是忽必烈臣服東南諸國總體戰略的一部分，志在必得。元軍攻占江頭城後，再次招降，沒有結果後又推進到太公城（拉因公縣）。緬王自知不敵，放棄京都蒲甘城南逃，並遣使求和。但戰爭仍在繼續，最後的結果是雲南王也先帖木兒將七千多名大元帝國的將卒生命拋向死亡的深淵，換得了緬國的四分五裂和蒲甘王朝的崩潰，眾多的緬境小部落向忽必烈稱臣納貢。這已經是至元二十六年（一二八九年）的事了。

出土狀態的越南紅土沉香，天津博物館沉香及中國古代香器特展。

接著唆都從水路侵略占城。

占城國在安南的南部，其大部在今越南南部。它的地理位置決定了其必然遭到忽必烈進攻的命運。富於戰略眼光的忽必烈不可避免地將占城視作進一步侵略海外諸國的跳板，將努力經營成海外擴張的大本營，因此在通使的次年忽必烈就成立了占城行省。從設立占城行省我們傾聽到了忽必烈急切垂名海外的怦然心跳聲。

至元二十年（一二八三年），忽必烈打著占城扣留大元帝國出使暹羅、馬八兒國使臣的幌子，發布命令，由唆都率戰船千艘，出廣州，浮海而挺向占城港（今越南平定省歸仁），沿海岸泊下重兵。

占城防軍就地取材，機靈地修築方圓二十多里的木城，架回回三梢炮百餘座。儘管唆都的元軍乘夜泊岸，戰船爲風濤粉碎十之六七八，但他還是擊潰了占城軍的錯誤應戰。不過從唆都首戰告捷起，元軍的厄運便隨著縱伸山林險隘和節節勝利而降臨，占城國主用鼠竄向唆都頻頻招手，結果可想而知，唆都軍陷入包圍、冷箭四出的險境。元軍死戰奪圍，才免遭更大的滅頂之災，唆都聰明地向占城軍學習，造木城，屯兵不出，開荒濟糧。

至元二十年（一二八三年），

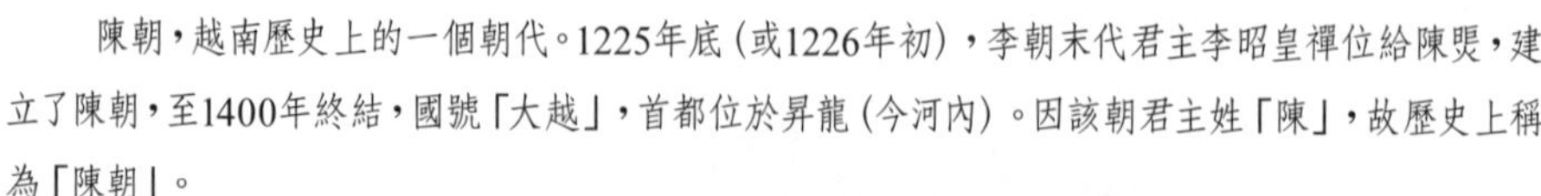

越南陳朝

陳朝，越南歷史上的一個朝代。1225年底（或1226年初），李朝末代君主李昭皇禪位給陳煚，建立了陳朝，至1400年終結，國號「大越」，首都位於昇龍（今河內）。因該朝君主姓「陳」，故歷史上稱為「陳朝」。

陳朝一百七十多年的歷史，被史家分為三個階段，第一階段為開國至1293年、第二階段為1293年至1341年、第三階段為1341年至1400年。第一階段裡在陳守度、陳太宗、陳聖宗、陳仁宗等統治者的經營下，內政得以鞏固及調整，採取太上皇主政的方式，以及近親通婚，以妨大權落入外戚之手；學術文教亦得以發展，如科舉的沿用、越南首部官方史籍《大越史記》的編撰等等。對外方面，蒙古帝國（元朝）於13世紀曾三度出兵攻越（分別為1257年至1258年；1284年至1285年；1287年至1288年），但在陳朝君主及名將陳興道等人的奮力抵抗下，成功擊退蒙古軍，陳朝與元朝保持朝貢關係，元封越南君主為安南國王。第二階段裡，陳英宗、陳明宗、陳憲宗等保持祖業，但亦未能化解國內的社會分歧，時治時亂。在第三階段，陳裕宗縱情享樂，朝綱紊亂，其後出現楊日禮被立及被廢內亂局面。陳藝宗、陳睿宗、陳廢帝時長期受占城國王制蓬峩的侵寇，國家元氣衰弱。陳朝晚期適值中國明朝建立，明廷繼續冊封陳朝君主為安南國王。陳順宗、陳少帝時，權臣黎季犛把持朝政。最後，在1400年，黎季犛廢少帝，自立為新君主，建立胡朝，陳朝遂亡。

已厲兵秣馬接近尾聲的忽必烈向安南提出借道，鎮南王脫歡手攜大軍，要求陳日烜親自迎拜，並貢納軍糧一道去討伐占城。對忽必烈假虞滅虢的如意算盤，陳日烜當然不敢冒險，一面巧辭推避，一面整軍備戰。本來就沒有誠意的脫歡，對安南的提兵警戒，大爲惱火，於次年撕下面罩，悍然縱兵，摘取了安南京城升龍。並一轉兵鋒，傳命唆都率師北上。唆都從占城舉兵北進，形成南東夾擊的戰略態勢，企圖包圍、殲滅安南軍隊主力。

脫歡的窮力追擊和唆都的破竹北上，逼使陳氏王室和軍隊採取了五花八門逃命術，或竄入莽莽原林，或藏身地形複雜的險山，或浮舟入海。蒙古人從沒有見過這種戰術，他們猶如一頭暴怒的獅子，左顧右盼，卻找不到一個目標。而蒙古鐵騎在邱虬枝橫斜、毒藤繞身的熱帶雨林地帶，無從施展絕技，稍不小心，令人膽顫心驚的毒蛇就吐出了可怖的舌信，蚊蟲的叮咬，溼熱的霧氣，致使瘟疫亂竄，而流散的安南兵卻越散越多。至五月份，元軍已疲憊不堪。四面八方到處滾動著敵意的眼睛。脫歡來不及通知唆都，倉惶逃離危境。唆都孤軍在憤怒下的占城軍民圍攻下，唆都戰死，只有少數士卒生還。占城之役也隨著安南戰場的慘敗宣告結束。

至此，忽必烈用烈士暮年、壯心不已發動的全面征服南鄰的戰爭，以全線的潰敗而敲響蒙古武功的喪鐘。

消息驛傳到忽必烈只喜歡聽、也的確絕大多數是勝利消息的耳中，他惱羞成怒、暴跳如雷，決意大舉報復。但因真金之死，中央人事的劇變和北邊警報頻傳，江南的狼煙四起，忽必烈痛苦地隱忍了一年，於至元二十四年（一二八七年）正月置征交趾行省，將鎮守吐蕃的第七子西平王奧魯赤抽調到交趾行省，任平章政事，受鎮南王脫歡節制。忽必烈希望兩個兒子同心協力而一舉抹去心頭的羞辱，光宗耀祖，給自己的武功譜奏協音。

忽必烈給兒子撥發了七萬江淮、江西、湖廣三省的蒙古、漢、券軍；六千雲南兵；一萬五海外四州黎民；糧食十七萬石。迫不及待地命令脫歡、奧魯亦分三道、水陸並發。脫歡與奧魯赤親率東道由女兒關挺進，程鵬飛等帥西路軍入永平插向升龍，烏馬兒等則以舟師出海道穿破敵人水上防禦。

脫歡三路大軍長驅直入，但不幸的歷史再度重演。除了糧船被安南海軍截擊並剪斷脫歡糧道外，與上次的南伐竟驚人的相似，脫歡找不到陳日烜，也找不到敵人軍隊，但同時又每時每刻都接受著冷箭毒蛇的洗禮。對安南軍民的四出邀擊和自己的糧盡師老，脫歡雖然再度占領升龍，但不敢逗留。為了不再次給老父添羞，脫歡被迫撤退。途中，遭到安南軍民的大舉反攻，脫歡狼狽地抄小路鼠竄回國，而大批大批的將卒拋屍在南疆的熱帶雨林，失敗再次給這次大舉報復畫上休止符。

乘驛銀牌，這是元朝因公務使用驛站的官方憑證。

憧憬捷報飄滿了忽必烈的雄性之夢。然而，當他醒來時，卻依然是大軍餵了雨林各色動物的噩耗。身負一世功名的忽必烈不堪忍受這失利的頻傳，羞辱滿面，獨坐大都悲涼的宮中，長歎短息。他那蒼老的臉上爬滿學了蒙羞銘恥的縱橫縐紋，再也無顏邁進祖宗靈牌的祭宮。

不肖兒子脫歡要求跪拜父皇，忽必烈還沒等少妻南必說完，就暴跳如雷，抓起桌上的酒杯，狠摔出去，怒吼道：「改命他鎮守揚州，終身不許入覲，我不願意看到這個孽子」！

陳日烜稍稍平復了忽必烈的自尊遭到巨創後的痛苦和狂躁。這個靠脫兔般躲避大元鋒鏑的國王和忽必烈一樣富有政治遠識，他高瞻到睡在巨怪榻側的危險，及時地用黃金鑄了一個跪拜受罪的金人，代替自己，獻給忽必烈，請求寬恕他使大帝國含羞的幼稚抵抗。

忽必烈苦笑了一下。但那幾縷得意一會兒便淹沒在憤怒中，他仍頤指氣使，固執地要求陳日烜親自上朝。

報復安南、控制鄰國的屢屢碰壁，使忽必烈面對失敗，惱羞交加地沉默了四年。原因並不在於海外諸國的柔順，忽必烈也從不顧忌熱帶雨林和海洋的怪脾氣，而是因爲忽必烈有更爲揪心扯魄的戰事讓他無法分身。假如他能借來魔鬼的分身術，那麼，東南亞半島肯定會再次鉞加項頸，爪哇等南洋諸國也不會心無雜念地忙於內戰。海外諸國最好去感謝北方蒙古諸王乃顏、海都的縱兵和江南如火如荼的人民起義。

企慕漢唐雄風、堅持不懈宣威、垂名海外已構成忽必烈的鷹性之一，對海外的擴張反而因屢屢失利而給忽必烈捎來更強烈的刺激性。而海外的奇珍異寶更令忽必烈對海外諸國愛不釋手。只有一點遺憾，忽必烈也感到莫名其妙，諾大帝國怎麼就挑不出來一個克勝島嶼的悍將呢？朝堂上嘰嘰喳喳的吵鬧、阻撓的噪聲也讓人頗不耐煩。

至元二十六年（一二八九年）冬天。忽必烈慧識了會說蒙古語且不知道死是何物的漢將史弼。史弼是博野人，臂力絕人，跟隨伯顏伐宋時凝血盈袖時還奮呼逆戰。具有識人之明的忽必烈和史弼對話幾句，便立即聯想到派往爪哇國的使臣孟琪被黥面遣回的奇恥大辱，傷感但說話仍擲地有聲地對史弼說：「朕的左右心腹越來越少，朕想讓你出征爪哇。」史弼豁然挺起：「陛下命臣，何敢自愛」！

爪哇在當時南海諸國中，最爲強盛。忽必烈認爲，擒住爪哇

亦黑迷失

亦黑迷失是元朝傑出的維吾爾族航海家。(也被稱為中國首位航海家)1265年，亦黑迷失入侍忽必烈，開始其政治生涯。1272年，忽必烈委派亦黑迷失出使八羅孛國，歷時兩年，於1274年返回祖國大陸。第二年又奉派出使該國。這兩次出使，都只是為滿足忽必烈玩味異國奇珍的嗜好，亦黑迷失並無重大的政治使命。

1277年，亦黑迷失晉升為兵部侍郎，進入中央軍事首腦機關。四年後，他又任荊湖占城等處行中書省參知政事，主管占城(今越南南部)方面的事務。

1287年，鎮南王脫歡帶元軍遠征安南。亦黑迷失任脫歡的幕僚，並幫助脫歡自安南軍隊包圍中脫險。遠征安南的失敗，使脫歡被剝奪了爵位，而亦黑迷失則被懲罰性地派往馬八兒國(今印度南部)迎取佛鉢舍利。亦黑迷失在海上漂泊一年後，才到達馬八兒國。回國時私下買了大批珍貴木材獻給忽必烈，這樣他才恢復了官職，被授予資德大夫，遙授江淮行尚書省左丞，行泉府太卿的官爵。

島，其餘小國則不戰自降。至元十七年（一二八〇年）忽必烈終於接通信使。次年，忽必烈就宣命爪哇國王親自到大都接受訓話。爪哇國王那裡知道什麼大都，一國之尊怎麼能屈就於一紙狂言？當然拒絕。忽必烈接著三次遣使，傲慢無禮地要求爪哇國王親睹他的龐大帝國和蒼老聖顏，爪哇國王葛達那加刺終於被忽必烈的出言不遜激怒，將元使孟琪黥面送回天朝。

如能咽下這口惡氣，忽必烈就不再是忽必烈了。他對海外諸國的一貫謀略是派出大量使臣去恫嚇一番，貌似禮貌地要求諸國主前來朝見，如此往返幾次後，忽必烈從心理上就坦然自得地認爲自己握住了眞理和正義。如果不從，正中下懷，師出有名了。

爪哇國王一旦義憤，就被忽必烈畫入「師出有名」的狩獵單。下一步的工作是物色大將，僅僅史弼還顯得天朝帝國有些寒酸，恰好福建宣慰使蔡州人高興入覲大都，忽必烈滿面春風，自謂得人，任命高興爲福建行省的平章政事。忽必烈對高興太熟悉了：他是以神色自若射虎而被提拔爲伐宋的急先鋒，掃蕩江南「群盜」，撲滅武裝起義的烽火出力尤多，而且他還是一位慷慨忠誠，從不會侵吞任何珍寶的「直臣」。

兩員將帥業已選定，但還需要一個嚮導。忽必烈認爲曾做過自己保鏢的畏吾兒人亦黑迷失最合適。從至元九年（一二七二年）他就是自己最傑出的出使海外的外交官，曾出使八羅孛國、招諭占城、威臨僧迦剌國、到馬八兒國取過佛鉢舍利，而每一次顯赫海外都沒有空手而回，總能帶來令自己激動、興奮，給生活增添樂趣的各種珍玩，或良醫善藥。

至元二十九年（一二九二年），已七十有八的忽必烈雄心不減當年，再立福建行省，以史弼、高興、亦黑迷失同拜平章政事。詔發福建、江西、湖廣行省將卒兩萬，戰船千艘，撥給史弼等，遠越重洋討伐爪哇——理由是黥使折辱天朝，忽必烈說：將這件事「明告其國軍民」。

十二月，主帥史弼、副帥高興、亦黑迷失率五千水軍從泉州出發。進入大洋後，風急濤湧，戰船顛簸得士卒數日不能進食，但他們只能義無反顧。過七洲洋、萬里石塘，又經安南、占城沿界。次年正月，至東董西董山、中崎嶼，入混沌大洋橄欖嶼，在假里馬答、勾欄等山泊軍，伐木造小舟，以便能駛進爪哇國河道。

這時，爪哇國正彌漫在激烈的內戰中，被杜馬班朝覆滅的葛朗國，死灰復燃，葛朗國王室後裔哈只葛當起兵攻破杜馬班，殺杜馬班朝的葛達那加剌（忽必烈滿懷仇恨的爪哇國王）。葛達那加剌的女婿土罕必闍耶倖免於難，收聚殘兵，負隅抵抗，但他被追擊得猶如喪家之犬，已經朝不保夕。恰在關節眼時，史弼、高興、亦黑迷失分軍下岸，水陸並進到爪哇島。土罕必闍耶猶如撈到救命稻草，向史弼飛來歸降的的媚眼，獻上爪哇的地圖和戶籍。富有海外經驗的亦黑迷失也不明眞相，元軍也認爲機從天降，

刺桐海舶（元代）模型，中國舟船世界展館，福建泉州海外交通史博物館。

與土罕必闍耶合兵一舉擊潰葛郎國軍，擒哈只葛當。

四月二日，已無生命之虞的土罕必闍耶請求去京城換一分正式的投降表，並取積年所藏珍寶準備一份正禮然後隨史弼的大量戰利品、俘虜，去天朝請安。史弼、亦黑迷失被甜言蜜語迷住了驕狂的心竅，馬上表示同意，並派了二百名元兵護送他上路。高興正率一千陸路軍隊追擊窮寇，待會師答哈城時，才得知土罕必闍耶離去，對這種放虎歸山的幼稚作法他深以爲憂，「深言其失計」，但悔之晚矣。

十九日，土罕必闍耶盡數殺掉護衛元兵，立即集結軍隊，合兵夾擊。史弼嚐到自己種植的惡果，親自斷後，且戰且退，一路拋下三千多具屍體才得以登上戰船。

多次在浴室中入侍忽必烈和議論異國風情的亦黑迷失深知忽必烈的自愛自傲脾氣，他提議先遣使入奏忽必烈，待聽到綸音之後再行班師。但史弼和高興不願意拋屍萬里重洋之外的蠻荒之島，率一千多殘兵敗將，運載著哈只葛當妻子及諸小國降人一百多人與地圖戶籍、金字表及價值五十餘萬的金寶香布金銀犀象等異國之物，經過六十八個日夜的海上搏鬥，抵達泉州。

忽必烈翹首等待的依然是狼狽撤軍的失敗消息。已經七十九歲，不宜像年輕時代大動肝火的忽必烈還是無法冷靜地面對現實。聞訊暴怒，將史弼痛打十七大板，抄沒家貲三分之一；亦黑迷失罪減一等，免挨，抄沒家貲三分之一；高興表現良好，賜金五十兩。

征服爪哇的失敗給耄年的忽必烈以精神上的沉重一擊。海洋與熱帶雨林對蒙古人來說是災難的象徵。它們用更狂熱的、更狂暴的浪濤疾風抵禦了從蒙古高原刮來的令人類爲之顫抖的寒流。

這股寒流瘋狂了八十八年，歐亞大陸上百個大小國家先後爲這股寒流肆虐。現在，終於，風息了。

但恐怖還沒有成爲歷史。

只要忽必烈的心還跳，海洋、陸地就會跟著他脈動。

他的每一次不屈不撓，對芸芸眾生都是一場災難。

在我們驚歎蒙古人的激性長久有力、血腥味濃時，不要忘了忽必烈。直到鷹翅折斷天涯海角，忽必烈還談笑風生：「爪哇得而復失，卿何不爲朕一行」？

劉國祥大將腆顏道：「爪哇指末物，俯身可拾」。

忽必烈欣然長笑：「此事猶癢在心，唯卿爬搔所及」。

幸運垂下祥雲，十萬大軍還未及浮海，忽必烈已永遠不再搔癢了。

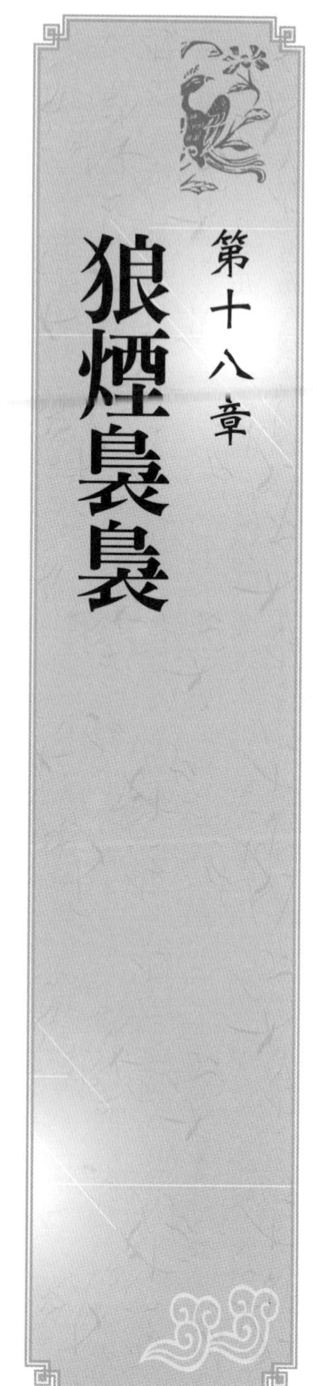

第十八章 狼煙梟梟

同其他動物相較，人類是同類自殘的佼佼者。

戰爭也許同市井的鬥毆沒有實質區別。螳螂捕蟬，黃雀在後，忽必烈東南風的背後也緊隨著旋風。

忽必烈親手點燃了許多戰火，尤其是內戰之火。但那燎原之勢也烤痛了他自己的夢。

縱火只是舉手之勞，撲滅卻使他手忙腳亂了半生。

蒙古帝國在火海中痛苦地扭動著、抽搐著。

對內戰，垂暮之年的忽必烈是否有些新的感覺呢？

戰火燒掉了帝國的籬笆。忽必烈從西北、嶺北、遼東三個方向感到了肌膚之痛。忽必烈的晚年被內訌之火燒得席不暇暖。

西東北兵鋒旺盛的生命力和嘈雜的噪音連忽必烈都爲之愕然。八剌合死後，海都直接插手察合台系事務，立察合台孫聶古伯爲汗，招致八剌合諸子及阿魯忽諸子的怨恨，舉兵挺矛海都，本來親暱的兩系再次墜入混戰的深淵。

海都的勢力範圍在按台山西南側，與察合台系兀魯思接鄰。兩系混戰的直接受益者是忽必烈。忽必烈於至元七年（一二七〇年）完成了嶺北、西北防禦和趁機挺入兩系兀魯思的藍圖構想。

在嶺北，忽必烈限於軍力和高山峻嶺的阻礙，基本採取守勢，以稱海（今蒙古科布多東南）爲軍事防禦重鎮，太子眞金坐鎮。稱海以北是益蘭州、謙謙州、吉利吉思等地，沿謙河一線，擺下北庭軍，接通稱海，構成嶺北的防禦體系。這是和林的屏障。

在西北，忽必烈守攻兼取。隔按台山，稱海西南是畏吾兒地的別失八里。別失八里是忽必烈必據的軍事要鎮。畏吾兒亦都護的效忠爲忽必烈提供了安全感，但他還是將皇四子那木罕派往西北，與眞金及眞金後王的北庭軍連成一體。北起謙河斜向按台山，陰山東端，西南接塔里木盆地沙漠，忽必烈擺下幾十萬精銳的蒙古騎兵，構成強有力的防禦體系。至元八年（一二七一年），皇子那木罕從別失八里趁混戰之機，率軍挺進到阿力麻里，建幕廷，總轄西北政府軍，防禦線又向西縱深上千里。這是忽必烈在中亞樹立的最高權威。

至元十年（一二七三年），聶古伯與海都也莫明其妙地火拼。那木罕乘東風，進兵察合台兀魯思。年底，聶古伯兵敗被殺。然而，這並不是件值得慶賀的事。海都再立篤哇爲察合台汗國之汗，新傀儡對海都亦步亦趨長達二十多年，窩闊台系、察合台系緊密的聯盟終於建成。從此，海都將兩個汗國連成一片。每當忽必烈向東南俯衝時，海都的西北寒流也照例刮向忽必烈虛弱的轄境。這一律動震蕩了有元一代，幾乎長達一個世紀。

在忽必烈大舉踏平南宋時，西北寒流也狂暴地向東肆侵。至元十一年（一二七四年），海都的高壓氣流向虛弱的西北襲來。忽必烈於次年命皇子那木罕率拖雷系的後王和中書右丞相安童北征。

那木罕的參謀作戰部十分出色，拖雷系後王幾乎是傾巢而出，計有：忽必烈第九子闊闊出；蒙哥子昔里吉、孫撒里蠻（玉龍答失子）；阿里不哥子藥木忽兒、明里帖木兒；拖雷孫歲哥都子脫黑帖木兒、斡魯忽台等等。

拖雷系雖然短暫地抵禦了西北汗國的偷襲，但忽必烈卻犯了一個連他自己都不可能饒恕的錯誤：未能明察秋毫到拖雷系後王本身的內訌。

忽必烈攘奪汗位，不僅阿里不哥諸子孫口嗤惡氣，蒙哥後王也忍氣吞聲。而忽必烈時而流露的吝嗇和猜疑及不公，其異母弟後王也滿腹牢騷。忽必烈已埋下

青銅火銃，元，至順三年（1332年）。1935年發現於河北房山（今屬北京）雲居寺，銃身刻有「至順三年」銘文。這是目前所知世界上最早的有紀年的青銅砲。

內訌的種子。

至元十三年夏，那木罕、安童及各諸王在伊犁河邊度夏並圍獵。安童分撥軍餉時惹怒了脫黑帖木兒，由此點燃了內訌的導火線。

脫黑帖木兒以勇敢和善射著名。作戰時他的白馬格外引人注目。他從不騎常人掩飾受傷的暗色馬，他認爲馬和騎士的血點染自己，就像婦女以朱紅裝飾面容一樣美。性情暴躁的脫黑帖木兒不滿意於忽必烈指定給他的分封，藉口軍餉的不公挑逗昔里吉：「汗位本屬於你，忽必烈汗卻一再侮辱我們。」昔里吉目迷心眩了，作爲蒙哥的兒子，比篡奪帝位的忽必烈不是更有稱帝的權利嗎？怦然心動的昔里吉叩開內訌的第一扇大門。

經過密謀，他們劫捕了那木罕、闊闊出與安童，沿著幻想的道路將忽必烈的兩個兒子送往欽察汗忙哥帖木兒的帳殿；而將安童作爲禮物送致海都，企圖取得其他三系的支持。

當海都獲悉他們推舉的大汗不是自己時，受辱感使他厭惡這種合作。脫黑帖木兒、昔里吉碰了軟釘子後，脅迫撒里蠻等引軍東竄和林。

忽必烈正聚精會神進攻南宋，昔里吉的叛亂使他感到西北的威脅空前嚴重，他寧願鬆懈對南宋的征服，也不想喪失蒙古本土。忽必烈匆忙地派李庭領軍北上；急令南征的大將阿朮西巡；驛召重臣相威帥軍鎮守西土，火速撤還江南的蒙軍主力和駐高麗軍，由最優秀的大將伯顏率領前往和林撲滅叛火。

伯顏乘敵懈怠，突襲昔里吉，奪回被擄的大帳，將昔里吉逼退到海都的領地也兒的石河。

至元十六年（一二七九年），盤踞了吉利吉思的撒黑帖木兒再犯和林，漢將劉國傑——後來向忽必烈誇海口「爪哇指末物」的大將——卻輕騎襲擄了他的輜重。撒黑帖木兒撤兵，請援昔里吉，遭拒絕後他轉奉撒里蠻爲大汗，但這只不過是他一人心目中的大汗而已。蒙古地區又陷入成吉思汗興起之前的可怕混亂狀態。遭到眾怒的撒黑帖木兒被軍隊拋棄，被昔里吉擒殺。昔里吉叩開內訌的第二扇大門。

輜重

輜重，在古代指軍隊一切軍用物資及生活物資，如糧草、衣被、武器、裝備等（實際上也包含裝載運輸軍用物資的車輛、工具）。運送軍用物資的部隊稱為輜重部隊。

撒里蠻靠山傾倒，勢單力孤，投附昔里吉。昔里吉仍目迷於汗位，將他作爲人質送往欽察汗國，途中撒里蠻被部屬們劫回，於是重新糾集軍隊，攻奪昔里吉輜重。昔里吉在引軍還戰時，其士卒又戲劇性地臨陣倒戈，反被撒里蠻擒獲。支持昔里吉的藥木忽兒率軍援救，其軍也臨陣釋仗投降，本人也被俘獲，但他重賄斡赤斤後王，斡赤斤後王突襲撒里蠻。撒里蠻帶著妻子單騎逃亡，投降忽必烈。

這場眼花繚亂、翻雲覆雨的內訌戰爭延綿了六年。北邊的斡亦剌部、應昌的弘吉剌部及河西、六盤山等地起兵應叛，西竄東擾，忽必烈十分慶幸海都還堅持大汗正位只能流傳於窩闊台系，不然海都與蒙哥、阿里不哥後王聯兵，歷史被重寫的機率無疑會直線上升。

忽必烈各個擊潰各支叛軍後，大加禮遇了撒里蠻。結果，昔里吉叩開了最後一扇大門：天國之門。

藥木忽兒投附欽察汗國，明理帖木兒則降服於海都。

內訌戰爭饋贈給忽必烈的最大惡果不僅是永遠喪失了阿力麻里，且防線被迫收縮到別失八里，也就是說他企圖扼控其它汗國，重新確立自己蒙古人大汗地位的希望像泡影般破滅了，而且還不得不傾全力，將帝國的最精銳部隊擺放在這一條漫長而又人煙稀少的荒涼防線上。軍事負擔的沉重可想而知，它不僅消蝕了忽必烈帝國的國力，蛀蝕了忽必烈的海外夢想，也同時助長了忽必烈斂財的欲望，嚴重地攪混了帝國的政局。

忽必烈的偉人夢受到打擊，上湧的苦衷，令他痛苦不已。已經據有汗位十幾個春秋了，仍然得不到家族成員的公認，精神的壓迫，連自己呼吸都有些困難了。忽里臺隨著侄孫們的騷亂徹底被埋葬，心中僅存的幾絲希望也煙消雲散了。本渴望能聚大蒙古的雄勁偉力，「大有爲於天下」，將成吉思汗的征服事業推向絕頂，想必這已是囈語夢話了。誰之過？難道能歸罪於自己的奪位嗎？蒙哥之後，家族最優秀的統

元代，陶武士俑。

帥也只有自己一人，難道大蒙古帝國的權柄落入性情暴躁而又無能的阿里不哥或者柔弱的班禿，甚或缺乏同情心、少有政治遠見的海都手中就會拯救帝國的分裂嗎？顯然，他們更無力將缺口的籬笆重新粘合。無論是海都還是侄子們，不都是神往汗位嗎？因此，他們才叛亂。不堪想像，蒙古帝國就在內訌中走向一切覆亡王朝的舊轍了。迷途的羔羊，也許會回頭的。

是的，浪子有些回心轉意了。

昔里吉等人點燃嶺北烽火時，海都、篤哇在天山南北也遍起狼煙。拖雷系的再度內訌被忽必烈彈壓下去後，至元二十一年（一二八四年）欽察新汗脫脫蒙哥首先表示效忠，將拘留的皇子那木罕、闊闊出送往元宮，並奏告：「我們將去參加忽里臺。」這種歸順背後也許隱藏著不可告人的個人目的，暫且拋下神祕兮兮的猜測，我們應明言相告，海都也謀求和解了。海都遣回了安童，不過，他沒有入朝的習慣，忽必烈應該諒解。

非常器重的宰相和兩個心愛的兒子歷經囹圄之難安然無恙地歸來，忽必烈已經心滿意足，更何況欽察汗還幫助自己恢復了一些自尊和自信。難道，蒙古帝國又有些轉機了嗎？

不。忽必烈應該盡快地否定自己的樂觀。

實際上，忽必烈一直也不敢高枕無憂。

海都表面上恭順，暗中卻厲兵秣馬。挖忽必烈的籬笆牆是他最得意、也最能塡補他失落感的快事。這一點，忽必烈甚至比他本人還清楚。

忽必烈一向精明地認爲：戰爭年代的謀求和平往往是下次決鬥的前奏。忽必烈自信，過了不惑之年才登上汗位的自己，難道還會被花言巧語的蛇迷惑嗎？除了親愛的妻子，數數身邊的文臣武將、兄弟子侄，誰沒有背叛過自己？歷次感情劫難積攢起的大雄寶殿，裡面蘊藏著用之不竭的智慧和識人之明。掉以輕心、盲信他人，那只是淺薄昏君的專利。的確，雄才大略是雄猜偉疑的孿生姊妹。

昔里吉叛亂引起的連鎖反應首先浮現於忽必烈狂怒的腦海。連血緣最近的侄孫都會爲一己私利而拋棄親情，那麼更不用說海都、篤哇和東道諸後王了。

對東道諸王的東北藩地幾乎無法插足，原來設置的山北遼東道宣慰司，在東道諸王的淫威下，形同虛設，應該派重臣更換人微言輕的宣慰使，最好設一個新行省，以有效控扼，好雷厲風行。

以咸平府為省治，建東京行省。

西北阿力麻里已不復守，那麼，必須加強塔里木盆地沙漠南緣的忽炭的鎮守，禁止海都、篤哇勢力從南疆逸出。北疆則必須駐守大軍，這已經是前線陣地了。重點設防於苦叉、別失八里、哈剌火州、哈密力。忽必烈在畏吾兒設提刑按察司、其中別失八里、哈剌火州置北庭都護府，從內地抽調大批軍士充塡忽炭、別失八里等天山南北地。至元二十年（一二八三年），擺置別失八里、哈剌火州等處宣慰司時，忽必烈已在南疆增兵十幾萬人了。

忽必烈在天山南北疆頻繁活動、耀兵綠州，固然可使忽必烈坦然而睡，但殊不知這無疑是激怒海都這頭暴躁雄獅的舉止。

至元二十二年（一二八五年），與海都形影相隨的篤哇首先狂跳。率兵十二萬圍困哈剌火州，對忽必烈的看家鷹畏吾兒亦都護火赤哈兒的斤揚言：「阿只吉、奧魯赤諸王以三十萬之眾猶不能抗我而自潰，你敢以孤城鈍我兵鋒嗎？」亦都護伏城不出六個月，最後用女兒的媚態消鈍了篤哇的鬥志。更重要的是忽必烈將伯顏推到了篤哇的餐桌前。篤哇急忙退避三舍，撤筵而還。

至元二十三年（一二八六年），怒獅海都出籠。海都計伏於洪水山（今新疆呼圖壁縣西南），擄擒了忽必烈在別失八里的大將綦公直等。接著與篤哇，越別失八里猛過竄至哈密力，擊潰退守的畏吾兒亦都護

今新疆呼圖壁縣地貌。

守軍，火赤哈兒的斤終於被這兩隻咆哮的獅子殘噬。

忽必烈藉亦都護子紐林的斤的悲憤，命他師出河西，與北征大軍齊發。海都、篤哇悻悻遠遁。別失八里又恢復了畏吾兒的防線。

忽必烈設東京行省的導火線是東道諸王猖狂地劫掠藥木忽兒，直接出兵，叛附逆勢。很明顯忽必烈的猜疑是巨大的後盾，而實質上是中央政府和分封藩王誰是東北遼左的主人問題。蒙哥、阿里不哥後王叛亂的結果是在其封地改置了和林宣慰司都元帥府，作爲中書省的派出機構，加強了政府管理的能力。忽必烈也有意併吞東道諸王的兀魯思，將之納入政府管理的體系。這與「取天下了，各分地上」已毫無相似之處了。削藩，甚至逕稱爲防範諸王的專擅的措施，遭到遼左諸工的猛烈轟擊，東京行省僅誕生五個月便告夭折。

第一任大汗或皇帝炫示權力和穩固統治而建的藩地勢必形成尾大不掉，一旦外敵消失，它們隨之上升爲王朝的不穩定的因素，從而成爲王朝的掘墓人。這已爲許多流逝的王朝所證明，但人類的君主似乎執迷不悟，一再將它抬上歷史的舞臺。成吉思汗的封土裂民制是造成蒙古帝國內訌的最根本原因，在其立國精神中原本就摻揉了離心的遠憂。其流毒到忽必烈時代泛濫了。

西方汗國分裂，忽必烈鞭長莫及，但他決不允許蒙古故鄉的東部再成長一個巨人。塔察兒等東道諸王擁立了忽必烈，作爲同盟者和追隨者當然可以忍受，假如他們一旦調轉射箭的方向，忽必烈自言自語道：「朕能心慈手軟乎」？

東京行省

遼陽等處行中書省（遼陽行中書省），為直屬元朝中央政府的一級行政區，簡稱「遼陽」或「遼陽省」，在當時民間多簡稱為遼陽省、遼陽行省。

元朝至元六年，置遼陽等處行中書省於東京（今遼寧省遼陽市），稱東京行省，後徙治北京。至元十五年，又改為宣慰司。至元二十三年，再立東京行省，同年罷。至元二十四年，復置遼陽行省，「治遼陽路，統有七路、一府」。

遼陽行中書省為元朝中國本部的十個行中書省（不含征東行省）之一，轄境包括今遼寧、吉林、黑龍江三省及黑龍江流域（一說直到北冰洋）、烏蘇里江以東到日本海等地區，以及今朝鮮半島北部，包括東寧府、雙城總管府與耽羅軍民總管府。

東京行省的置廢，使「東路諸王多不自安」，從而引暴了帝國的另一場內訌。

點燃叛火的是帖木格斡赤斤的後王乃顏，他糾合了拙赤合撒兒後王勢都兒、合溫後王合丹等，這一成吉思汗諸弟系的後王向蒙古故鄉西部的海都發出邀請：「我今聚全力往攻大汗，請亦舉兵夾攻，而奪其國」。海都預見到機會向他走來，祥雲飄泊頭頂，慨然應允與篤哇派十萬騎兵遙相呼應。

至元二十四年（一二八七年）四月，乃顏正式扯出反叛的大旗。

對忽必烈最嚴峻的考驗終於降臨了。其風雨之勢簡直令昔里吉的叛亂羞愧萬分。經過幾十年的經營和歷任大汗的優容，據東北及相毗鄰的蒙古部分地區的東道諸王的實力在蒙古大帝國內僅次於忽必烈，其兵精將悍連忽必烈都爲之畏懼。更河況還要添上海都、篤哇的純蒙古種的強大騎兵團。

忽必烈意識到這將是一生中最危險的時刻。從戰略上思慮，夾攻的包圍之勢已經難免，東北的騎兵必然下衝上都和大都，西趨蒙古本土，而海都的騎兵則逕向和林，篤哇還可在畏吾兒地牧馬耀兵。如果東西配合默契，那麼，大都、和林的主人將不復爲己了。

黑雲壓城，朔風料峭。

本已到了鴨知水暖的季節，忽必烈卻依然圍裹縮身於裘衣，長歎一聲：「今年的春天怎麼像嚴冬一樣寒冷呢」？

帝國的命運還未從隆冬臘月抽身。遍野瑟瑟發抖的野花，忽必烈從未留意過，現在怎麼會有一種哀憐的親切感呢？

軍事的襲人比氣候的砭骨更讓人顫抖，也更讓忽必烈感覺冷意的透心、不耐。

七十二歲高齡的忽必烈不得不重新鼓起青年時代的勇氣：親征。

在上都，忽必烈得到了乃顏叛亂的確切稟報。他出手極快，迅雷不及掩耳是忽必烈唯一可藉的制勝因素。

忽必烈火速急駛帝國北部，封鎖所有可能接通乃顏和海都之間聯繫的關卡；傳旨凡隸乃顏所部的大都及其它鎮戍軍原地待命，禁騎馬持弓；緊急集合大都十日路程以內的軍隊北上；伯顏飛馳和林，鎮脅漠北諸王，遮斷乃顏與海都的聯繫、合兵；箭使阿沙不花等深入東道諸王藩地，遊說瓦解其同盟。

經過二十多天連喘氣都縮短了時時的準備，忽必烈來不及調動南方的軍隊，就在偉大的博爾朮之孫——玉昔帖木兒的蒙古軍、李庭的漢軍擁護下，向遼東挺進。

乃顏

乃顏，蒙古帝國東翼宗王，鐵木哥斡赤斤玄孫。乃顏祖父塔察爾曾擁戴忽必烈為蒙古大汗，因此被任命為東道諸王之長，其領地包括自哈爾哈河至大興安嶺以東的廣大地區。元至元二十三年（一二八六年），忽必烈為抵禦海都和篤哇在西北的進攻，將蒙古駐軍大量調往西部，乃顏乘機蓄積力量，準備奪取蒙古大汗之位。

忽必烈接報後，在遼陽設立行中書省，監視乃顏。乃顏遂於次年四月與其他東道諸王一同起兵反叛。五月，忽必烈以玉昔帖木兒和李庭領軍，親自從上都出發，急行軍攻打乃顏。六月，兩軍決戰於呼倫貝爾草原。乃顏潰敗，向北逃走，不久被抓獲處死。乃顏之死標誌著蒙古東道諸王勢力的衰落。

馬可．波羅自稱參與平定乃顏的戰爭，根據他的記述，乃顏是景教徒，其軍以十字架為旗幟符號。

這是忽必烈搖變爲大汗、皇帝後的第一次親征，他不僅年事已高，而且痛風病折磨得他無法走路和騎馬，只能乘坐象輿寶盆督戰。由此，也可見形勢之嚴峻。

忽必烈派遣的先鋒部隊是蒙古騎兵，他本計畫用蒙古傳統的騎兵戰去抵禦乃顏、海都的鐵騎。但蒙古軍將卒大多出於東道諸藩，臨陣竟出現立馬相向、互致問候，釋杖不戰、逡巡退卻的奇怪現象。忽必烈接受南人葉李的建議，由李庭率領的漢軍去進攻乃顏的騎兵，蒙古軍殿後。

在出征前，忽必烈封鎖了一切道路，日夜兼程，當忽必烈親率大軍壓境時乃顏還蒙頭大睡。

乃顏完全沒有估計到老謀深算的忽必烈會如此迅速集結部隊，攜病親征，因而軍事準備十分潦草。

六月三日，忽必烈的親征軍突進到撒兒都魯。其迅雷不僅令乃顏部將塔不台、金家奴震驚，連忽必烈本人也被驚出一身冷汗。時值久雨，親征軍疲憊地、飢餓地踏著泥濘的道路，冒進澤地後，忽必烈突然發現自己的乘輿周圍列陣的竟有六萬乃顏叛軍。

處境驟危的忽必烈命親兵環輿列陣，無可奈何地在東北唱了一齣空城計。白天的戰事異常艱苦，十幾名貼身衛士圍護著象輿寶盆上的忽必烈，流矢不斷地落在幹輿內。象輿下的李庭流矢中胸貫肩，裹創復戰；接著李庭集中軍內百弩，齊發箭矢，才迫退塔不台、金家奴的攻勢。忽必烈命令大將李庭、博羅歡守陣不動，冷靜地以待援兵。

塔不台等覺察到忽必烈駐輿不動，也不主動出擊，錯認大軍必然在後。入夜，李庭引十幾位壯士，持火炮，潛入其陣，一時炮聲大作。本已疑懼的塔不台、金家奴軍聞炮大驚，自相砍殺，六萬軍盡潰於野。李庭、博羅歡乘勢追殺，忽必烈長懈一口緊張之氣。

蒺藜陶彈，13～14世紀。

吸取教訓的忽必烈與玉昔帖木兒合兵後，突飛猛進，圍向乃顏的斡耳朵。

拂曉時忽必烈的大軍出其不意地逼進到既無前衛、也沒有哨探的乃顏軍隊面前。乃顏這時正和寵姬雙佰於營帳，被突如其來的忽必烈人軍驚醒，倉惶組織起軍隊應戰

馬可波羅對我們說，這次戰事是這個時代最危險、最難決勝負和最艱苦的戰役。

忽必烈坐在四隻象架起的輿樓上，樓上飄揚著繪有日月圖案的大汗旌旗，與乃顏的上繡十字架的戰旗遙遙相對。忽必烈將全軍分爲三大隊，左右兩翼軍隊向側後拉開，從遠處把乃顏的軍隊兩面包抄起來，遍地佈滿士卒。

戰陣擺好後，按照蒙古人的習慣，奏起軍樂，繼而戰歌四起，接著忽必烈親擂戰鼓，震撼山嶽，一場激烈的血戰帷幕揭開了。

剎那間，四面八方，發矢蔽天，猶如暴雨，一排排的人馬，紛紛倒地。戰士的吶喊聲，戰馬的嘶鳴聲以及武器的撞擊聲，混成一團，如雷霆怒震，使人毛骨悚然，不寒而慄。箭停矢盡後短兵相接，雙方用長矛、劍、短錘互相廝殺，陳屍遍野。

陷入重圍的乃顏，企圖奪圍逃命。會戰結果，乃顏被擒。

從出師到擒獲乃顏，忽必烈僅用一個多月時間，神速可謂致勝之因。

忽必烈用殺死宗親皇室獨特的方法，「不流血」而處死了乃顏：即將乃顏用毛氈裹緊，然後猛烈搖振，直至魂魄離體，氣絕身亡。

同時，忽必烈的兒子愛牙赤也在削平叛黨。八月，忽必烈留下皇孫鐵穆耳、玉昔帖木兒、李庭、土土哈等繼續進討乃顏餘黨，自己則凱旋班師。

不久，勢都兒投降，塔不台和合丹等也先後交械。次年，諸王火魯火孫叛亂，合丹乘機勢起，皇孫鐵穆耳與剿擊殘餘叛軍的大將們再行征討，不久平定。

至元二十四年（一二八七年）十月，忽必烈置遼陽行省統轄諸路，將封地重新分賜，並設置萬戶府。東北終於回到了忽必烈的懷抱。

當凱旋還宮時，還有一段小插曲，忽必烈所受驚嚇絕不亞於唱空城計時的憂懼不安。

大都軍民得知忽必烈大勝而歸，群情激昂，湧城歡迎。忽必烈也想藉此大肆張揚，威懾四方。倚人們蒙著華麗彩巾，載歌載舞，夾道歡迎，輿象突見前面活蹦亂跳的舞獅，受驚狂奔，忽必烈的生命危若懸絲。近侍賀勝臨危不懼從乘輿跳下，奮身攔象，追上來的衛士急忙斷靷縱象，寶盆落地，忽必烈才脫離險境。

對忽必烈來說，無論從任何角度去縷析乃顏的叛亂，都是對他生命的重大考驗。在忽必烈眼裡「不流血」地處死乃顏已是他最仁慈的表示了。

忽必烈閃電般地撲滅了乃顏叛火，大出海都預料。東西相向的配合計畫頓成泡影，海都的大汗夢也隨之被腰斬。

海都用瘋狂的報復傾洩了他心中的忌恨。至元二十五年（一二八八年）他屢屢犯邊，次年海都率大批純蒙古鐵騎縱掃忽必烈嶺北防線，與忽必烈孫甘麻刺大戰於杭愛山麓，甘麻刺幸因土土哈大將的力戰，才奪路生逃。海都乘勢入據舊都和林，漠北大振。

彩繪陶鞍馬，元，陝西博物館藏。

七十五歲高齡的忽必烈聞之震驚，他沒有想到命運如此難以捉摸，到風燭殘年，眞正的磨難才駕乘狂風驟雨屢屢襲來。他不顧群臣的反對和病魔的折磨，以及曝屍疆場的危險，抱沉屙、懷雄心，似乎爲了刻意模仿祖父成吉思汗，再次御駕親征。

至元二十六年（一二八九年）七月，忽必烈在安童、伯顏、玉昔帖木兒、李庭等各路蒙漢軍隊的圍擁下，挺向和林。

海都似乎永遠害怕這位比他偉大數倍的族叔，當得知忽必烈來親自尋找他時，他丟棄和林，遠遁了。

元代陶製戰馬。

忽必烈沒能欣賞到廝殺的場景，留下伯顏鎮守和林，掃興而歸。

三年後，忽必烈不滿於伯顏的一味防守，派玉昔帖木兒取代伯顏，輔佐皇孫鐵穆耳，政府軍改取大規模的凌厲攻勢，順謙河北進，接著折向西南，至忽必烈瞑目時，海都終於被逐出按台山了。

風雨驟起倏停，猶如術士的遊戲。

暮色蒼茫的忽必烈，陡起童心般的快意。

草原、荒郊、野嶺，疆場的干戈撞擊聲、撕膽裂肝的號叫聲，震耳欲聾的擂鼓聲，勾起忽必烈對青春的回憶。

唯有此時，他才感奮，彷彿時光倒流了回去。

只有疆場，他才能暫時忘卻年齡，暫時擲棄蒼老的身影、溝壑縱橫的皺紋。

獨有伴隨軍旅，他才飄起安全感，躲開朝堂的嘈雜。

那喋喋不休的無謂爭論，也只有戰爭才能治癒。

血，喚起激情。

血，搖醒記憶。

而錦衣玉食，卻只能讓生活爬滿衰老的印記。

也許親征使忽必烈重新領略了生命意義。

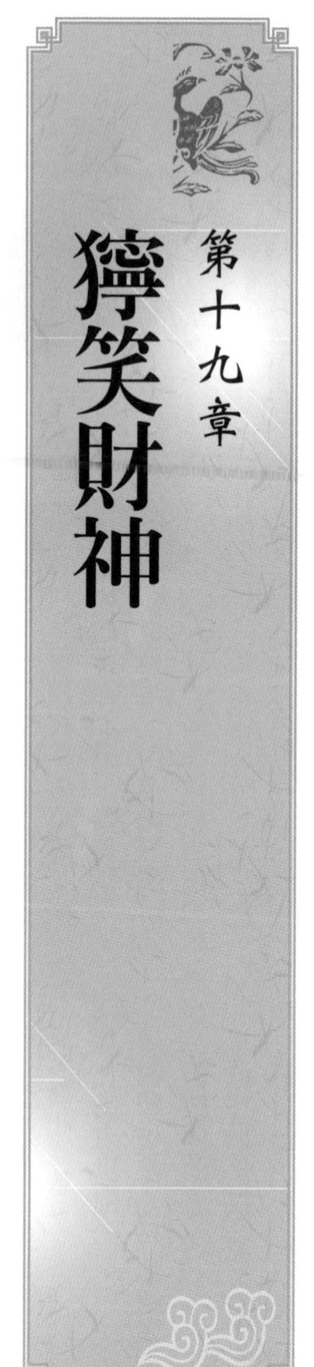

第十九章 獰笑財神

忽必烈給薄暮之年注入兩股激情：瘋狂的戰爭與變態的斂財……

忽必烈蹣跚的身影躑躅在落日的餘輝裡，暮鼓敲醒沉思。

太液池邊，宮柳瘦弱的禿枝迎風曳動，魚兒在枝敗的荷葉間游移。

「老年像條瘋狗追著我」——已屆古稀的忽必烈想——「金蓮川的幕府舊臣全都凋謝了，身邊幾乎再無親腹漢人，朝堂清靜了許多，而寂寞也接踵而來」。

的確，空虛折磨著老態龍鍾的忽必烈。在他的印象中，每一個漢人儒生都是一座知識庫。可惜的是，他們滿腹經綸、胸溢治國大道，然而，卻不能填補萬億庫的空虛。不過，通過漢儒講解聖賢先哲們的治國精言妙語，還能大受啓示。尤其是那部《資治通鑑》，耳受不知幾何，但每次都有新知。此外，《大定政要》、《貞觀政要》也是常受常新。金世宗雖只有半壁河山，但他恰如其分處置女眞、漢關係，值得戒鑑。唐太宗、宋太祖是漢人皇帝中了不起的偉人，一統天下，自己已追跡而上。現在，曾給自己帶來知識和快意、煩惱的漢人舊臣，都故去了。

頗彌漢味的朝堂怎麼顯得空蕩蕩呢？

漢人舊臣、眞金、阿合馬、盧世榮相繼永訣於忽必烈，給他晚年的施政蒙上了陰鬱的色調。我們明顯地感受到了帝國中央政局的暮秋氣息。朝堂上轟轟烈烈的爾虞我詐激情衰退，現出人人自危，噤口啞雀的怪象。

於是，忽必烈給自己的薄暮之年和疲軟的政局注入兩股激情——瘋狂的戰爭與變態的斂財——及一股新鮮血液——參用南人學士，以此來抵禦空虛的歲月。

這種流向似出必然。戰爭與斂聚猶如情侶，形影相隨；北方漢人退役，用南方漢人填空、點綴也合乎情理。忽必烈幾乎同時迸發出這施政的思想火花。

至元二十三年（一二八六年）初，桑哥引起忽必烈的格外垂青。二月，忽必烈接見了翰林集賢直學士建昌人程鉅夫。

桑哥的名字也許人們還記得，他曾舉薦過盧世榮。盧世榮猶如一顆流星，飛逝於忽必烈的生活。金錢與財富使忽必烈激動，只有把玩珍寶銀鈔時，忽必烈才會發自內心由衷的笑。財富給忽必烈以安全感，安全感的背影是快感。斂財猶如惡癖，忽必烈已無法從天性中抹掉。盧世榮的倏去，痛感空虛的忽必烈將攫取的目光移向桑哥，因爲桑哥也自詡是理財高手。這一點忽必烈不懷疑。

磁州窯白地黑花赭彩鳳紋罐，北京東城元大都遺址出土。

和禮霍孫任相時，桑哥是總制院（宣政院前身，掌釋教及吐蕃事）使。當時，官商合一是時髦的流行色。中書省也做生意，和禮霍孫命一名姓李的通判去賣油營。桑哥自薦，請求由他經營，和禮霍孫說：「這類事你不宜插手。」桑哥聞言跳起，輕蔑令他惱羞成怒，揚言道：「與其使漢人侵盜，何若與僧寺及官府營利息？」二人爭執不下，以致在朝堂互出老拳，毆成一團。大概喝了漢人墨水就沾上了怯懦，和禮霍孫鼻青臉腫地認輸，將一萬斤油交給了這位畏吾兒人。賣完油後，桑哥將利息錢擲到中書省衙，和禮霍孫面露慚色，自嘲地說：「在我當初眞沒悟到這一層」。

桑哥說一口流利的蒙語，最早以藏語翻譯身分闖入忽必烈的生活，但忽必烈眞正喜歡他的是「好言財利」。桑哥一次侍奉忽必烈，侃侃而出一套套的理財方略，對和雇和買大發議論，並吐出與和禮霍孫之間的一段故事佐證。忽必烈趣味津津，喜形於色，「遂有大任之意」。

蒙古諸汗隨著征服的滾動，從成吉思汗時就形成了一條不成文法，依歸降先後來確認異族上層人物在帳殿內的坐次，聽起來很荒唐，但它似乎很合情理，很有效地排紛解難了一個令現代社會還頭疼不已的名次問題。流移到忽必烈的帝國，他將之放大到龐大的官僚階層中，依蒙古人、色目人、漢人三級人等任用官吏，隨後南宋轄域的南人接替北方人而站在最末的席位上。

四色人等的名稱非常地不確切，色目人主要指西域各族，也包括除東亞部分以外的西方人「漢人」並不是純粹的漢族人，它還包括淮河以北原金朝境內的契丹、女眞等族，以及較早爲蒙古征服的雲南、四川兩省人，高麗人也忝居此列。不言而喻，南人就是宋境內的各族人了。其標準是征服的先後，而不是純依民族。忽必烈放大的蒙古舊俗，四等人在社會地位、法律賦役、官吏銓選等等上均爲分而待之。分治的民族政策，一方面有效地幫助忽必烈確立了統治基礎，利用民族矛盾安然漁利，踞塔尖以俯視帝國

元朝四等人

元朝時期，將境內的人民分為四等，第一等為蒙古人，第二等為色目人，第三等為漢人，第四等為南人。

色目人，意為各色各目之人（不是目色為藍色或綠色的人，此為訛傳），是元朝時中亞、西亞、歐洲民族的統稱，也是元朝的四類人民之一。包括回回人、粟特人、党項人、吐蕃人、亞述人、阿拉伯人、畏兀兒人、波斯人、猶太人、突厥人、斯拉夫人等。在元代的社會階層之中，色目人的地位在蒙古人之下，漢人和南人之上。元代户籍分類方式是：先劃分為北人户和南人户，分別相當於僑寓和土著。然後，把北人户劃分為色目（人）户和漢（兒）人户。色目(人)户還分劃分為蒙古人户、畏吾兒户、契丹人户、回回人户、河西人户。色目人一詞源於漢語，而且這個概念也只存在於漢語中。

漢人是指南宋時期未受到南宋實質管轄的北方人，包括原本金、西夏（被認為是色目人）境內及今四川、雲南兩地區人與高麗人，地位高於南人。但「漢人」並非全都是現代民族意義上的漢族人，還包括女真、契丹、朝鮮等北方地區半漢化的民族。

南人，泛指長江淮河以南的原南宋王朝統治之下的華南各地土著民族人民以及少量南遷的漢人。又稱南家歹、囊家歹、蠻子等。在元朝的四種位階中地位最低。當時南人的人數約為六千萬人。

黎民，但另一方面卻激化了民族間的對抗情緒，戕害了次等民族的自尊與精神，自卑地生活、沉淪、抗爭。因此民族矛盾自元始至元終都是元帝國的主要矛盾。

漢人稱南人為「蠻子」，南人無論與蒙古、色目、漢人中任何一個階層爭執，最好的辦法就是忍氣吞聲。

但從至元二十三年（一二八六年）起，忽必烈卻突然打起南人這張牌。我們困惑地不停地想，忽必烈有意在中央機構點綴一批南人的動因是什麼呢？

江南洶湧上升的武裝起義和因自卑而顛狂的反抗情緒，也許忽必烈要做出尊重的姿態。北方僚臣的失勢造成中央機構內勢力的失衡，也許忽必烈在政治天平上要加一個砝碼。如果要排漢最好是分化漢人，南人與「漢人」的牴牾，也許有益「朕決」。但不管如何困難，忽必烈聽從了程鉅夫御史臺、按察司宜參用南北之人、遣使搜訪江南隱遺的美好建議。並責成御史大夫玉昔帖木兒善待此事。玉昔帖木兒敷衍道：「當擇賢者以聞」，忽必列當場訓斥玉昔帖木兒這不負責任的答話。

親親疏疏是忽必烈對待臣屬的拿手權謀。宋亡後，留侍忽必烈身邊的南宋降臣寥若晨星。忽必烈與程鉅夫的最早接觸僅是出於好奇，他召問鉅夫賈似道的佚聞，鉅夫發揮筆伐天才，條陳二十餘件進奉。忽必烈大奇異喜說：「朕觀此人相貌，應顯貴；聽其言話，是個聰明有識的人。」至元二十四年（一二八七年）忽必烈任命他為御史中丞，臺臣輕蔑道：「鉅夫南人、且年少。」忽必烈忍不住大怒：「你們沒用南人，何以知南人不可用？自今省部臺院，必參用南人。」為示重用，特命程鉅夫持詔求賢江南，密諭程鉅夫一定要招名士趙孟頫、葉李二人入朝。程鉅夫不負厚望，向忽必烈一口氣推薦了趙孟頫、孔洙、包鑄等二十多位名士，這下輪到忽必烈愕然了。已擁至大都求取功名的江南名士豈可輕侮，那就將他們送到御史臺和翰林院吧！儘管都是些閒職，但南士們還是歡天喜地的赴任去了。

與參用南士形成鮮明對比的是優寵桑哥。忽必烈聽完桑哥的故事，偷偷摸摸地請桑哥推薦宰相名單。不幸，風聲走露，然而這不是災難的象徵。緊接著桑哥便明目張膽地與忽必烈一起討論朝廷上的「人才進退」了。

風格豪放曠達的忽必烈恥於苟且的偷合，隔靴搔癢簡直是受刑般的折磨。至元二十四年（一二八七年）南征北戰的忽必烈砸斷非議的

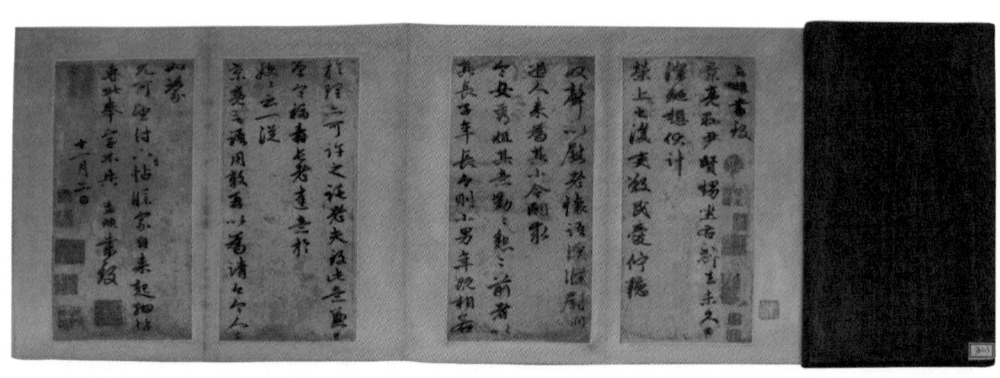

趙孟頫《致景亮書》冊頁（複製品）。趙孟頫（1254～1322年），字子昂，號松雪，元代書畫家。出身於宋朝宗室（宋太祖第十一世孫，宋太祖第二子秦王趙德芳後代），宋亡後，辭官返回故鄉吳興閒居。經程鉅夫推薦出仕元朝。

鐐銬，踏著老人特有的沈悶步伐，向帝國的臣民宣布，再設尚書省，校理天下財賦。

尚書省是獨立於安童領導的中書省之外的另一個臥藏宰相的機構。組員爲桑哥、鐵木兒平章政事，阿魯渾薩里右丞、葉李左丞、馬紹、忻都右丞。請注意葉李，他是杭州人。宋理宗時，彗星流連宋帝國天空，理宗下罪己詔，求直言。葉李還是個默默無聞的小人物，但他少有奇質，不畏強暴，伏闕上書，抨擊賈似道禍國殃民，遭到賈似道的鍛獻報復，驅流漳州，名聲一時大噪。忽必烈對這位讜言名士十分欣賞，羅致大都後忽必烈正襟危坐，洗耳恭聽葉李披陳歷代帝王得失成敗的皇皇高論。任命葉李爲御史中丞，列席中書省會議，凡軍國大事決議之後，忽必烈一定問：「曾與蠻子秀才商量否」？

不過寓目葉李的目的不是爲了表彰他的不凡，而爲忽必烈身邊脫穎而出的南人，此時與理財璧巨桑哥纏在一起了。明察到這一點的重要意義是使我們恍然大悟到忽必烈的腿一伸，便將安童的中書省臣踢到帝國廢置的倉庫角落了，代之而起的是由兩股親信隨侍合流的新生力量。

安童也預見到了命運的捉弄，聲淚俱下切諫：「臣知力不能回天，也缺乏回春之術，但乞求不用桑哥，別選賢相，或許不致於虐民誤國。」這些掃興的話猶如一隻蚊子嚶嚶擾聲，忽必烈將之輕拂而去。

以葉李的稟性不該是緣枝之徒，實際上葉李也屢屢自卑地以南人爲疏遠之臣而躲避忽必烈這隻性疑的獅子。惶惶避謝：「論臣資格，不宜遽至此位。」對中國歷史稔熟的忽必烈說：「商起伊尹，周舉太公，豈循格軍！尚書省天下輕重，朕以煩卿，卿其勿辭。」忽必烈的眞正用意就在於棄重臣而拔寒微，再起爐灶以繫天下重任。

不過權力常常捉弄人性，讓一個乖孩子漸變爲舉止錯亂，令時人啼笑皆非，令後人感歎萬千。葉李漸變爲桑哥的幫凶，據史料記載葉李對桑哥的劣跡非但尸位不言，不能匡正，反而有時還天眞地趨焰。在宋帝國那麼純潔的一個靈魂因爲染指了權力的肌膚，才近天光，一觸新土，竟變得齷齪不堪，令時人憎惡到殺之謝天下的程度。也難怪，忽必烈一次問翰林諸臣：「以丞相領尚書省事，漢、唐有此制否？」翰林們異口同聲，彷彿比賽知識淵博地說：「有之。」葉李本可以緘口，但他竟衝動地高言道：「前省臣所不能者，桑哥舉能行之，宜以爲丞相。」忽必烈當即封桑哥爲尚書省右丞相，葉李進職右丞。如果將後來葉李的同一戰壕戰友揚州人李淦上書斬葉而釋之爲純妒忌，似乎有失公正。

幫凶如狗，但咬噬天下還需要桑哥出面。桑哥粉墨登場後，一亮嗓便驚帝國的角角落落。

第一件事是傳統唱腔：更定鈔法。所不同的是與葉李聯唱，使忽必烈更爲癡醉。葉李是個多才多藝的南士，曾設計、雕刻了交鈔的版樣，進奉給南宋皇帝，但被扔進了垃圾堆。入元後，葉李將年號改成至元，呈獻新主，忽必烈看到鈔樣上龍飛鳳舞，大爲激奮，馬上命令將這從五文至二貫的十一級鈔版付印，頒發全國，與中統鈔並行，並慢慢回籠中統鈔而代之以至元寶鈔。

第二件事還是傳統唱腔：打擊異己。稍有差別的是他比阿合馬更心狠手辣。忽必烈的疑心病又發作了，猜忌猶如魔鬼附身，總在偉大帝王之間流行。忽必烈命桑哥檢覆中書省的檔案，對「醉翁」之心桑哥悟之頗透，他校出

葉李

葉李，字舜玉，又字太白，南宋富陽慶護里（今環山鄉）人。

南宋理宗時為太學生，與同學康棣、朱清等八十三人伏闕上書，揭露賈似道禍國殃民。葉李被誣，流放漳州。德祐元年(一二七五年)，賈似道被貶，葉李遇赦返。朱清迎之於江上，歸隱富春山中。至元十四年（一二七七年），行台侍御史程鉅夫奉詔求江南遺逸，授葉李為奉訓大夫、浙西道儒學提舉。至元二十三年，官至御史中丞。至元二十九年，以病告歸，南歸時病歿於山東臨清縣。

虧空竟達六千多錠，中書省官員的惶惶不可終日之態，可想而知。平章麥朮丁見機自伏，而愚笨的楊居寬竟分辯說自己掌詮選而從不管錢穀。桑哥命左右的彪形大漢猛掌楊居寬的雙頰，左右開弓，直打到楊居寬認罪。桑哥的理由是：「掌典銓選，難道就沒有過黜陟失當的事嗎」？

掌嘴巴也許是桑哥從忽必烈處學來的。忽必烈多次在御殿打別人的嘴巴。不過，在各種刑罰中，這彷彿是最文明、最溫柔的了。總比後來居上的明代皇帝在朝堂上喜歡脫臣下褲子，廷杖臀部優雅些。

和中書參政郭佑相比，楊居寬宰相所受的皮肉之苦不值一提。桑哥栽給郭佑的罪名是「多所逋負，尸位不言，以疾為托」。桑哥向忽必烈匯報時輕鬆地說：「臣想中書之勇，懶惰如此，這個漢人力不能及，何不告之蒙古大臣？所以我將他毆辱了一頓，現在已經款伏了。」忽必烈非但沒有覺得自己豢養的狗咬了另一隻狗，於情不合，反而喜笑顏開，縱容桑哥，賈勇窮追。並調唆說：「他們是些狡猾的人，不要讓他們日後反咬一口說是被逼誣伏」。

這是些什麼樣的鬼話啊？忽必烈才七十二歲。當然，綠燈已開，楊居寬、郭佑再也不會開口了，掌嘴、受毆與受刑棄市相比，簡直微不足道。

中書省臣除安童外，莫不引罪降伏。只有轉投桑哥門下才是唯一的坦途。楊、郭被戮，人情言洶洶，敢怒而不敢言。只有兩個人發了牢騷，一個是大都臺吏王良弼，一個是曾做過江寧縣達魯花赤而被清洗掉的無業遊民吳德，他們說：今日尚書省清查中書省，他日中書省鉤考尚書省，難道都不怕死嗎？對這種不合時宜的話最好是連說者一同斬首。當然，對於豪橫起來的桑哥，這易如反掌。

以上幾個冤魂均係漢人，這是否是歷史的巧合呢？恐不盡然。

桑哥領導的尚書省經過幾個月的翻雲覆雨，中書省猶如冬天的

彩繪陶俑，元代。

枯敗禿枝，蕭蕭然淩風嗚咽。桑哥對政府官員動輒「毆罵之」，隨後在忽必烈的直接命令下，銓選天下官員的權力全部移交尚書省，桑哥更是如魚得水，賣官鬻爵，登上大元新廷。人心駭愕，自不待言。

桑哥的花招還未使盡，之後，又添了奏請設置征理司，專門負責追查財穀，派出十二名大員，分片包幹，鉤考天下。各倉庫諸司，尤爲清查的重點對象，毫分縷析，一絲不苟，凡入倉庫之門者，無不破產。人們像躲避瘟疫一般毀家出走，以免被桑哥任命爲官。這在素以讀書作官爲崇高理想的中國，還是件稀奇的事。據我們所知，除此外也許只有明初，朱元璋揚言過：「召你做官，如果不從，殺頭」。

桑哥調查戶口、清理田籍、大增商稅、驟升各項課程，鉤考天下造成的惡果是四方騷然，民不聊生，囹圄溢滿、道路側目。但這並不影響忽必烈對桑哥的寵幸，同樣也不能阻沮無恥佞幸、媚顏趨勢之徒爲桑哥猛奏讚歌。

至元二十五年（一二八八年），媚徒唆使大都百姓史吉等爲桑哥勒石頌德。忽必烈獲悉後，非但沒有流露妒忌的不滿，反而也帶有酸媚味地說：「民欲立則立之。請告訴桑哥，讓他高興高興。」並命翰林學士閻復撰《王公輔政之碑》，刊石勒碑矗立尚書省衙前。我們不知道主子爲奴才刊石是否空前，但毫無疑問是絕後的，而且還可以肯定，立碑紫禁宮內不僅絕後並且空前。它昭示給人們的只能是忽必烈內心翻騰的財欲和空虛已達到無以復加的程度。

忽必烈將桑哥奉爲財神供於心龕。對他由寵幸到溺愛，連阿合馬都無法望其項背。對臣下來說，被過分寵幸在大多數情況並不是幸福的象徵，正相反，它往往是災禍的源頭。可笑的是，人人都像蒼蠅逐臭般邀追主子的歡心。

桑哥被溺愛的毒液分流爲幾條江河，沖垮了忽必烈設於心中的堤壩，向帝國的臣民滾滾而去。泛濫的結果造成天下騷然，人民流離失所，爲填飽肚子只有去挺而走險。但這還不足以動搖桑哥的根基，但桑哥的獲寵引起其他近侍的忌恨卻使桑哥屢出冷汗。

至元二十六年（一二八九年），桑哥準備將江南趙宋宗室悉遷大都，引起一片轟然。這種防患除根的舉動肯定出於忽必烈的首肯，不過，也有桑哥藉機兼併大戶，增掠財富的成分在內。由此，可以推斷忽必烈已明顯意識到江南的騷動，桑哥的理財也還有些黔驢技窮。其結果是引來曾爲忽必烈搜羅人才的南人程鉅夫入朝，向忽必烈進奉了一品關於宰相職守的漢法佳肴，指出：「今權奸用事，立尚書鈎考錢穀，以剝割生民爲務，所委任者率皆貪饕邀利之人。江南盜賊竊發，良以此也」。桑哥聞之大怒，必欲置之死地而後快，不厭其煩六次奏請忽必烈殺掉程鉅夫，但忽必烈這次卻意外地清醒，始終不肯允諾。

至元二十七年（一二九〇年）八月，日食、地震。九月，武平再次天搖地陷，黑沙水憤怒地從地下湧出，死傷數十萬人。這本屬自然現象，但中國的臣民一向以自然突變作爲對皇帝約束進諫的絕好機會而加以利用，連皇帝本人也認爲這是上帝的憤怒。忽必烈也不脫俗氣，憂心忡忡地向臣下詢問致災的原因。但集賢、翰林兩院官員憚忌桑哥的雄威，緘默不語時政。就在群臣都瑟瑟發抖於桑哥腳下時，南人趙孟頫出場，請求下詔蠲除災變地區的錢穀。忽必烈表示同意，但桑哥卻憤怒異常地說：「在此必非帝意！」桑哥終於表錯情了！

飛揚跋扈往往是虛弱的表徵。厄運向桑哥款步走來。

至元二十八年（一二九一年）正月，趙孟頫良心發現。一日閒談，趙孟頫道：「葉李、留夢炎爲人忠厚，篤於自信，足謀能斷，有大臣器。葉李所讀的書，臣皆讀過，他所知道的臣也知道」。忽必烈的不滿溢於言表：「你是說留夢炎比葉李賢了？留夢炎是宋的狀元，位至丞相，賈似道誤國淮上時，他阿附取容。而葉李是一介布衣，卻伏闕上書，我看葉賢於留」。

趙孟頫驚愕之後，黯然神喪地退朝，對近侍徹里說：「桑哥罪甚於似道，而我等不言，它日何以辭其責？然而我是疏遠之臣，言必不聽，侍臣中讀書知理、慷慨有節、又被皇上親信的，沒有超過公的了。捐一日之生命，爲百姓國家除奸賊，是大仁大德的偉業。望公自勉」。

徹里對桑哥的奪寵也滿懷忌恨，忽必烈在漷北打獵時，徹里趁機言辭激烈地揭發桑哥。忽必烈聞言雷霆大發，命令衛士掌臉，直打到徹里口鼻血湧，委頓地上，才讓停手。一會兒，再問徹里：「還敢詆毀大臣嗎」？徹里奮力挺起，論辯更加激昂，不畏一死地說道：「臣與桑哥無怨無仇，之所以不惜性命力陳其罪，是爲國家考慮。如果畏懼聖怒而緘口，那麼奸臣何時除？民害何時息」？

面對正氣逼人、最受親重的近侍，忽必烈茫然無解，陷入深深的沉思。他不相信自己的心腹、財神背叛自己，藏污納垢。或者說，忽必烈不願意正視自己被欺蒙的羞辱，自尊心極強的忽必烈慘笑著：難道命運注定自己要栽到一個個親信的奸詐中嗎？王文統、阿合馬、盧世榮的醜惡身影晃來悠去，攪得心神不寧，桑哥、桑哥，你難道也是賈似道式的人物嗎？人，不可捉摸的怪物。

不忽木

不忽木（1255～1300年），中國元朝政治人物，康里人。又名時用，字用臣。元世祖侍從燕真之子，不忽木跟王恂、許衡學習儒學，歷仕元世祖、元成宗兩朝，官居中書平章政事、昭文館大學士。後為平章軍國事，行御史中丞，後病亡。他漢化較深，主張興建學校，重視儒學，反對任用斂財之臣阿合馬、桑哥等。

賣友是小人的專利。

出賣者往往是對之失去警覺的潛至身邊的「朋友」。

人性，醜陋的人性。

口誅筆伐可也！但這不是忽必烈的風格。

忽必烈懷著被出賣的侮辱感，半信半疑地詢問原刑部尚書不忽木。高車人不忽木的父親是忽必烈的潛邸朋友。不忽木本人是《貞觀政要》的信徒，曾接受過忽必烈主持的關於中國歷史知識的面試，得了滿分。他從思想到行動與阿合馬、盧世榮、桑哥之流作過多次交鋒。桑哥曾對妻子說：「他日籍我家者此人也」。很不幸，桑哥說對了。不忽木回答忽必烈說：「桑哥壅蔽聰明，紊亂朝政，有言者即誣殺之。今百姓失業，盜賊四起，召亂在朝夕，非亟誅之，恐為陛下憂」。

狂潮拍擊著忽必烈的心岸。他強捺激憤，向桑哥要幾顆珍珠，桑哥這次被忽必烈愚弄了，回答說：「我沒有。」上都留守木八剌沙插話說：「桑哥家中有一大堆珍珠和珍飾，我親眼看見過。不信我去取一些。」忽必烈讓木八剌沙立即行動，木八剌沙於是從桑哥家搬來一對箱子，打開一看，無與倫比的珍珠和奇寶在裡面閃爍耀眼。目瞪口呆的忽必烈盯視一旁爭辯的桑哥，怒從心生，說：「用贓物塡上他的嘴」。

但更令忽必烈驚詫的是徹里從桑哥家抄沒的珍寶竟達帝國內庫經年搜羅的一半之多。已摸到忽必烈狂跳脈搏的群臣爭揭桑哥的奸事，誰也不甘落後。

桑哥的命運可想而知，他與王公輔政碑一同仆倒。忽必烈的心也變得冰涼。

歷史再次滑入清算奸臣的激情裡。

從至元二十八年（一二九一年）正月至一二九二年五月，元宮政局基本上是清洗桑哥的餘毒。忽必烈清洗帝國之毒包括二道程序。

殺人。至元二十八年（一二九一年）七月桑哥被處死。其妻黨湖廣平章政事要束木，妻弟燕南宣慰使八吉由也禍及性命。桑哥的黨羽納速剌丁滅里、王臣濟、忻都等也追隨桑哥到了冥府。這要歸功於反對黨不忽木、完澤等人。其實忽必烈在殺人問題上，內心的惱恨與寬容經常打架，他的怒火點燃了群臣的怒火，爲了撲滅這場大火必須殺人儆懲。但將善於理財的人才都通通殺光這又是忽必烈爲之心痛的。實際上，忽必烈竭力袒護這些理財精英。他釋放了納速剌丁滅里，但納速剌丁滅里本人不爭氣，在一群黨徒的簇擁下招搖過市，引起公怒。忽必烈認爲忻都長於理財，屢屢欲釋，但不忽木卻一日七次奏請殺之，忽必烈也只有無可奈何地割愛。但大多數理財的黨羽被忽必烈敷衍過去，他怎能斷了自己的財路呢？

銅權，元代，渭南市出土。相當於現在的秤砣。

撤尚書省及征理司。凡桑哥所設的有關地方機構一並撤裁。各路鈎考錢穀的機構也一應罷之。由忽必烈推行三十年的轟轟烈烈的鈎考天下錢穀事業，終於由忽必烈本人畫上了句號。

裁剪中央趨炎附勢的官員。桑哥倒臺之後，南人短暫的黃金時代也隨之成爲歷史。南人領袖葉李被罷相，還差點丟了性命。有人慷慨陳辭，認爲葉李是桑哥的幫凶，宜斬之以謝天下。忽必烈表情複雜地說：「葉李廉介剛阻，朕所素知者，寧有是耶」？葉李十分幸運，沒等斧鉞加頭，就鬱悶憂死。趙孟頫雖出力尤多，但他也被放逐出朝，儘管《元史》說他是避忌而力辭。

忽必烈的權術變化猶如獅子捕食般敏捷。對政治遊戲，忽必烈不斷地重布場景，而每樁小事都被賦予了新義。桑哥倒後，忽必烈對不忽木說：「朕過於聽信桑哥，以致天下不安，今雖懊悔，卻已無及矣。朕識卿幼時，讓你從學許衡，正是備今日大用，請不要推讓。」不忽木說：「朝廷勳舊，無論年齒還是官爵出我右者尚多，如不次第而拔用，無以服眾。」「那誰最合適呢？」不忽木力薦太子詹事完澤。忽必烈說：「然而非卿不能成就吾大事。」於是任命完澤為中書省右丞相、不忽木為平章政事。此外相臣，還任命了漢人何榮祖、馬紹、賀勝等。中書省宰相再次大換血。

新宰相們給人們的清晰感覺是：「與桑哥均格格不入；受漢文化的薰染較濃，大多是金蓮川幕府的後學；近侍不忽木、賀勝起中流砥柱作用，貫徹了忽必烈晚年親重近侍的用人思想；眞金的勢力抬頭，完澤是其總代表，洩露了忽必烈有意在眞金系選擇繼承人的意向；年輕化，但識慮卻平平淡淡」。

這個宰相班子一直維繫到至元三十一年（一二九四年）。由於受漢文化的薰陶，這批年輕人本朝氣蓬勃，但在熱血沸騰的肩上卻扛著一顆暮氣橫秋的老成腦袋。儘管他們在清洗桑哥餘黨時不遺餘力。

他們都喜歡細水長流的剝削。革新弊政的具體表現是蠲免三十年來的積欠錢穀，諫阻尚書省的復起，對天下報以溫和的態度。這也許是忽必烈幡然悔悟的最生動的寫照。

其實，忽必烈老化的胸中卻依然跳動著一顆年輕的心。但他卻不得不用時間的金創藥去治癒帝國滿軀的痍瘡。

驚魂甫定的忽必烈每當更深夜闌，萬籟俱靜時，桑哥那狡黠的眼神、滿臉的橫肉、無緣的獰笑卻總是飄泊於夢境。醒來，冷汗浸浸的忽必烈悵歎良久，披衣出宮，在涼風習習的御道踽踽徘徊。

當他抬起灌滿沉思的頭，仰望蒼穹繁星時卻露出了驚憂的表情，一顆流星正向「帝座」飛去。天怒實現。

忽必烈急召不忽木，詢問消天變的良方。不忽木喘息未定就閉目誦起漢文帝的〈日食求言詔〉。

悚然微顫的忽必烈悲愴地說：「此言深合朕意，可復誦之」。

直到四更的鼓聲悠起。

夜霧彌漫著帝國的心臟——大都。

銅壺滴漏，元，延祐三年（1316年），銅壺滴漏是我國古代利用水的恒定流量來計算時間的儀器。這是中國現存最早最完整的一套銅壺滴漏。

第二十章 高不勝寒

站在歷史的峰巔，前後左右都將是下坡路。

時間因寒冷而凝固於至元三十一年（一二九四年）的正月。

大都。

琉璃碧瓦覆蓋下的紫檀殿。

八十歲的忽必烈萎臥病榻，喃喃囈語。

挹鬱密布在榻側一張疲憊的臉上，四十歲的不忽木抖起精神傾力分辨那彷彿飄自天國冥府的朦朧故事片斷。

時間隧道洞開。

晦霧蒼茫。

陰森密集。

幽暗籠罩著忽閃忽滅的月牙星辰。

腥風蕩過荒原的灌木，沉悶的馬蹄聲從歷史的野嶺咚咚趕來。

大地微顫。

燭花爆剝。

餘燼黯然神傷。

忽必烈衰弱的脈搏突然又歡蹦亂跳。他微張的雙目，彷彿朦朧恍過一隻蒼勁的雄鷹，銜起一個似曾相識的熟悉身影，凌空奮起。

翅越慘雲愁霧，一片湛藍天空突入眼簾，光明射入明晰的記憶。

消逝最快的莫過於歲月。

垂暮之年匆匆趕來踐踏了一切。

衰老也許是人類的不治之症，但衰老難道能抹去一個偉人的榮耀和功名嗎？

不，它不能。

從忽必烈誕生於成吉思汗征服世界的偉業裡，爾後又成長於拖雷龐大而堅不可摧的騎兵團，就鑄就了忽必烈的放曠、堅韌不拔和傲視人類的性格。

歷史賦予了他偉人夢。

志當存高遠。忽必烈自己又將自己舉薦到夢幻之巔。

他熱情洋溢而又遊刃有餘地接納了每一個向他款步而來的機遇。

請再次揭開記憶的帷幕，帝國的偉大母親唆魯禾帖尼爲兒子趕來了漢地的知識奶羊，忽必烈吮上了漢文化的乳頭。

文明的內質就是交融。

各色文化的融合娩出蒙古帝國。撕心痛娩卻耗盡了亞細亞大陸文化的氣力，它們精疲力盡地攤於蒙古帝國的版圖上。無奈地目睹這個少不更事的健兒愈呈暴躁。稍可欣慰的是他回贈了精神上的寬容。

樞府窯瓷盤，元代。

在十三世紀亞洲文明叢聚碰撞的交響樂裡，忽必烈選擇了漢家治術。回味悠長的漢唐雄風與疾風驟雨的草原英雄氣概的結合，忽必烈身上湧出一股「大有爲於天下」的噴泉。

噴泉猶如甘霖灑向掙扎於瀕臨死亡邊緣的漢地，同時它也將蒙古帝國從屠殺的茫然中淋醒。

從野蠻邁向文明，必須從野蠻的家中舉步。

忽必烈從草原帳幕移足漢地宮殿用了長達十數年的時間。接踵而來的是他依託北中國的雄厚人力、財力和知識，在草原也站穩了腳跟，完成了從草原諸王向天子、大汗的轉變。

搖身爲連接蒼穹長生和無垠大地的巨人，現在可以向廣袤的蒙古帝國上的黔首黎民傳送熱愛文明的福音書了。

拯救一個民族的靈魂首先應該拯救自身。

忽必烈將蒙古黃金家族從淺薄的泥沼中拉上治國的堤岸。於是遠法漢、唐，近參宋、金的文治官僚系統，次第曳於蒙古的帳殿。而這些正是成吉思汗的激情四濺所缺略的；或者說一直忙於征服四方各族的蒙古鐵蹄不屑於這刀筆吏的雕蟲小技，而且他們也沒有時間去回首已被蹂躪的征服地。那麼，一個龐然大物的帝國就這樣建築在歷史的沙灘上了，支撐它的是劍和箭。

正當帝國行將坍塌之際，忽必烈坐上了帝國的塔尖。他的文治夢幻起飛了。它銜來的治術和經過千錘百煉的官僚系統爲蒙古帝國奠上基石。但還沒等竣工，蒙古帝國就向西傾斜了。

儘管如此，一個令歐洲鄰居顫慄的王朝已屹於歷史之巔。

忽必烈用文治拯救了即將滑入

1293年，《蒙古襲來畫卷》（禦物）之「在弘安之戰中，襲擊元軍兵船的竹崎季長和大矢野兄弟」，紙本設色。《蒙古襲來畫卷》，是日本九州武士竹崎季長為記下自己統兵與文永、弘安二度進犯日本的蒙古軍隊（中國元朝軍隊）血戰的戰績，於永仁六年所作的畫卷。

毀滅命運的漢文明，同時它用文治也挽回了蒙古帝國在漢地帳幕的傾覆，並將根置於文治的新帝國的生命延續了一個世紀，這是個奇蹟。

歷史在令人發笑、浩歎的同時，還時而令人發抖。

在你正準備爲忽必烈高歌猛頌，滿懷欽敬盛讚「以夏變夷」時，他卻突然將長劍插入鄰居的心臟。

忽必烈的武功夢也翩翩舞起。

武功夢是帝王夢的先鋒。

隨著忽必烈地理知識的增加，他的武功夢也衍爲一頭時長時停的怪物。這頭怪物像千手千眼的菩薩，時而讓後人跪伏在它的腳下頂禮膜拜，仰承它的恩露；時而讓人也跪伏在它的腳下瑟瑟發抖，頸拭它的利刃。但對忽必烈來說這頭怪物是一頭漂亮的梅花鹿，在他的榮耀夢境蹦來跳去。

文治是武功的乳汁，忽必烈如是說。

武功是英雄草原的天然品性。離開征服欲望的生活，枯躁無味。忽必烈爲生活添加的調味料就是去窮兵黷武。

同時，喜歡爬梳歷史的忽必烈用劍將秦皇漢武、唐宗宋祖的武功剁得支離破碎。在這種快感的驅動下，他接連摘取了吐蕃、大理、南宋君王頭頂的桂冠。結束了自安史之亂以來的分裂割據、政權林立的局面。

中國喜歡團圓、聚會與和睦，而蒙古黃金家族也大張盛筵而享名於世。二者的擁抱，使忽必烈召開了五個世紀不曾有過的盛會，蒙古諸汗和忽必烈本人用鐵騎邀請的與會者有：西夏、西遼、畏吾兒、金、宋、吐蕃、大理、蒙古、遼左等。的確，連中國最強盛的漢唐時代家庭成員也沒有這麼多。歷史的盛會使忽必烈激動得忘了自己的年齡。在古稀之年他還接連不斷地遣派雄師由高麗去邀結日本，從東南由陸上招附緬、安南等。由海上去宣降占城、爪哇等諸國。儘管只有部分海外諸國遣使納貢，更多的則不願接受凌辱，但這已足夠忽必烈功蓋漢唐與沾沾自喜了。更河況直到至元三十一年（一二九四年）臥床不起的忽必烈還在做著宣威、招附海外的香甜黑夢。

是的，臨終前忽必烈心目中的疆域包括日本行省、交趾行省、占城行省。他自豪地認爲，自己是蒙古鐵騎所及之處的大汗。他的大元帝國，無邊無際的帝國包括欽察汗國、伊兒汗國、察合台、窩闊台的兀魯思，因爲他是全蒙古的宗主，所有蒙古兀魯思的共主。儘管海都、都哇是那麼不聽話，但遲早他們會回心轉意的。僅僅自己所直轄的版圖，就已經使歷代王朝的皇帝汗顏了。

不僅忽必烈興奮，明人宋濂也感歎萬千地說：「自封建變爲郡縣，有天下者，漢、隋、唐、宋爲盛，然幅員之廣，咸不逮元。漢梗於北狄，隋不能服東夷，唐患在西戎，宋患常在西北。若元，則起朔漠，并西域，平西夏，滅女眞，臣高麗，定南詔，遂下江南，而天下爲一。故其地北踰陰山，西極流沙，東盡遼左，南越海表」。

是的，忽必烈有自傲的資本。馬可波羅稱他「統治的臣民疆域、收入都遠遠超過歷代的和現在的一切君主。」稍後的伊兒汗國史學家瓦撒夫則更驚歎道：「其制度法律，其智慧深沉銳敏，其判斷賢明，其治績之可驚羨，皆優出迄今所見的偉人之上。僅舉其一種功業，一段才能，已足使歷史中的各名人黯淡無色。如羅馬的凱撒，波斯的諸庫薩和，支那的諸帝王，阿拉拍的諸開勒，耶門的諸脫拔思，印度的諸羅褚，薩珊、不牙兩朝的君主，塞勒柱克朝的諸算端，與之相比，全都微不足道。」而效忠於忽必烈宮廷的王惲，則向我們開列了忽必烈所有的偉大之處，「開天建極者三十五年，立經陳紀者二萬餘事。」「慕義向風，聲教奚朔南之暨；梯山航海，職貢無遐邇之殊」。

夠了，忽必烈已享受不起這過多的凌越人類的似乎是諛墓的華

13世紀，義大利人馬可波羅來到中國，為亞歐的交流做出了重大貢獻。

麗辭藻了。

當偉大超過一定的限度，它就是魔鬼的代名詞了。

其實，站在歷史的峰巔，前後左右都將是下坡路。

直到現在，我們還是忽必烈大元帝國的受惠者。是他奠定了中國的版圖，如果沒有元的經營四邊，我們很難想像其後五、六個世紀的地圖將如何繪製。同時，我們還應額手相慶的是：忽必烈將離心的異己分子一個個請到大都，使長達五個世紀的各族間互相傾軋廝殺的戰場變成了一座融合的大熔爐。新的民族誕生了，而曾有著顯赫身世的沙陀、吐谷渾、党項、契丹、渤海、女眞以及其它多種色目人，在未來的史籍中再也尋覓不到它們的身影了。

漢族的歷史就是一部生動的融合史。

忽必烈將這部歷史推向另一高峰，提攜四周走向進步。無疑將腐朽沒落、萎靡不振的王朝拉入蓬勃向上的新家庭是歷史的進步。而蒙古之所以能橫掃歐亞大陸也正是因爲十三世紀歐亞大陸王朝帝國的衰弊；而蒙古人本身又能兼容並蓄其他民族的優長而濟己之短，當然更是値得回味的一統原因。金哀宗曾從亡國的親身體驗中品味出一段眞知灼見：「北兵所以常取金勝者，恃北方之馬力，就中國之技巧耳」。

它昭示後人的啓諭，請人們記住：夜郎自大式的閉關鎖國只能導致衰弊與停滯不前，只有兼蓄其它文明之長才能躋身先進民族之林。

蒙古人的兼收不僅使自己收割

到眾多文明的麥穗，而且它還將文明的種子通過艱苦播向四方。法國人格魯塞對我們說：「將環繞禁苑的牆垣吹倒，並將樹木連根拔起的風暴，卻將鮮花的種子從一個花園傳播到另一個花園。從蒙古人的傳播文化這一點說，差不多和羅馬人傳播文化一樣有益。對於世界的貢獻，只有好望角的發現和美洲的發現，才能夠在這一點上與之比擬」。

一陣痙攣掠過忽必烈痛苦的衰老面龐。鷹翅彷彿突然折斷，忽必烈寬闊額頭上的皺紋擰動著。

睜開雙眼的忽必烈猶如從幻夢的天堂跌入現實的地獄，迷朦中的不忽木似死神般跪在榻前。當忽必烈認清是不忽木時，悲戚、憂傷和感激之情一齊襲來。從正月一日直到今天，在忽必烈傾聽天堂裡黑色死神的翅膀拍擊理想的撲撲啦啦聲音時，謹慎忠厚的不忽木就一直待在忽必烈的臥室，「日視醫藥」。

忽必烈無限傷感，努力掙起身子，從枕側摸到一對白璧，顫顫遞向不忽木，說：「他日持此以見朕也。」從牙縫努力擠出這句話後，忽必烈又昏昏睡去。

這一天是至元三十一年（一二九四年）正月十二日。

成吉思汗、窩闊台、唆魯禾帖尼、蒙哥、阿里不哥等等親人川流不息地闖入夢境。一片嘈雜聲中，眞金圓睜著驚恐的雙眼侍立榻側，身後還站著眞金的兒子甘麻剌、答剌麻八剌和鐵穆耳。怎麼，突然沉靜了，他們爲什麼都不說話。噢，兒子們都在身邊，長子朵兒只、三子忙哥剌、六子忽哥赤、十子忽都魯不是都已仙逝了嗎？五子不討人喜歡，七子奧魯赤鎭守分地吐蕃，後來又跟著十一子脫歡打敗仗，八子愛牙赤太任性，忽哥赤太暴躁、莽撞，眞後悔，不該打他，但誰教他掠取百姓家禽呢？是，打他七十大棍，把臀部都打得血肉模糊了，怪讓人心痛的。我怎麼忘了四子那木罕呢？親愛的妻子察必生的四個大兒子他最像我。他是幼子，武功最高。可，他竟那麼沉不住氣。本想讓他繼承大業，有次還眞說漏了嘴，似乎是說：「將來你可以做合罕。」他太相信暴力，漢儒都不喜歡他。噢，眞金聰明能幹，朵兒只離世後，眞金就是察必的長子了，察必也喜歡他。那些討厭又討人喜歡的漢儒們一再強調立嫡立長，當時眞有些爲難。最好立眞金。他挺孝順，懂得許多治國道理，可太自以爲是，總是和自己作對，他實在不該逼我退位，想起這事都讓我惱怒。可惜，那木罕被俘被囚那麼多年，他還有什麼顏面去管別人呢？尤其是在宗親面前。不能讓他繼位，他太無禮。他甚至對我說：「他（眞金）繼位了，將怎麼稱呼你呢？」眞是大逆不道，那有這樣對父親說話的兒子，我氣極了，大罵了他一頓，讓他永遠走開，和脫歡一樣，「不許再來見我。」「啊！啊！多頭蛇，多頭蛇。」

是的，「多頭蛇」寓言再次附體於蒙古人的帝國。

忽必烈的猶豫不決使這條「蛇」聞腥而至，它盤臥於「祖宗成法」的忽里臺上。忽必烈本已在生於農耕地區的漢儒們的幫助下，在對忽里臺心灰意冷的驅動下，將這條「蛇」趕出元宮。眞金死後，它卻再度出籠。

左顧右盼的忽必烈，沒有挑出一個他敢於付以大位的兒子。察必所生的四個兒子，到眞金去世後僅存幼子那木罕了。那木罕以正妻幼子的守竈火身分，本擁有無可辯駁的繼承權，但他那不光彩的被囚歷史卻阻遏了忽必烈的最初願望。忽必烈不願意拿他的帝國冒險。

那木罕有點類似阿里不哥，熱望炙痛了的心。他的衝刺過了頭，以致到眞金死後忽必烈還無意原諒這個因難過而神經錯亂的皇子。

忽必烈對兒子失望後，將視線轉向孫子。皇太子眞金的兒子無疑具有得天獨厚的優選資格。眞金的正妻是忽必烈親自選定的闊闊眞，闊闊眞的通情達理、謹慎

元成宗孛兒只斤・鐵穆耳（1265～1307年），年號元貞、大德，元世祖忽必烈孫，皇太子真金第三子，元朝第二位皇帝。

孝順贏得了忽必烈的寵愛。她的左右逢源使忽必烈一直稱呼她賢德媳婦。她有兩個兒子，長子答剌麻八剌，幼子鐵穆耳。這兩個兒子的兄長是庶出的甘麻剌。鐵穆耳的能征善戰，平定乃顏、海都叛亂，在忽必烈尋找繼承人的腦海中畫下深刻印痕。

被塵封了六年之久的太子寶座忽必烈似乎有意揭開了。忽必烈在這緘口沉默的六年中，曾命那木罕總兵漠北，封北平王，管理成吉思汗的大斡耳朵。但同時忽必烈還將眾多的軍隊託付給皇孫鐵穆耳，大元帝國最優秀的將領和政治家伯顏和玉昔帖木兒是忽必烈送給他的最好禮物。至元二十八年（一二九一年）帝國政局的劇變使忽必烈意識到了眞金勢力捲土重來的非常意義。這艘已經破損了的帝國航船如果駛向草原傳統，無疑是在玩觸礁的驚險遊戲。於是忽必烈調轉船頭，緩緩駛入眞金的港灣。眞金東宮的寵臣完澤被提拔爲宰相的領袖。至元二十九年（一二九二年）又封甘麻剌爲晉王，取代那木罕總軍漠北。那木罕心中微存的希望終於化爲縷縷青煙。

同猛虎雄獅閃電般撲向戰場相比，忽必烈在同自己的搏鬥中顯得心慈手軟和逡巡不安。將帝國委付給闊闊眞的賢德，天下也許受惠，但很難說她是否會將溫柔塞進帝國的政治，同時也將女人氣息傳染給兒子。如果一旦帝國女性化，那麼大元的不可一世將大打折扣。眞金的兒子中選擇誰呢？

太偉大的人能將自己從平凡鑄成偉大，但當偉人去刻意雕塑另一個偉人——自己的子孫時，往往事與願違。因爲偉人總淹溺後人。

在漠北並肩戰鬥的甘麻剌和鐵穆耳，優劣難辨。鐵穆耳是正妻的幼子，他精通成吉思汗的必力克，口才極好，美妙的聲音裡蓄滿治國的智慧，帝王的英武之氣散發額上眉間。其武功，強大的軍隊也足以鎮懾帝國，但他卻是個酒鬼。

酒將毀掉草原。可怕的酒神已經將草原的激情澆得有些萎靡了。

無論怎麼規勸和責備他，都顯得疲軟無力。用棍子打過他三次並派護衛盯著也沒能阻擋他攫取杯中物的聰明。

甘麻剌是長子，手中擁有強大的軍隊，其本人也南征北戰屢立奇功，但與鐵穆耳相比他有兩大缺陷：一爲庶出，一爲口吃。從心理上忽必烈有一種抗拒感。

蒙古帝國汗位承繼的每次抉擇都是災難的象徵。

忽必烈已經難產過一次，陣痛

再次來臨。他恍惚間已看到了未來的刀光劍影、可怕的內訌，他本人的歷史將可能在孫子們身上重演。忽必烈因未能召開全蒙古黃金家族的忽里臺而失去了對西部汗國的控制，思想的回溯和缺憾的波動，逼迫忽必烈企望自己的遺憾由後代去彌補。而彌補的良藥妙方就是他開列出的：帝嗣將在從嫡長子制娩出的真金後王中傳遞接力棒，但參賽的冠軍由忽里臺決出。

於是，至元三十年（一二九三年）六月，忽必烈派人將一顆傳國玉璽匆匆塞給駐守漠北目擊荒沙的皇孫鐵穆耳。但追隨這顆玉璽的沒有冊封真金時的隆重儀式，順沿忽必烈的思路，這也許是身後的忽里臺的事情了。

抉擇的痛苦在漢人、波斯人的史籍中都露出了端倪。

在忽必烈生命的烈焰頗呈衰勢的至元三十年（一二九三年），賢德媳婦闊闊真對賽典赤·瞻思丁的兒子伯顏說：「真金的寶坐被封存九年了，請你去問問合罕，對此有什麼吩咐？」忽必烈聽到伯顏的話，由於過分高興，從病床上起來，召來異密們說道：「你們說這是個壞人，然而他卻談到了寶座和大位，他關心到了我的子女，爲的是在我身後他們之間不致發生紛爭」。

至元三十年（一二九三年），忽必烈派鐵穆耳總兵漠北，由重臣玉昔帖木兒輔行。玉昔帖木兒受命之際，請授皇孫以真金的皇太子璽，忽必烈也表示同樣的感激。

忽必烈的舉動猶如在帝國的上空嵌鑲一顆明亮的北斗星，讓宗親勳貴、親侍重臣感覺到它將是帝國未來的指針。

但它也強化了草原的另一個真理：誰擁有漠北草原故鄉，誰擁有強大的軍隊，誰便擁有俯衝大都問鼎帝位的資格。

儘管忽必烈已預感到未來的

阿拉伯數碼字鐵方盤，元代。1956年於陝西西安發現。阿拉伯數碼字是現在通用的阿拉伯數字的前身。板上的阿拉伯數碼字組成了六階幻方，無論縱橫，還是對角線的六個數字相加都是111，中間的4行4列又是一個四階魔方，縱、橫、對角線相加都是74。幻方又叫魔方或者縱橫圖，當時被用於鎮宅避邪。

閃電雷鳴，但他卻沒有想到正是自己敲開了內訌的大門。未來三十年的彈指間，竟走馬燈似地拼殺出十位皇帝，更迭的暴風驟雨將忽必烈虔誠的禱告吹打得無影無蹤。

忽必烈的良藥妙方非但未能贏得多頭蛇的敬畏，反而使它感受到了激勵，病狂般地蜿蜒穿梭於元宮。

至元三十一年（一二九四年）正月十九日。紫檀殿。「帝大漸」，忽必烈已進入彌留之際。

千百扇死亡大門向忽必烈敞開。

但忽必烈遲遲不願向大元帝國道晚安。

他怎能甘心就此和危機四伏、軀體已經病變的帝國告別呢？胸中熱烈跳動的心，讓他感覺：自己有餘勇能阻止帝國的滑坡。

晚年的雄鷹依然是鷹，只要支付給他時間，他仍然能征服帝國最危險的狡兔。儘管這些狡兔成批地出沒於帝國的荒原。

但實際上，假如眞的撕給忽必烈一張時間的支票，他應該小心行事，連忽必烈也感受到了這一點。

忽必烈將蒙古人的文治武功推向顛峰狀態後，歷史還沒有恩賜給忽必烈充分品味登上高山之頂歡快的時間，蒙古人就因鬆弛激情而疲憊地癱坐在偉大的過去。忽必烈馬上感覺到歷史峰巓高處的寒冷。

江南的不靖和西北、東北諸王的騷動像兩股寒流向忽必烈襲去。從至元八年（一二七一年）至一二八三年因戰爭而招致的沉重的勞役，橫徵暴斂、驅民爲奴、濫殺無辜，激起了江南各族的百姓的反抗情緒，南宋的降將降卒隨著趙宋的覆亡而將武裝叛變的種子撒遍江南，相煽而動，「大或數萬，小或千數」的起義連綿不斷。從至元二十年（一二八三年）至至元三十年（一二九三年），由於忽必烈推行的民族歧視政策，政治上剝奪南人參政的權利，從法律到法令採取一系列凌辱性防範措施，軍事彈壓加上大肆搜刮，江南的民族激情不斷演化爲大規模的人民起義。據官方統計，僅至元二十六年（一二八九年）大小起義就達四百餘處，而人數超過十萬人以上的在這十年間就多達數次。江南猶如蒸籠，薰得帝國暈頭轉向。江南的烽火遍燃，無疑是對新帝國的嚴峻考驗。建立在民族情緒騷動基礎上的帝國，忽必烈始終缺乏安穩感。忽必烈自言自語：「誰能保證漢人勢力不會捲土重來呢」？

西北諸王對忽必烈汗位的合法性始終畫著問號。東北諸王爲爭取兀魯思的自決權始終朝著離心的軌道前進。儘管已被鎮壓，但草原的法則一直神聖而不可侵犯，打著成吉思汗札撒大旗的東道後王們警惕的眼神，使忽必烈坐臥不安。來自家族內部的兩個方向的威脅，迫使忽必烈耗盡大部分國力派重兵扼守和林，不敢少懈。忽必烈屢次試圖西向，但都被鞭長莫及的疲勞感拉向消極防禦的沼澤地。忽必烈檢選帝位繼承人只能在樹威漠北的子孫中尋找，只有如此，才有可能樹立蒙古大汗的威信，而不致使大元帝國的皇位被海都掠去。但海都勢力的雄長誰又能保證他不會瘋狂般地縱入大都，我身後的子孫們能保住自己的榮耀和大位嗎？

暴力的威脅可用暴力制服，這是蒙古人的一貫做風。但帝國的腐敗卻必須用政治智慧去消彌。而忽必烈大量引進的治術卻遠遠經不起他自己和後代的揮霍與踐踏。

來自帝國內部的腐朽，渦聚的旋風、寒流連忽必烈都寒顫連三，更不用說連忽必烈自己都不會滿意的子孫們了。這怎能不令忽必烈憂心忡忡呢？

蒙古人最引爲自豪的也是帝國最重要的支柱——軍隊，首先腐敗：「自平南宋之後，將家之子，累世承襲，驕奢淫佚，自奉而已，至於武事，略之不講，但以飛觴爲飛炮，酒令爲軍令，肉陣爲軍陣，謳歌爲凱歌，兵政於是不修也久矣！」無怪乎忽必烈自平南宋後對海外的征服少有尺寸之功。

而銓選制度的混亂，由吏進官的流弊愈演愈烈；遙授職官，視爲常途；中央政局混亂不堪，奸相迭出，中書省屢屢換血；貪贓枉法，已上行下效，排衍成風。在盛世就刮起了衰世頹風，實不多見。

青釉刻花碗，元代。

忽必烈時代的時弊叢生，大臣不斷地獻上救弊良策，但他似乎除了關心武功和異寶外，晚年不願做任何革新，對此置若罔聞，直到躺於病榻他才開始爲繼承人憂慮。

僅摘取一段元人的實政議就足以說明忽必烈晚年的帝國是如何讓

人心焦了。劉塤說：忽必烈時期「官吏奸貪，盜賊竊發，上鮮知恥，民不聊生，號令朝出而夕更，簿書斗量而車載。庠序不立，人材無自出之由；律令不修，官府無常守之法。舍眞儒，用苛吏，棄大而救小功，空中國而事外夷，取虛名而獲實禍。」由此可見帝國腐朽的寒流之強勁了。

忽必烈高不勝寒的另一個風源來自其制度本身的雙重矛盾性。忽必烈以蒙古人的身分君臨漢地，建立了中國歷史上第一個由少數民族統治全國的強大王朝。其身兼蒙古大汗和大元皇帝雙職的特性，決定了其制度將是農耕文明和游牧文明的雜揉。文明與野蠻、先進與落後，糾纏一起，撕扯不清，結果造成整個國家機器迅速向腐朽轉化。民族對立、階級對立也急遽挺向尖銳。

忽必烈用巨手彈奏兩元政治，最初的幾個樂章氣勢恢廓，震撼人心。但亡宋後，樂章不協調，音卻愈彈愈多，攪得人們惶惶變顏。而更令人不解，忽必烈非但沒有停下，修檢自省，反而彈得更加賣勁，一逞其能。偉人的錯誤比凡人的錯誤更難讓人原諒。

現在，從歷史之巔跌落病榻的忽必烈，在炭火冉冉、暖氣洋洋的紫檀殿卻感受到高山風暴正從體內向外呼嘯。他想用裘皮大衣裹緊帝國，給子孫們幾片溫暖，但手卻怎麼也不聽使喚。

至元三十一年（一二九四年）正月二十二日，彌留了四天的忽必烈終於步入死亡的大門。

在行將閉合的時間隧道洞口，留下兩行腳印：一行向前，一行向後。

天王像，元代。

國家圖書館出版品預行編目 (CIP) 資料

忽必烈汗 / 耿相新作 . -- 第一版 . -- 新北市：風格司藝術創作坊出版；[臺北市]：知書房出版發行，2021.04

面； 公分 . -- (知書房頂尖人物)

ISBN 978-986-5493-25-7(平裝)

1. 元世祖 2. 傳記

625.73 110004423

知書房頂尖人物

忽必烈汗

主　　編：耿相新
責任編輯：苗　龍
發　　行：知書房出版
出　　版：風格司藝術創作坊
地　　址：235 新北市中和區連勝街 28 號 1 樓
Tel：(02) 8245-8890
總 經 銷：紅螞蟻圖書有限公司
Tel:(02) 2795-3656　Fax:(02) 2795-4100
地　　址：台北市內湖區舊宗路二段 121 巷 19 號
http://www.e-redant.com
版　　次：2021 年 4 月初版　第一版第一刷
訂　　價：300 元

ISBN　978-986-5493-25-7　Printed in Taiwan